租税理論研究叢書……………………25

国際課税の新展開

日本租税理論学会 [編]

財経詳報社

「国際課税の新展開」によせて

　日本租税理論学会第26回大会は，2014年11月8日（土），9日（日）の両日，中央大学後楽園キャンパスにおいて開催された。本書は，大会の基調講演，大会シンポジウムの報告と討論，および一般報告を収録したものである。シンポジウムでは「国際課税の新展開」をテーマに6つの報告が行われ，活発な議論が交わされた。

　2014年度大会は「国際課税の新展開」をメインテーマにとり上げたが，それにはいくつかの背景がある。第1に，現行の国際課税制度が形成されるのは1920年代から30年代にかけてのことであるが，21世紀に入り経済のグローバル化の進展や情報通信技術のめざましい発展に伴い，現在の国際課税制度がはたしてそうした発展に対応できているのかどうかが問われるようになってきたことである。第2に，グローバル経済において多国籍企業が果たす役割がきわめて大きくなるとともに，課税ベースを国際的に移転させることにより国際的な二重非課税の問題が深刻化してきたことである。従来の国際課税制度が国際的二重課税をいかにして排除するかを課題としてきたのとは全く正反対の事態が進行するようになってきたのであり，それゆえにこそ国際課税制度の抜本的な見直しが避けられないとの認識が国際的に広がってきたことである。また第3に，今回は本格的な検討には至らなかったが，グローバルな規模での金融の暴走，バブル経済の膨張と破綻に対して国際課税制度にどのような対応と改革が求められているのか，あるいは国際的な格差の拡大や貧困の蔓延に国際課税制度はどう対応すべきか，さらには国際的な租税競争にどのような対応と政策が求められるのかなど，各国が保持する課税権の適切な確保だけでなく，国際的な租税協調やグローバル・タックスの可能性など，ここでも現行制度の枠組みを超える課題への取り組みが求められるようになっていることがある。

　以上の問題意識のもとに，本大会は志賀櫻弁護士をお招きし，基調講演をお願いした。テーマは「リーマン・ショック後の国際租税制度と国際金融システム改革」と題するものであったが，大蔵省主税局国際租税課長，OECD

租税委員会日本代表などを歴任された経歴からもうかがえるように，同氏は国際租税制度の理論と現実に精通されており，講演内容は1時間20分の時間では到底説明し尽くせないほど豊富かつ充実したものであった。

　基調講演を受けて行われたシンポジウムは，グローバル化の進展のなかで登場する国際課税のさまざまな側面をとり上げ，それが国際課税制度のあり方なりそのゆくえにどのようなインパクトを与えるのか，どのような問題をもたらし，それに対しどのような対応が迫られているのかなどについて検討することをねらいとするものであった。「居住地国課税原則をめぐる社会の変化と住所概念の現代的意義」（漆さき氏），「電子商取引と国際的二重課税」（石村耕治氏），「租税条約の適用を巡る理論的な問題点」（井上康一氏）はそれぞれ税法学の立場から近年，注目されるようになった新たな国際課税上の論点について検討する報告であった。また，税務会計学の分野からは金子友裕氏が「会計制度と税制のグローバル化の中での我が国の対応」について，財政学の分野からは鶴田廣巳が「BEPSと国際課税原則」について，岩本沙弓氏が「通商的側面から考える消費税・付加価値税―米公文書からの考察―」についてそれぞれ報告を行った。

　ここで各報告の内容の詳細を紹介することは省略せざるを得ないが，各報告とも緻密な検討を踏まえ興味深い論点を提示するものであった。大会基調講演，シンポジウムでの各報告と討論，さらに一般報告の詳細については，ぜひ本書に収録された各論文および討論を参照していただきたいと思う。

　末尾ながら，本大会の開催を快くお引き受け下さり，大会の運営にご尽力，ご奮闘をいただいた中央大学・関野満夫理事と関係者の皆様に心から感謝の意を表明するとともに厚く御礼申し上げる。

　なお，本号より当学会の学会誌の発行は法律文化社より財経詳報社に変更することとなった。これまでお世話になった法律文化社に対して改めて御礼申し上げるとともに，出版事情の厳しいなか，学会誌の発行という困難な事業をお引き受けいただいた財経詳報社・宮本弘明社長に対して深甚の感謝と御礼を申し述べたい。

　　　　　　　　　　　　　　鶴田廣巳（日本租税理論学会理事長・関西大学）

目　次

「国際課税の新展開」によせて ……………………鶴田　廣巳　i

I　シンポジウム　国際課税の新展開

基調講演　リーマン・ショック後の国際租税
　　　　　　制度と国際金融システム改革 ……志賀　櫻　3
　　　　──タックス・ヘイブンとその存在がもたらす世界金融危機について──

1　居住地国課税原則をめぐる社会の変化と
　　住所概念の現代的意義 …………………………漆　さき　23

2　電子商取引と国際二重課税 ………………………石村　耕治　37

3　租税条約の適用を巡る理論的な問題点 …井上　康一　54
　　──平成26年度税制改正（AOAに基づく帰属主義の導入）
　　　後の国内税法を前提として──

4　会計制度と税制のグローバル化の中での
　　我が国の対応 ……………………………………金子　友裕　81

5　通商的側面から考える消費税・付加価値税 …岩本　沙弓　90
　　──米公文書からの考察──

6　BEPSと国際課税原則 …………………………鶴田　廣巳　103
　　──ハイブリッド・ミスマッチ・アレンジメントを中心に──

7 討 論 国際課税の新展開 …………………………………… 124
(討論参加者)
安藤　實，石村耕治，伊藤　悟，井上康一，岩本沙弓，
漆　さき，金子友裕，黒川　功，湖東京至，鶴田廣巳，
中西良彦，松井吉三，望月　爾

I 一 般 報 告

ドイツ Organschaft（連結納税制度）
の最近の改正 ………………………………………長谷川　一弘　165

法人株式控除制度にみる英国の配当所得
課税における新たな展開 …………………………酒井　翔子　183

滞納者の預金差押えと滞納処分の執行停止 …浦野　広明　198
　　　――二つの勝利裁判を鑑定――

日本租税理論学会規約
日本租税理論学役員名簿

■執筆者紹介(執筆順)

志賀　櫻（しが・さくら）　　　　　弁護士

漆　さき（うるし・さき）　　　　　大阪経済大学経済学部専任講師

石村　耕治（いしむら・こうじ）　　白鷗大学法学部教授

井上　康一（いのうえ・こういち）　弁護士

金子　友裕（かねこ・ともひろ）　　東洋大学経営学部准教授

岩本　沙弓（いわもと・さゆみ）　　大阪経済大学経営学部客員教授

鶴田　廣巳（つるた・ひろみ）　　　関西大学商学部教授

長谷川一弘（はせがわ・かずひろ）　税理士

酒井　翔子（さかい・しょうこ）　　嘉悦大学経営経済学部専任講師

浦野　広明（うらの・ひろあき）　　立正大学法学部客員教授

I　シンポジウム

国際課税の新展開

2014年11月8・9日　第26回大会（於　中央大学）

基調講演
リーマン・ショック後の国際租税制度と国際金融システム改革
―― タックス・ヘイブンとその存在がもたらす世界金融危機について ――

志 賀 　 櫻
（弁護士）

第1章　タックス・ヘイブン

1　タックス・ヘイブンとは何か

(1) タックス・ヘイブンとは何かを定義することそのものが実は難しい。取り敢えずの第一の要素は，無税ないし軽課税の国・地域であるというものである。これがタックス・ヘイブンの本来の意義である。ヘイブンは避難港という意味であり，租税負担を避けるための避難港だからタックス・ヘイブンという。例えば，カリブ海に散在する島嶼国・地域に行けば法人税などはなかったりする。一般的なイメージで言えば，ケイマン諸島やブリティッシュ・バージン・アイランド（BVI）のような，椰子が茂り，白い砂浜に，カリブの風そよぐカリブの島国と言ったところであろう。

(2) しかしながら，タックス・ヘイブンについて，現時点で最も重要な要素は，その不透明性である。タックス・ヘイブンに送金された巨額の資金が，タックス・ヘイブンに入ったが最後，どこに行ってしまうのか行った先が見えないという点が問題になっている。スイスの銀行秘密法制などはその典型である。

(3) このほかに，タックス・ヘイブンに設立された企業などに，その企業活動としての実体がないというペーパー・カンパニーの問題や，企業体や金融機関についての監督・規制法制の欠落ないし不十分ということも挙げられる。

2 OECD「有害な税の競争」報告書

(1) OECDの租税委員会は，早くからタックス・ヘイブンについての問題意識が高く，1998年には著名な『有害な税の競争』報告書を出し，また，ひんぱんにそのプログレス・レポートを出している。この報告書の系列は，今日に至るまで続いているのでこれを見よう。

(2) 1998年の報告書には，タックス・ヘイブンの基準として，次の4つを挙げた。
① 軽課税
② 情報交換の不充分
③ 透明性の欠如
④ 実質活動基準
の4つである。

(3) そして，2000年には，具体的なタックス・ヘイブンの名前30か国・地域を挙げて公表した。この30か国のリストはのちに35か国・地域に増やされている。

(4) 2001年には，この問題に関して「グローバル・フォーラム」が立ち上げられている。このグローバル・フォーラムは，やがて，G20のマンデートを得る組織にまで成長する。

3 2008年のリーマン・ショックとG20サミット

(1) 2008年にリーマン・ショックが起きて，世界経済全体が非常な危機に直面した。アラン・グリーンスパンFRB議長は，「これは百年に一度の危機だ」と評した（実際には，グリーンスパン議長による過剰流動性が引き起こした危機だったのである。）。

(2) 主要国は，この危機に直面した直後にG20首脳会議（サミット）を立ち上げた。G20は，それまでは蔵相・中央銀行総裁会議としては開催されていたし，サミットとしてはG7ないしG8のエコノミック・サミットがあったのであるが，この危機に直面してG20のサミットを立ち上げたのである。これは，結局，G7以外の途上国経済が大きくなって，G7のサミッ

トだけでは到底問題の解決をすることができないという実情を反映するものであった。G20にはBRICS（ブラジル，ロシア，インド，中国，南アフリカ）を含み，世界経済70兆ドルのうちの75%を占めることとなる。

図表1　G20諸国リスト

日本，韓国，中国，インドネシア，インド
サウジアラビア，トルコ
EU，フランス，ドイツ，イタリア，英国
カナダ，メキシコ，米国，アルゼンチン，ブラジル
ロシア，南アフリカ，オーストラリア

（アンダーラインは当時フラジャイル・ファイブと言われた諸国）

(3) G20サミットの第1回は，ワシントンで開催されたが，これは準備不足もあったので，真に重要なのは2009年4月に開催されたG20第2回ロンドン・サミットである。ここでは，グローバル・フォーラムの格上げとファイナンシャル・スタビリティ・フォーラムのファイナンシャル・スタビリティ・ボードへの拡張と格上げが決められた。この2つの組織は，G20のマンデートを得る組織となったのである。

(4) ロンドン・サミットの開催に際して，グローバル・フォーラムは重要な発表を行った。これが，図表2のリストである。

この表は4つのグループに分類されている。①国際的に合意された税の基準を実施している国・地域，②国際的に合意された税の基準にコミットしているが実施が不十分な国・地域，(a)タックス・ヘイブン，(b)その他の金融センター，及び，③国際的に合意された税の基準にコミットしていない国・地域である。

(5) この表に付された（注）は，はなはだ重要である。

ア　（注1）は，1998年の『有害な税の競争』報告書が定めたタックス・ヘイブンの4つの基準のうち，真に重要な基準は，情報交換及び透明性であることを述べているものである。ここでは，無税国とか，軽課税国といった本来のタックス・ヘイブンの語義が重視されていない。これはつまるところ，タックス・ヘイブンに秘匿されていた巨額の資金が突如狂乱のマネーゲームを始めるという問題点に，各国政府が気が付いたか

図表2　国際的に合意された税の基準の実施について OECD グローバル・フォーラムにより調査された国・地域に関する進捗報告書（注1）

2009年4月2日現在

国際的に合意された税の基準を実施している国・地域			
アルゼンチン	ドイツ	韓国	セーシェル
オーストラリア	ギリシャ	マルタ	スロバキア
バルバドス	ガーンジー	モーリシャス	南アフリカ
カナダ	ハンガリー	メキシコ	スペイン
中国（注2）	アイスランド	オランダ	スウェーデン
キプロス	アイルランド	ニュージーランド	トルコ
チェコ	マン島	ノルウェー	アラブ首長国連邦
デンマーク	イタリア	ポーランド	イギリス
フィンランド	日本	ポルトガル	アメリカ
フランス	ジャージー	ロシア	米領ヴァージン諸島

国際的に合意された税の基準にコミットしているが、実施が不十分な国・地域					
国・地域	コミットした年	協定の数	国・地域	コミットした年	協定の数
タックス・ヘイブン（注3）					
アンドラ	2009	(0)	マーシャル	2007	(1)
アンギラ	2002	(0)	モナコ	2009	(1)
アンティグア・バーブーダ	2002	(7)	モントセラット	2002	(0)
アルバ	2002	(4)	ナウル	2003	(0)
バハマ	2002	(1)	蘭領アンティル	2000	(7)
バーレーン	2001	(6)	ニウエ	2002	(0)
ベリーズ	2002	(0)	パナマ	2002	(0)
バミューダ	2000	(3)	セントクリストファー・ネーヴィス	2002	(0)
英領ヴァージン諸島	2002	(3)			
ケイマン諸島（注4）	2000	(8)	セントルシア	2002	(0)
クック諸島	2002	(0)	セントビンセント・グレナディーン諸島	2002	(0)
ドミニカ国	2002	(1)			
ジブラルタル	2002	(1)	サモア	2002	(0)
グレナダ	2002	(1)	サンマリノ	2000	(0)
リベリア	2007	(0)	ターカス・カイコス諸島	2002	(0)
リヒテンシュタイン	2009	(1)	バヌアツ	2003	(0)
その他の金融センター					
オーストリア（注5）	2009	(0)	グアテマラ	2009	(0)
ベルギー（注5）	2009	(1)	ルクセンブルク（注5）	2009	(0)
ブルネイ	2009	(5)	シンガポール	2009	(0)
チリ	2009	(0)	スイス（注5）	2009	(0)

国際的に合意された税の基準にコミットしていない国・地域			
国・地域	協定の数	国・地域	協定の数
コスタリカ	(0)	フィリピン	(0)
マレーシア領ラブアン島	(0)	ウルグアイ	(0)

4月7日，基準へのコミットをOECDが発表

(注1) OECD 非加盟国と協力して OECD が策定し，2004 年の G20 財務大臣会合（ベルリン）や 2008 年 10 月の国連国際租税協力専門家委員会によって合意された，国際的に合意された税の基準は，自国の課税の利益や銀行秘密などに関わりなく，国内税法の実施・実行のすべての事項のために要請に応じた情報交換を行うことを要求する。同国際基準はまた，交換された情報の秘密を広く保護することとしている。
(注2) 国際基準の実施にコミットした Special Administrative Regions を除く。
(注3) タックス・ヘイブンは 1998 年 OECD レポートに基づくタックス・ヘイブン基準に該当するものと 2000 年に認定されたもの。
(注4) ケイマン諸島は一方的な情報交換を可能にする法律を制定し，それを行う用意ができているとする 12 の国を特定した。この法律は，OECD によってレビューされているところである。
(注5) オーストリア，ベルギー，ルクセンブルク，スイスは OECD モデル租税条約第 26 条に付していた留保を撤回した。ベルギーは，48 カ国に対し，既存の条約の第 26 条を議定書でアップデートする提案を発出している。オーストリア，ルクセンブルク，スイスは条約締結相手国に対し，新しい第 26 条を含む条約の交渉に入る意思を示す書面を準備し始めた旨を表明している。

らということであり，軽課税国であるかどうかということよりも，その守秘法制が問題であるということについての認識にほかならない。

イ　（注3）は，タックス・ヘイブンを定義することの難しさから，2000 年のプログレス・レポートに掲名された国・地域ということで，外延を区切らざるを得なかったことを示すものである。

ウ　（注5）は，中部欧州のマネー・センターを主として取り上げたもので，これらが果たす役割に注目が集まったということである。ここに挙げられた4か国は，それまでは OECD モデル租税条約 26 条の情報交換条項に留保を付して，その締結する租税条約には情報交換条項がなかったのである。（注5）を受けて，スイス，ベルギー，ルクセンブルクの3か国と日本の租税条約は，改正された。オーストリアのみは，守秘法制が憲法上の要請になっているので日墺租税条約の改正は行われていない。

(6)　このように国の名前を公表して，恥辱から態度を改めさせるという手法を，name and shame という。文字通りである。このため，リストの最下層に挙げられた4か国・地域は周章狼狽して，直ちに国際的に合意された税の基準にコミットすることを約束して，わずか5日後には最下層から脱出することができた。そのことが欄外に記載されている。これは良し悪しであって，口先だけの約束をすれば直ぐに取扱いが変わるという印象を与えたように思われる。第4回の G20 トロント・サミットのあたりから，このリストに対する関心は急速に失われて行った。

図表3　タックス・ヘイブン関連地図

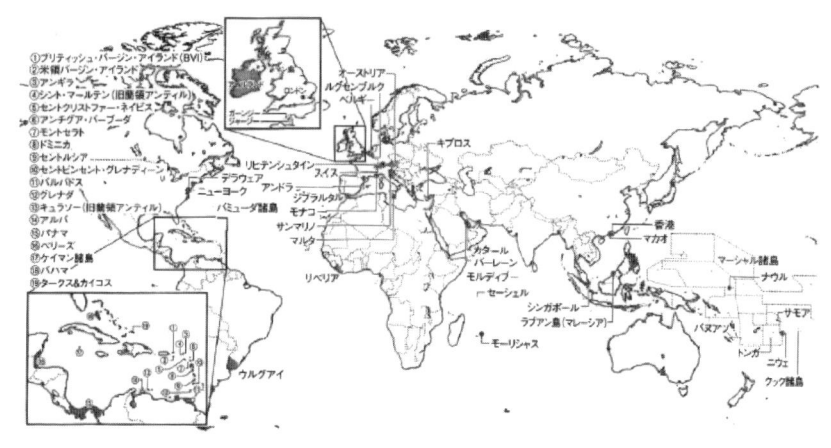

OECD プログレス・レポートをもとに作成（2012 年現在）

図表4　G20 サミット

第1回　ワシントン（2008 年 11 月）
第2回　ロンドン（2009 年 4 月）
第3回　ピッツバーグ（同年 9 月）
第4回　トロント（2010）
第5回　ソウル（2010）
第6回　カンヌ（2011），税務行政執行共助条約
第7回　ロス・カボス（2012），BEPS の頭出し
第8回　サンクトペテルブルク（2013 年 9 月），BEPS のマンデート
第9回　ブリスベン（2014 年 11 月），BEPS 第 1 弾
第10 回　トルコ（2015 年）都市未定

4　タックス・ヘイブンの資金規模

(1)　タックス・ジャスティス・ネットワーク（TJN）という NPO の試算によると，タックス・ヘイブンには，21 兆ドル～32 兆ドルの秘匿資金が存在するという。OECD による世界経済規模は 70 兆ドルほどであったからその規模の程度が知られる。

(2)　ピケティの『21 世紀の資本』は基本的にタックス・ヘイブン隠匿資金の規模は看過しているので，データとしては不完全である。ピケティは，同

僚のズックマンの『失われた国家の富―タックス・ヘイブンの経済学』における推計10兆ドルを採用しており，TJN推計について名前を引かずに引用しているが，TJNもズックマンもいずれも過小推計であると言わなければならない。

(3)　OECDの集計では世界のGDPは，当時70兆ドルであった。今では75兆ドル程度である。BIS（国際決済銀行）は3年おきに統計を公表しているが，2013年はBIS統計の公表年であった。これによると，2013年暦年末のデリバティブ統計は，想定元本ベースで710兆ドルであった。想定元本というとおり，実際に元本が動くわけではないからその点は注意すべきである。この数字を使用して，金融セクターの規模が実物セクターの10倍あると言うことはできない。このほかに，BISは外為市場の取引高を公表しているがこれによると，1営業日当たり5.3兆ドルの資金がやりとりされている。1営業日当たりであることに注意されたい。そして，実需の裏付けのある取引は1割にも満たず，残りは裁定取引か投機取引である。このようなマネーの動きを見ると，TJNの推計などは過小ではないかと思わないではいられない。

5　キプロス危機とICIJ

(1)　2013年にキプロスが金融危機に陥った。そのとき，関係者に衝撃を与えたのは，キプロスの銀行の資産は同国のGDPの8倍，預金残高は4倍という異常値を示していることであった。しかもそのうちでは，ロシア・マネーが3分の1との推計があった。ロシアのオリガルヒ（新興財閥）とロシア・マフィアのマネーロンダリング（資金洗浄）の温床ではないのかというわけである。確かに，キプロスは，1990年代にはタックス・ヘイブンとして名を馳せており，ユーロ加盟時（2008年）には，法人税率の5％から10％への引上げを強いられたという経緯があった。タックス・ヘイブンに秘匿された裏資金の規模はどうもTJNの言うほど生易しいものではないということが言われ始めたのはこのころからである。

(2)　踵を接してICIJのデータの公表が行われて，さらなる衝撃が走った。

ICIJ とは，International Consortium of Investigative Journalists の略であって，訳せば「国際調査報道ジャーナリスト連合」となる。この組織が，ウィキリークスと同様の手法で，ブリティッシュ・バージン・アイランズ（BVI）を中心とするタックス・ヘイブンに秘匿された資金のデータを公表したのである。そのデータ量は，250 ギガバイトという巨大なものでそのデータの解析には手間取っている。それでも，ガーディアン紙が，2013 年 4 月 3 日号で特集を組み，各国の独裁者やセレブなどの資金隠匿状況を公表した。個人名までは明らかにされないで住所だけが掲載されている。インターネット上に ICIJ offshore leaks database という URL が張られているので，国別に細かいデータを見ることができる。

(3) 2014 年 1 月 23 日には，中国の国家主席，首相を含む権力機構の親族が，BVI，クック諸島，サモアに隠匿している巨額資産の存在が公表された。経由地はシンガポールであり，関与した銀行は UBS 及びクレディ・スイスであって，監査法人は PwC であるとの報道がなされている。日本でも ICIJ のメンバーである朝日新聞がこれを報じた。

(4) 続いて第 3 弾として，ルクセンブルクが国家的に節税ないし租税回避に手を貸している問題が浮上した。いろいろなスキームに国として承認するスタンプを押してしまうのである。これを，state aid という。EU コミッションのユンケル委員長は，18 年間にわたってルクセンブルクの首相であったから窮地に立たされて一時はストラスブールの欧州議会で不信任案可決化という窮地に立たされた。

(5) 今は，HSBC が矢面に立たされており，いろいろな記事が欧米各紙を飾っている。これまでのところ，ICIJ による 4 連発というところである。

(6) OECD 租税委員会の関連組織として，税務長官会議（FTA：Forum on Tax Administration）というフォーラムがある。これが，2013 年 5 月にモスクワで会議を開催し，45 か国・地域の国税庁首脳による最終声明を出した。この声明には，ICIJ のデータベースと同内容のデータを入手した旨の発表があり，日本の国税庁もデータを豪当局から入手したと公表している。

(7) 日本では，2013年12月31日末から，国外財産調書制度がスタートしている（2014年3月の確定申告に際して申告）から，日本の富裕層もおちおちはしていられないかも知れない。

6 アップル，アマゾン，グーグル，マイクロソフト，スターバックスによる国際的租税回避

(1) 2012年末ころから，英国でスターバックスが利益を上げているのに，ほとんど全く納税していないということが知られるようになり，英国庶民が怒ってボイコット騒ぎに発展した。ボイコットをされれば節税する利益もないから，スタバは泡を食ってHMRC（Her Majesty's Revenue and Customs）とネゴをして，自主的に多額の納税をした。ところがこれが裏目に出てしまった。英国庶民は「自分らは否応なしに納税させられているのに，スタバは気が向いたら納税すればよいのか」ということになって，火に油を注ぐ結果となったのである。キャメロン首相も激怒して，この問題をロック・アーン・サミットで取り上げることとした。

(2) 他方，アップルのティム・クックCEOは，上院国土安全保障・政府問題委員会常設調査小委員会（カール・レヴィン小委員長）の公聴会に呼ばれて，レヴィン上院議員やマケイン上院議員の吊し上げを食う羽目になった。アップルは巨額の利益を上げているのに，どこにもまともに納税してはいないではないか，というわけである。

(3) 図表5及び6は税調資料である。これらのスキームについては，弊著『タックス・イーター』（岩波新書）に詳しく説明してあるのでご参照願うとして，ここでは省略する。ただ，これらのスキームは徹底的に考えられたものではある（そのため細部の理解は専門家によって少しずつ異なるほどである。）が，そこには必ずタックス・ヘイブンが重要なコンポーネントとして存在している。バミューダ，オランダ，アイルランド，スイスなどである。逆にいえば，これらのタックス・ヘイブンを使うことが許されないとすると，多国籍企業（MNE）の考えだす国際的租税回避スキームは，非常な制約を受けることになるであろう。

図表5　ダブル・アイリッシュ・ウィズ・ア・ダッチ・サンドイッチ

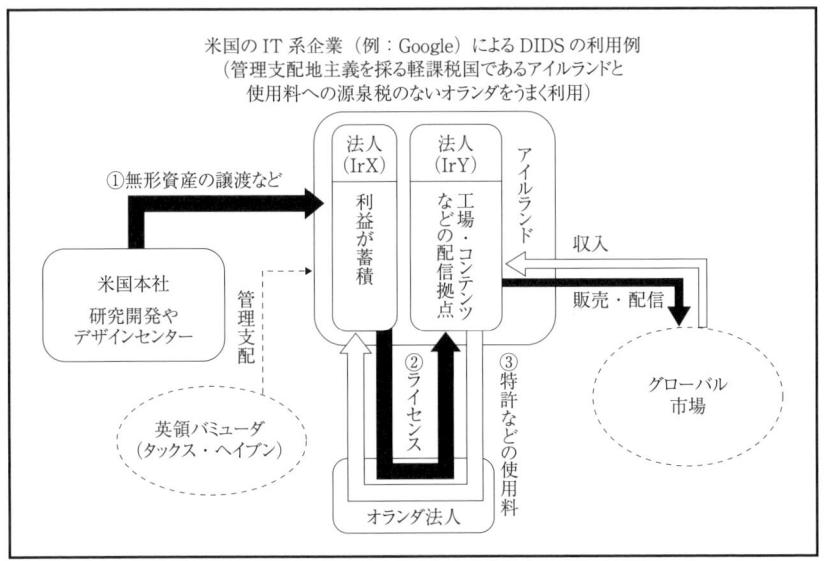

図表6　スイス・トレーディング・カンパニー

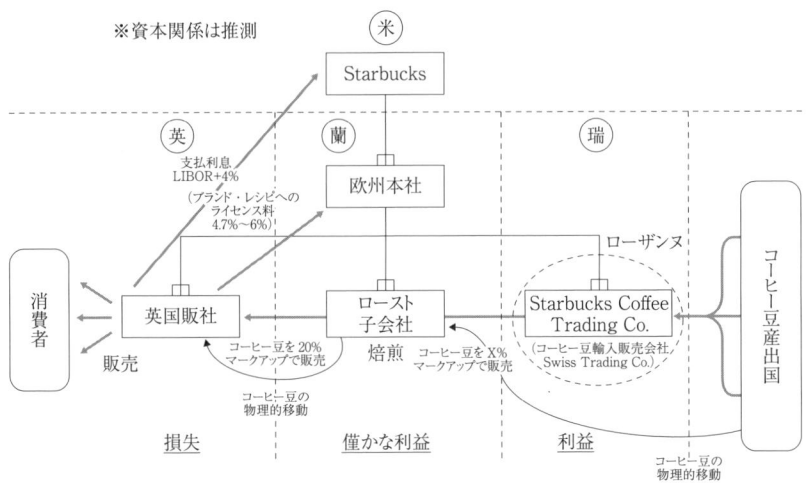

(4) MNE というよりは無国籍企業が，本来納めるべき税金を，どこの国にも納めていないということによって，税収に穴が空いた部分は，結局，一般庶民の肩にのしかかってくるのである。これは不正義であり，英国庶民の怒りは正統なものである。

第 2 章　BEPS

1　BEPS とは何か

(1) BEPS は，OECD 租税委員会（浅川雅嗣議長）の発案に係るものである。BEPS とは，Base Erosion and Profit Shifting の略であり，邦訳は税源浸食と利益移転である。

(2) その始まりは，OECD 租税委員会において米国の委員が言い出したことによる。この提案が採用されて，2012 年 G20 ロス・カボス・サミットで頭出しがされたあと，2013 年の G8 ロック・アーンのコミュニケによるマンデートが得られた。ロック・アーン・サミットのコミュニケの税制の部分には，「租税回避については，我々は，税源浸食と利益移転に対処する OECD の取組〔BEPS〕を支持する。我々は，多国籍企業が世界のどこで利益を生み，税を支払っているか税務当局へ報告するための共通のひな形作りに取り組む。」とある。そして，2013 年 9 月のサンクトペテルブルク G20 サミットにおける 15 項目のアクション・プランとなった。

図表 7　BEPS アクション・プラン

行動	概要	期限
1	電子商取引課税 　電子商取引により，他国から遠隔で販売，サービス提供等の経済活動ができることに鑑みて，電子商取引に対する直接税・間接税のあり方を検討する報告書を作成。	2014 年 9 月
2	ハイブリッド・ミスマッチ取決めの効果否認 　ハイブリッド・ミスマッチ取引とは，二国間での取扱い（例えば法人か組合か）が異なることを利用して，両国の課税を免れる取引。ハイブリッド・ミスマッチ取引の効果を否認するモデル租税条約及び国内法の規定を策定する。	2014 年 9 月

3	**CFC税制の強化** CFC税制（一定以下の課税しか受けていない外国子会社への利益移転を防ぐため，外国子会社の利益を親会社の利益に合算）に関して，各国が最低限導入すべき国内法の基準について勧告を策定する。	2015年9月
4	**利子等の損金算入を通じた税源浸食の制限** 支払利子等の損金算入を制限する措置の設計に関して，各国が最低限導入すべき国内法の基準について勧告を策定する。 また，親子会社間等の金融取引に関する移転価格ガイドラインを策定する。	2015年9月 2015年12月
5	**有害税制への対抗** OECDの定義する「有害税制」について ① 現在の枠組みを十分に活かして（透明性や実質的活動等に焦点），加盟国の優遇税制を審査する。 ② 現在の枠組みに基づきOECD非加盟国を関与させる。 ③ 現在の枠組みの改訂・追加を検討。	 2014年9月 2015年9月 2015年12月
6	**租税条約濫用の防止** 条約締結国でない第三国の個人・法人等が不当に租税条約の特典を享受する濫用を防止するためのモデル条約規定及び国内法に関する勧告を策定する。	2014年9月
7	**恒久的施設（PE）認定の人為的回避の防止** 人為的に恒久的施設の認定を免れることを防止するために，租税条約の恒久的施設（PE：Permanent Establishment）の定義を変更する。	2015年9月
8	**移転価格税制（①無形資産）** 親子会社間等で，特許等の無形資産を移転することで生じるBEPSを防止する国内法に関する移転価格ガイドラインを策定する。 また，価格付けが困難な無形資産の移転に関する特別ルールを策定する。	2014年9月 2015年9月
9	**移転価格税制（②リスクと資本）** 親子会社間等のリスクの移転又は資本の過剰な配分によるBEPSを防止する国内法に関する移転価格ガイドラインを策定する。	2015年9月
10	**移転価格税制（③他の租税回避の可能性が高い取引）** 非関連者との間では非常に稀にしか発生しない取引や管理報酬の支払いを関与させることで生じるBEPSを防止する国内法に関する移転価格ガイドラインを策定する。	2015年9月
11	BEPSの規模や経済的効果の指標を政府からOECDに集約し，分析する方法を策定する。	2015年9月
12	**タックス・プランニングの報告義務** タックス・プランニングを政府に報告する国内法上の義務規定に関する勧告を策定する。	2015年9月
13	**移転価格関連の文書化の再検討** 移転価格税制の文書化に関する規定を策定する。多国籍企業に対し，国毎の所得，経済活動，納税額の配分に関する情報を，共通様式に従って各国政府に報告させる。	2014年9月

| 14 | 相互協議の効果的実施
　国際税務の紛争を国家間の相互協議や仲裁により効果的に解決する方法を策定する。 | 2015年9月 |
| 15 | 多国間協定の開発
　BEPS対策措置を効果的に実現させるための多国間協定の開発に関する国際法の課題を分析する。
　その後，多国間協定案を開発する。 | 2014年9月
2015年12月 |

(3)　表の一番右の欄に期限が示されている。半分ほどは2014年9月に，残りの半分ほどは2015年9月を期限としており，わずかなものが同年12月を期限としていることが，見て取れる。2014年9月を期限とする7アクションについては，既に公表済みである。

(4)　このようにタイトなスケジュールとなっている理由は米国民主党政権残任期のうちに仕上げてしまわなければ，仮に共和党政権になった場合には，プロジェクトそのものが潰されてしまう可能性があるからだという。実際に共和党議会指導者が消極的な姿勢を示し始めている。

2　2014年の第1弾

(1)　2014年の第1弾の7アクションは，9月のG20ケアンズ蔵相中銀総裁会議及び11月のG20ブリスベン・サミットに提出されている。

(2)　7つのアクション・プランとは，

　　 1（ディジタル・エコノミー），

　　 2（ハイブリッド・ミスマッチ），

　　 6（条約濫用），

　　 8（移転価格税制・無形資産），

　　13（移転価格税制・文書化），

　　15（多国間条約）

である。内容の精度にはばらつきがあることは否めない。

(3)　このうちでは，やはり移転価格関係のものに対する関心が高く，8と13に注目が集まっている。特に，13の文書化についてはカントリー by カントリー・レポート（CbCレポートと略称される。）があって，関心が高い。

8の無形資産も極めて重要であるが，一部が暫定的なものとして公表されており，2015年9月まで先送りとなっている。

3　今　後

(1)　BEPSは，今後の国際租税制度の行く末を占う作業であろうが，問題がなくはない。
(2)　BEPSの15のアクションは，これまでの諸問題の単なる棚卸しに過ぎないのでないか，この15のアクションでよってたかって上述のダブル・アイリッシュ・ウィズ・ア・ダッチ・サンドイッチやスイス・トレーディング・カンパニーなどのスキームに対抗できるのか，という批判が考えられる。
(3)　また，国際租税制度の重要な進展は，グローバル・フォーラムで進められている自動的情報交換（AEOI）によっており，BEPSにおいて取り扱っている情報交換は，上記の移転価格の文書化にとどまっている。これを見るだけでもBEPSの包括性についての疑念が残る。
(4)　さらに，問題の根本的解決は，国際租税制度の内枠だけでは導けないのでないか，国際金融システムの問題の解決策とセットである必要もあるのではないかという問題もある。この国際金融システムのオーバーホールの問題は，現在FSB（金融安定理事会）において進められているが，現状では相互作用があるようには思われない。FSBは，2009年4月のG20第2回ロンドン・サミットにおいて，それまでのFSF（ファイナンシャル・スタビリティ・フォーラム）が格上げされたものであることは述べた。

第3章　自動的情報交換（AEOI）

1　情報交換の枠組み

(1)　情報交換については，OECDモデル租税条約26条のコメンタリーに記述があり，一般的に，
①　要請に基づく情報交換
②　自動的情報交換（AEOI）

③　自発的情報交換

の3つのカテゴリーに分類されている。
(2)　現時点で，問題となっているのは，①の要請に基づく情報交換のピア・レビューと，②の自動的情報交換の枠組み作りである。
(3)　AEOI は，既述のように，BEPS の枠組みとは別に，グローバル・フォーラムのプロジェクトとして進められている。なお，グローバル・フォーラムの加盟国は 120 を超えており，OECD 内部の組織ではなく，しかしながら，OECD が事務局を務めるという位置づけになっている。OECD 租税委員会の機構図には，事務担当部局が示されている。

2　FATCA

(1)　現在の自動的情報交換の枠組み作りは，急速な進捗を見ているけれども，これは元はと言えば，米国の国内法である FATCA（Foreign Account Tax Compliance Act）の制定が発端である。
(2)　FATCA とは，図に示すように，IRS（米国内国歳入庁）が，外国金融機関（FFI）と契約を結び，外国金融機関に口座を有する米国人の情報を提供させるというものである。かつ，非協力口座については 30 パーセントの源泉徴収税率や，口座の閉鎖までをもペナルティとして用意しているというものであった。これは，公法は水際で止まるという国際公法上の国家主権原則から見れば異様であるが，基軸通貨国である米国でなければ立法することさえ考えられなかった。前例としては，マカオにあるバンコ・デルタ・アジアの北朝鮮の口座を閉鎖させたというケースがあるが，これはまさしく US ドルが基軸通貨国であり，コルレス契約の仕組みがあるからこのように外国に対する強制力の発動を可能としたものである。しかしながら，この FATCA のスキームは流石に執行管轄権の問題をクリアすることはできず，その執行は遅れて，実際に米国内で施行されたのは 2014 年 7 月 1 日であり，かつその内容は，図に示された当初案とは相当に異なるものとなっている。
(3)　諸外国の FATCA に対する反応は，2 種類に分かれた。第 1 は，日本や

図表8 米国の外国口座コンプライアンス法 (Foreign Account Tax Compliance Act)

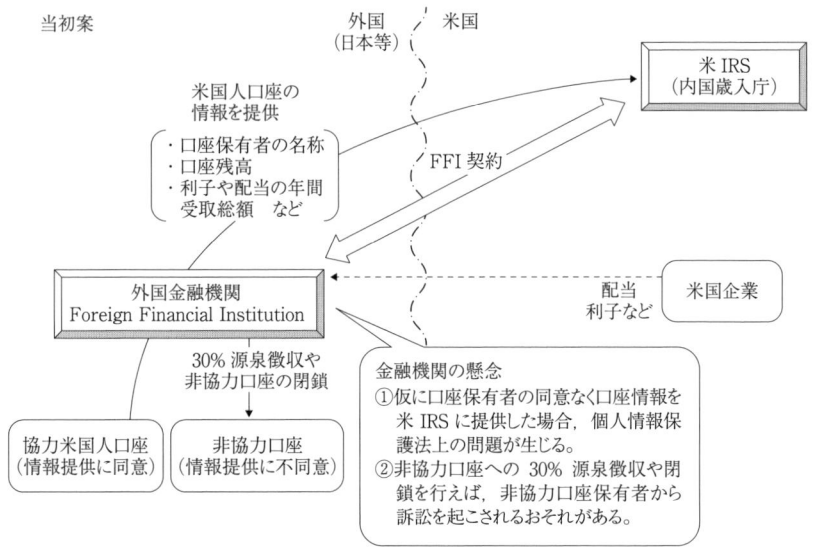

香港などである。日本は，個人情報保護法を理由として，租税条約に基づく情報交換の一形態として米国の要請に対処しようとするものである。第2は，英独仏伊西などの反応であって，このような仕組みは望ましいものであるから，相互性を条件に対応しようということになった。このうち，第2グループ諸国は，モデル1という政府間取決め（IGA：Intergovernmental Agreement）を締結し，第1グループ諸国は，モデル2というIGAを締結している。

3 グローバル・フォーラム

(1) グローバル・フォーラムは，このFATCAに触発されて，自動的情報交換のグローバルモデルを，FATCAを多国間に応用する方向で構築することとし，2013年G20サンクトペテルブルク・サミットに提案した。2014年2月には，OECD租税委員会が策定した「税務当局間の共通報告基準」(Common Reporting Standard) を，2014年2月G20シドニー蔵相会議に提

図表9 欧州5か国（英独仏伊西）の米FATCAへの対応

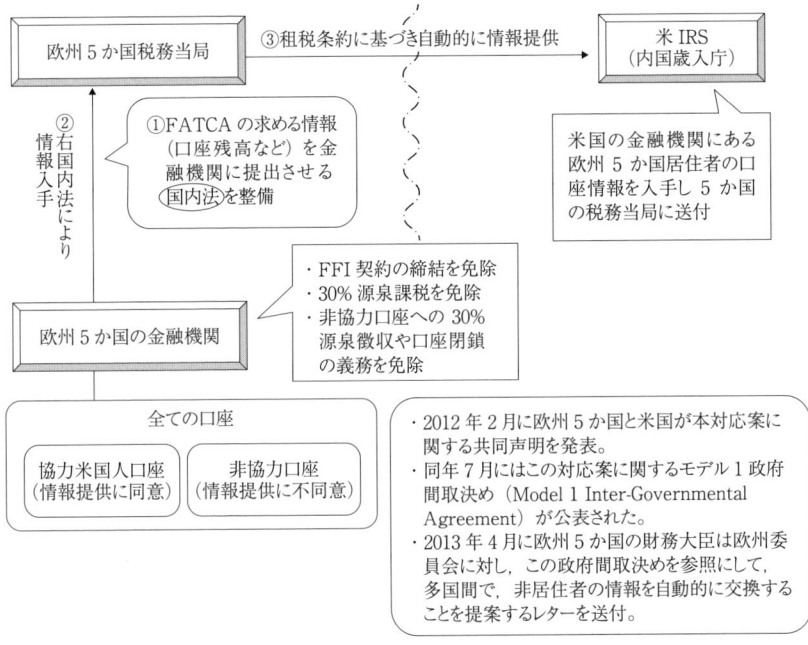

図表10 日米当局共同声明による米FATCAへの対応フレームワーク

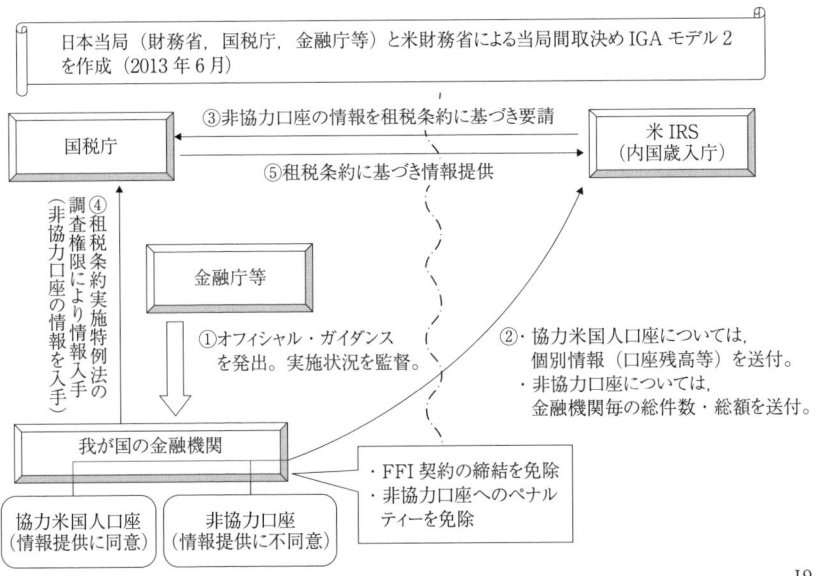

出した。

(2) 結果として，93法域がAEOIの実施にコミットしており，2017年組と2018年組の2グループに分かれて，最初の自動情報交換に着手することとなっている。日本は2018年組である。

(3) AEOIの法的根拠は，税務行政執行共助条約6条にその根拠が求められているが，そのポイントは，各国の権限ある当局（CA）間の協定であり，外交当局を通さずに直接情報交換ができることにある。2014年10月29日に「多国間CA協定（CAA）」に51か国が署名したが，土壇場でスイスが52番目の国として参加して，各国を驚かせることとなった。スイスがUBS事件以来，米国の圧力に屈し続けて，銀行秘密条項が事実上無効化しているように見えることと，何らかの関係があることは言うまでもない。

(4) AEOIに関する真の問題の所在は，タックス・ヘイブンの国・地域の当局が，いくら自動的情報交換に応じることを約束しても，肝心の当局に情報を収集する意欲がなければ，体制をいくら整備しても実効性を伴わないということであろう。ブリュノ・ジュタン『トービン税入門』には興味深い記述がある。即ち，タックス・ヘイブン所在の金融機関といえども，基本的には先進諸国の金融機関に何らかの形でつながりを持たざるを得ないのが通常であるから，先進諸国がその気になれば，タックス・ヘイブンの金融機関を国際的金融取引から閉めだすことが可能になることについてのヒントとなる記述がある。マカオのバンコ・デルタ・アジア事件と併せて考えることがらである。

(5) 米国はこのプロジェクトに参加しておらず，FATCAに基づきIGAモデル1とモデル2のネットワークを拡大する独自路線を歩んでいるところは憂慮される。

第4章　多国間条約

1　公法は水際で止まる

(1) グローバル・エコノミーの現在において，ヒト，モノ，カネなどは自由にかつ瞬時に国境を越えていく。それであるのに，一国の執行管轄権は，

水際で止まる。しかも，各国の税制は，一国の主権に属するから，てんでんばらばらである。
(2) この状況を変化させようと，いくつもの試みが行われているが，国家主権を相互に制約するとする場合の王道は，やはり多国間条約である。

2 税務行政執行共助条約

(1) 税務行政執行共助条約は，税務行政の分野における多国間条約としては，最初のものである。その内容は，
① 情報交換：締約国間において租税に関する情報を相互に交換
② 徴収共助：滞納者の資産が他の締約国にある場合にその租税の徴収を依頼
③ 送達共助：名宛人が他の締約国にいる場合に他の締約国に文書の送達を依頼

という内容のものである。

(2) そもそもは，欧州評議会30か国及びOECD加盟国のために作成された条約であって必要署名国数を満たしたのが1995年であり，その後，これら諸国以外の国・地域も加盟できるようにするための改正議定書が作成されていたのであるが，遅々として署名国が増えなかった。ところが，2011年のG20カンヌ・サミットでドライブがかかり，既に84の国・地域をカバーするに至っている。日本は，それまで，G7諸国の中で唯一署名をしていなかったが，カンヌ・サミットに際して署名し，国内手続きを経て，2013年10月1日から発効している。

3 BEPSアクション15（多国間協定）

(1) 上記の多国間条約は，BEPSのアクション15でも高く評価されており，3000を超えるという2国間租税条約のネットワークの改正を，個々の2国間交渉に委ねていては何時まで経っても国際租税制度の実効ある改正がなされないことから，多国間条約という新しい方式の導入が急がれている。
(2) そのためのアドホックグループが立ち上げられているが，問題は米国がこれに参加していないことである。

第5章　結　語

(1)　ことがらの本質は，グローバル・エコノミーの現在において，如何にして国家主権の壁を打ち破って実効性のある二重課税及び二重非課税の排除を行うかという問題である。いろいろな手立ては試みられており，それ自体は評価すべきであるが，タックス・ヘイブンの存在を避けて通ることはどうしてもできない。

(2)　そのときの問題点は，ニコラス・シャクソンが『タックス・ヘイブンの闇』でえぐり出した米国と英国である。シャクソンは言う。「世界で最も重要なタックス・ヘイブンは島であると言っても誰も驚かない。だが，その島の名はマンハッタンだと言ったら，人々はびっくりする。さらに言うと，世界で二番目に重要なタックス・ヘイブンは島にある。それはイギリスのシティ・オブ・ロンドンだ」。ここには，取り締まる側と取り締まられる側が同じであるという皮肉がある。英国は，英国病と言われた経済の疲弊から，サッチャリズムと金融ビッグバンによって立ち直り，経済ばかりでなく国際政治における発言権をも回復した。このようなことであると，英国がシティの権益を危険にさらすとは思われない。2011年に導入された銀行税に対して，HSBCは本拠を移す動きを見せて牽制している。米国では，リボルビング・ドア方式と言われるように，官民の人事交流は盛んであり，財務長官にはウォール・ストリート出身者が選ばれる。英国よりも幾分ましなのは，9・11を経てタックス・ヘイブン経由のテロ資金に対する警戒心が強いことである。

(3)　いろいろな租税回避スキームを見る場合に，ほとんどすべてのケースについてタックス・ヘイブンが重要なコンポーネントとなっている。逆に言うと，タックス・ヘイブンがなければスキームを組成することができない。タックス・ヘイブンというブラックホールへの入り口を国際協調によって塞ぐことが最も手っ取り早い方法であるが，取り締まる側と取り締まられる側に，シティとマンハッタンという2つのタックス・ヘイブンがある。泥棒が縄を綯っている状況である。ここからが，ハードコアである。

1 居住地国課税原則をめぐる社会の変化と住所概念の現代的意義

漆 さ き
(大阪経済大学経済学部専任講師)

1 はじめに

　従来,OECDモデル租税条約の普及を背景に,多くの国で,また国際的にも,居住地国課税に比重が置かれてきた。しかし近年,その状況に変化が生じている。従来の居住地国課税においては,「住所」は納税者の全世界所得課税の有無を判断する重要かつ基本的な概念である。一方,源泉地国課税においては,所得の「源泉地」が重要となる。現在,源泉地国課税(領土主義課税)へと軸足を移す国が増加しており,それによって国際課税ルールに大きな変化が生じている。そのような変化の中で,住所概念の現代的意義な再検討したい,というのが本稿の趣旨である。

　そのため,本稿ではまず,国際課税の二大原則,居住地国課税原則が重視された歴史的背景と根拠を確認する。その後,居住地国課税が重視された根拠が揺らいでいること,社会の変化によって各国が居住地国課税重視の姿勢に見直しを迫られてきたことを分析する。最後に,領土主義課税に軸足を移しつつある現状の中で,住所概念の今後果たし得る役割について検討する。

2 居住地国課税原則の背景と根拠

　周知のように,国際課税においては,自国の居住者,つまり自国に住所を有する者については,その全世界所得に対して課税権を有する,という居住地国課税原則,それから,自国の国内で生じた所得について,課税権を有する,という源泉地国課税原則の二つが二大原則とされている。しかし,国際的な所得について,居住地国と源泉地国が異なり,双方が課税権を行使する場合には,

国際的二重課税が発生する。経済活動を阻害しないためには二重課税は排除されるべきである，との前提に立てば，どちらかが，または，双方が少しずつ，課税を諦めねばならない，ということとなる。

　このような国際的二重課税の調整のために，第一次世界大戦後から，モデル租税条約作成のための報告書がいくつも出された。[1] 代表的なものを挙げれば，純粋に理論的な検討を試みる1923年の4人の経済学者の報告書[2]，実際に機能し得る枠組みの検討として1925年報告書及びその後の一連のモデル租税条約[3]草稿などが挙げられる。[4]

　それらの中で，当時の税制について，大まかに二つの類型があることが報告されている。それが，グローバルシステム[5]とスケジューラーシステム[6]である。一つ目のグローバルシステムは，広い所得概念のもと，全所得が基本的に同様に課税される「個人総合所得税」とされるものである。そこでは，管轄とのつながりは「居住者」である，といった個人的な法的地位とされる。国外源泉所得もまた国内所得と同様に課税されるため，居住地国課税原則と親和性が高いと考えられる。二つ目のスケジューラーシステムは，異なる種の所得の性質的な違いに着目し，異なる所得は異なる税率で課税される「分類所得税」である。そこでは，誰が所得を受け取ろうと，また総所得がいくらであろうと，各種所得は異なる方法で課税される。管轄とのつながりは，所得の源泉であり，納税者の個人的な法的地位ではない。そこでは，国内源泉所得のみ課税が行われ，国外源泉所得は課税されない。

　1925年，モデル租税条約作成のための報告書の中では，大まかにこれら二つのシステムがあることが指摘され，一般原則として源泉地国課税が行われてきたこと，個人所得税については居住原則が広く適用されてきたことが述べられている。[7] その後，1930年代からの一連のモデル租税条約草案，ロンドンモデル，メキシコモデルなどを経て，OECDモデル租税条約が作成された。居住地国課税原則を重視することをすすめた1923年の4人の経済学者による報告書の影響を強く受けていること，もともとは資本輸出国である先進国同士のためのモデル租税条約であったこと等の歴史的経緯から，OECDモデル租税条約は，居住地国課税を重視してきたとされる。[8] 実際の構造としては，一定の所得につい

て源泉地国に優先的な課税権を定め，それ以外について居住地国が全世界所得に課税権を有する，という作りになっている。

次に，ではなぜ居住地国課税が重視されたのか，という点について，ここでは二つの理由を述べる。一つには，モデル租税条約の話し合いがなされていた当時，担税力原則が重視されたからである。全世界所得課税は，個々の総所得を居住地で把握して，それに累進税率をかけることで，垂直的公平を達成すると考えられた。[9] 全世界所得課税はまた，国内でのみ，その所得を得る人と，国外所得を有する人の間で，総所得が同じ場合には同様の課税を行う，という意味で，水平的公平も促進するとされた。一方で，源泉地国課税は個人の担税力による調整を行わない分類所得税と親和性が高く，応益的な課税になじむものとされる。源泉地国課税の背景にある「主権国家はその国境内での活動，あるいは国境内に存する富に対して規範的な権限を持つ」という考えは，結果として，国外源泉所得に対する応益的な課税を正当化できない，ということになる。[10]

二つ目は，経済的効率性である。居住地国課税は，世界の富を最大化するために優れていると考えられていた。効率性の概念は，生産性や所得を生み出す要素が，国によって阻害されることなく，市場原理によって配分される場合に最も高くなる，という前提にもとづいている。そのため，税制が市場原理によって配分される要素を阻害しない場合に，その税制は「中立」で効率的であると考えられる。[11]

伝統的な議論では，資本輸出中立性（Capital Export Neutrality，以下 CEN），資本輸入中立性（Capital Import Neutrality，以下 CIN）の二つが挙げられる。近年，資本所有中立性や，国家中立性，国家所有中立性などの新しい中立性の概念も議論されているが，まず，伝統的な二つの中立性について説明する。CENは，地理的な資本の配分について税が中立であることで，居住地国課税を採用した場合に達成されると考えられる。[12] 居住地国課税のもとでは，投資者はどこに投資をしても自分の居住地国において課税をされるので，地理的にどこに投資をするかについて，税は中立である，ということになる。二つ目の CIN は，もともとはある管轄内における競争と拡大の機会の中立を示すものと言われる。ある管轄内で，投資者がどこから投資をしているかを問わず，同じ税に服する

場合，税は資本の輸入について，つまりどこから資本の供給を受けるかについて中立である，ということになる。また，資本輸入中立性は，貯蓄中立の理論としても参照される。[13] 資本の供給先に対して中立であるということは，潜在的な資本の供給者が，消費と貯蓄のどちらを選択するかについて中立である，ということだからである。これは，源泉地国課税を採用した場合に達成されると考えられる。

後に，資本所有中立性（Capital Ownership Neutrality，以下CON）も議論されるようになった。これは，資本の地理的配分ではなく，所有について租税中立であることをいう。ここでは，世界的な効率性を最大化するためには，資本の生産性はその所有者のアイデンティティに依存すると考える。CONが達成されるためには，居住地国課税であれ源泉地国課税であれ，世界的な調和が必要だとされる。これらの中立性の議論は，「世界の富を最大化するために，何が最も効率的か」を論じるものであるが，近年，「国家中立性（National Neutrality）」「国家所有中立性（National Ownership Neutrality）」と呼ばれる，一国にとっての効率性を論じる議論も登場している。[14]

居住地国課税がなぜ，最も効率的な国際課税制度に貢献すると考えられたのかを確認する。それは，伝統的な議論では，資本輸出中立性（CEN）が最も重要だと考えられたためである。その理由は二つある。一つ目に，投資の地理的な配分における歪みのコストは，貯蓄と消費の配分に対する歪みのコストよりも大きいと考えられたためである。[15] 二つ目に，CENとCINの選択について，貯蓄と投資の弾力性の問題として捉えた場合，投資の方がより課税レベルの変化に対して敏感に反応すると考えられていたためである。[16] そのため，CENを達成する居住地国課税の方がより効率的に世界の富を最大化する，と考えられ，居住地国課税が重視されてきた。[17]

3 現代における居住地国課税

3-1 居住地国課税を支える根拠の揺らぎ

次に，これら二つの居住地国課税が重視されてきた根拠が揺らいでいること，また，居住地国課税が社会の変化の中で困難に直面していることについて述べ

る。公平，そして効率性の観点から，純粋な居住地国課税は理論的には未だ魅力的であるとされる。しかし，実際には，居住地国課税によって経済的に望ましい結果を導くのは困難であることから，居住地国課税はその学術的な信頼を失いつつある[18]，との見解もある。ここでは，居住地国課税がその理論的な「望ましさ」にもかかわらず，現実には国家にとって望ましい税制として機能しなくなってきていることを確認する。

　まず，理論的に「純粋な」居住地国課税，「純粋な」領土主義課税を実際に採用している国はほとんどない。ここでいう「純粋な」居住地国課税とは，国外源泉所得の課税繰延を廃止し，国外源泉所得につき居住者が支払った外国税額が自国のそれよりも高い場合には差額を還付するものである。一方，「純粋な」領土主義課税は，アクティブインカムかパッシブインカムかを問わず，すべての国外源泉所得について課税を行わないものをいう。ここでいうアクティブインカムとは，納税者の積極的な支配を必要とする活動的な事業から得られる所得，パッシブインカムとは，資産性所得などの納税者のコントロールをさほど必要とせずに得られる受動所得をいう。ほとんどの国は，これら二つを両極とした場合に，どちらにより寄っているか，という状態で，実際に「居住地国課税をベースとしていた」国々も，国外源泉所得について繰延を認め，支払外国税が自国の税より高い場合に還付を行っていない場合がほとんどである。また，後に述べるように，領土主義課税についても，パッシブインカムについてはCFC税制などを通して，自国で課税を行う国が多いものと思われる。このような純粋な形から若干の修正をされた居住地国課税の制度，領土主義課税の制度を「ハイブリッド居住地国課税」「ハイブリッド領土主義課税」と呼ぶ。ここでは，その「ハイブリッド居住地国課税」が，居住地国課税が本来目指した政策目的を果たせず，その支持根拠を失っていることを説明する。

　居住ベースの全世界所得課税の目的は，垂直的公平・水平的公平を実現すること，そして世界にとって効率的な税制を提供することであった。しかし，実際には，ハイブリッド居住地国課税のもとで，アクティブな国外所得に課税しようとすることは歳入の増加をもたらさず[19]，結果として垂直的公平，水平的公平を達成することができない。また，効率性についても，理論的な説得力は別

として，経験的には，どの要素に中立であることが最も経済活動を促進するのか明らかでなく，資本輸出中立性を達成しようとすることが政策目的として適切であるのか，疑問が呈されるようになっている。これら二つの事柄について，一つずつ検討する。

　まず，課税繰延と外国税額控除を認めた場合に，公平の達成という政策目的が実現できないことを述べる。法人の国外所得について，国内に戻ってくる時点までの課税繰延を認めている場合，繰延は貨幣の時間的価値によって，繰延が十分に長期に渡れば，無税と同様の効果を生じる可能性がある。また，アメリカのようにクロス・クレディティングを認めている場合には，実質的にゼロ，もしくはネガティブタックスになる可能性もある。これは，アメリカよりも高い税率の国で得た所得について生じた外国税の「余剰部分」を使って，低税率国で得た所得についてのアメリカ税を相殺することができる制度である。さらに，法人の住所は比較的容易に移動させることができるため，タックスヘイブンに移動させることができる。住所を有効に，たとえばタックスヘイブンに移動させた場合には，その法人は，もともと所在していた国ではもはや，源泉所得についてのみ納税義務を負うことになる。また，カナダの場合には，「外国子会社は，カナダでの納税義務を負わずに済む状況でなければ，その利益を配当としてカナダに戻すことはない」とも言われる。これらの事情によって，実際に，国外投資からの歳入は多くは望めないものと思われる[20]。そうすると，このようなハイブリッド居住地国課税のもとでは，国外源泉所得は実際には国内所得と同様には課税されておらず，公平という政策目的は実現できないこととなる。

　二つ目に，中立性についての経験的に判明している不確実さが，居住地国課税を支持する根拠を弱めていることを述べる。多くの論文が，世界の富を最大化させるためにはどの要素に中立であるべきか，そのためにはどのような税制が望ましいか，議論を重ねてきた。しかし，実際には租税以外のさまざまな要素が複雑に絡み合う中で，租税上の変化について納税者がどのように反応するのかはわからない。資本の供給がどうなるか，多国籍企業がどのようにその活動を構成するのか，投資家が全世界所得課税，または領土主義課税につきどの

ように反応するのか，経験的に不明確さが認識されている。その結果，資本輸出中立性，資本輸入中立性，資本所有中立性，いずれについても，政策を支持するための根拠としては説得力がないのではないかとも言われている。

このように，公平の達成と効率性，という居住地国課税が重視された二つの理由は，いずれも居住地国課税を支持するための根拠として，その地位を脅かされている。

3-2 居住地国課税の直面する現代的課題

次に，居住地国課税が近年社会状況の変化によって直面している困難について述べる。グローバリゼーションが叫ばれて久しい今日，国際課税にかかるグローバリゼーションの特徴については以下のようなものが挙げられる[21]。①多国籍企業の活動の増加，②それらの企業の事業活動の国際化，③投資資本につき輸出国であり，かつ輸入国である国の増加，④国境を越えた取引の複雑化，⑤情報技術の発展の結果として，国際事業活動における地理的制約の減少，である。企業の活動は，より国際的に，相互的に，そして複雑になっており，この50年で，関税及び非関税障壁は著しく減少したと言われる[22]。

そして，国家経済に結び付いて，このような障壁の減少は三つの重要な国際租税政策上の考慮事項を導く。第一に，国際投資にかかる意思決定における租税のインパクトにつき，直接投資判断は，国家の租税上の差異により敏感になっている[23]。つまり，直接投資を行う際の意思決定において，国家ごとの税制の差が重要な意味を持つということである。そのため，それぞれの国家は，投資を惹きつけるために，国家の税制についての「競争力」に対する政策上の関心を高めることとなる。第二に，グループ間のエクイティ及びデッドファイナンスに代わって，代替性が完全に近い場合には，外部債務の増加がみられる[24]。これは，グループ間の資金調達と外部からの資金調達を，場合によってうまく使い分けているということである。その結果，多国籍企業は租税負担の少ない，あるいはない国における資金調達により，国ごとの租税上の差異をより有利に活用できるようになり，そのグローバルでの納税義務を引き下げている。第三に，アウトバウンドの直接投資は国内投資の代替ではなく補完であると示され

てきている[25]。つまり，国外資本支出を増加させれば国内資本支出も増加するということである。このことは，裏を返せば，アウトバウンドの直接投資をよりコストの高いものにする税制改正は，国内投資にも悪影響を及ぼす可能性があるということだ。これら三つのことは，多国籍企業は今や資金調達について多くの選択肢を持っていること，国家は投資を惹きつけるためには政策的な税制のあり方を考えねばならないこと，投資全体を活性化するためには，アウトバウンドの直接投資を阻害しない税制を構築すべきことを示している。そのため，企業がますます国際取引及び国際投資に従事する中で，各国家は，その課税ルールを，①直接投資活動を阻害せず，かつ②比較的税率の高い国から歳入を奪うようなアグレッシブなタックスプランニングから国内の課税ベースを守る，という二つの要件を満たすものにしていく必要に迫られている[26]。

それでは，そのようなニーズに，居住地国課税は応えられるだろうか。居住地国課税をベースとする国では，居住者についてその全世界所得に課税される。そのため，居住者が国外に直接投資をする際，そのコストは領土主義課税国の居住者に比べて高くなる可能性がある。このため，実際に，ハイブリッド領土主義課税へと軸足を移す国の増加が増加している[27]。

4 現代における住所概念の役割

次に，法人所得の国際課税と住所概念について述べる。さきほど述べたように，ほとんどの国は「ハイブリッド」全世界所得課税もしくは「ハイブリッド」領土主義課税で，どちらに寄っているか，という程度問題である。そのため，実質的にはそれほど大きな差はない場合もある。また，理論的には，全世界所得課税で外国税額控除を採用している場合にも，源泉地国の税が居住地国の税と同じか，もしくはそれよりも高い場合には，外国税額控除が居住地国の税を完全に相殺するので，居住者の国外源泉所得について，居住地国で課税が行われないのと同様の結果となる。源泉地国の税が居住地国の税よりも低い場合には，居住地国は外国税額控除をした後の「残り（residual）」の分につき居住地国が課税を行う可能性がある。この「残り」部分については，領土主義課税では課税が行われないため，ここが二つのシステムの実質的な差，ということに

なる。[28]

　また，「ハイブリッド」領土主義課税と言われる国でも，自国の居住者が直接に稼得した国外源泉所得には全世界所得課税，居住者の支配外国子会社が国外で稼得した所得についてはCFC税制等を通して，アクティブインカムは免税もしくは繰延，パッシブインカムには居住者である株主に対する全世界所得課税と外国税額控除を併せて行う場合が多くみられる。純粋な領土主義課税では，所得の性質にかかわらずすべて国外所得は免税となるが，ハイブリッド領土主義では，アクティブインカムとパッシブインカムで異なる扱いをすることが多いように思われる。

　たとえば，国外所得免除方式を導入したことで，領土主義課税へと舵を切ったと言われる日本の現行制度も，同様の特徴を持つハイブリッド領土主義と言えるだろう。現行の日本のタックスヘイブン対策税制，日本版CFC税制では，まず，ａ）居住者が直接に稼得した国外源泉所得には全世界所得課税を行っている（法税2条3項，4条）。そして，ｂ）特定外国子会社等に該当し（軽課税の外国関係会社），適用除外にあたらない場合には全面的に発生ベース課税，適用除外に当たる場合には資産性所得にのみ発生ベース課税となっている（特措法40条の4，66の6）。そして，ｃ）外国法人を通して稼得された所得については，配当は95％益金不算入である（法税23条の2，法令22条の4第2項）。

　これは，日本の居住者もしくは内国法人が，軽課税もしくは無税の国に所在する法人の株式を50％以上有する場合に，当該法人が独立事業としての実体を備えている場合を除き，その所得を発生ベースで日本の株主の所得とみなして課税するものである。また，適用除外要件に該当し，実体を備えている場合にも，資産性所得に限っては発生ベースで日本の株主において課税されるということだ。

　このようなタイプのCFCルールのもとでは，所得は移動性が高く，源泉地で課税に服さない場合に，居住地で課税を受けることになる。このことは，活動的な事業については税制の競争力を保ちつつ，BEPSにつながる有害な税の競争に歯止めをかけることとなる。その結果，「ハイブリッド領土主義課税」に移行した国においても，法人税の歳入は安定している。その理由として，

CFC税制の存在が大きく影響しているものと思われる[29]。

このように，現在，国際課税においては，アクティブインカムについては居住地国においては繰延もしくは免税がなされ，領土主義課税の側面を持つ一方で，パッシブインカムについてはCFC税制などの租税回避措置において居住地国で課税が行われる傾向にあるように思われる。

居住地国課税を前提とした国際課税の世界では，住所概念は全世界所得課税の有無を判断するメルクマールであった。居住地国は，時刻に納税者の住所があれば，源泉を問わず，全世界で得られた所得について課税を行うことができる。そのような枠組みの中では，言うまでもなく，納税者にとってその住所がどこに認定されるかは大きな問題である。

しかし，そのようなメルクマールとしての法人の住所概念に対しては多くの批判がよせられていた[30]。たとえば，法人の住所概念の選択制は現在上昇しており，人工的なものになっている[31]，もしくは，法人の住所は全世界所得課税を正当化するに足るつながりではない[32]，などである。そして，課税のメルクマールとしての法人の住所概念はもはや意味がない（meaningless），というのは税法学者の間でのコンセンサスだとまで言われていた[33]。加えて，先述のように，各国はハイブリッド領土主義課税に移行している。そのような状況は，果たして法人の住所概念の重要性を押し下げるだろうか[34]。

二つの理由から，否と考えられる。まず一つ目に，住所概念は多くのソースルールの中に組み込まれていることが挙げられる[35]。たとえば，配当所得や利子所得は支払者の「居住地」を源泉とする，とされている[36]。また，株式にかかるキャピタルゲインは株主の「居住地」を源泉とすることとなっている[37]。つまり，源泉地と居住地は独立別個の問題ではなく，密接に関連している。そのため，住所概念は源泉をごまかすためにも使われ得るし，また，それを防ぐためにも使われ得るように思われる。

二つ目に，住所概念は，所得移転に対する対策として意味を持つのではないかと考えられる[38]。あらゆる所得移転のスキームは「内国法人（domestic corporation）」「外国子会社（foreign affiliate）」の存在に依存している。法人の住所は所得移転スキームに不可欠であり，そのことは裏を返せば，所得移転防止

の手段にもなるのではないかと思われる。また，所得移転に対する対抗策の一つであるCFC税制においても，「外国」子会社の所得が「居住者」の所得に合算されるため，住所概念が関係している[39]。

5　おわりに

最後に，本稿をまとめると以下のようになる。まず，かつては居住地国課税原則が重視されていたこと，その理由としては，OECDモデル租税条約の作成時において，担税力理論による公平の達成と，経済的効率性からみて居住地国課税が優れていると考えられていたことを挙げた。そして，現在ではその二つの理由の双方が揺らいでいること，さらに居住地国課税が社会の変化によってさまざまな困難に直面していることを説明した。それは，国際取引及び国際投資を活発に行う多国籍企業は，今や資金調達やタックスプランニングについて多くの選択肢を持っており，国家は投資を呼び込むために競争力のある税制の構築を迫られていること，一方で，国家にはまた，そのような状況の中でも，アグレッシブなタックスプランニングから課税ベースを守る方策が求められていることに表れている。残念ながら今までのところ，居住地国課税はこのような現代的課題に対して有効な解決策を示すに至っていない。その結果，実際に領土主義課税へと軸足を移す国家は増加している。

その後，現状の法人の国際所得課税について，ほとんどの国が採用しているのはハイブリッド居住地国課税及びハイブリッド領土主義課税であることを説明し，実質的な差は理論上の「純粋な」二つのシステムほど大きくないことを説明した。そして，現在多くの国が採用するハイブリッド領土主義課税においては，アクティブインカムは免税，パッシブインカムはCFC税制等を通じた居住地国による課税が行われる傾向にあると分析した。最後に，このような状況において，かつては全世界所得課税の有無を判断するメルクマールであった法人の住所概念はどのような意味を持つのかを検討した。結論としては，ソースルールの一部として，また所得移転に対する対抗策として，法人の住所概念は今後も意義を持つであろうと考えている。そこでは，これまで全世界所得課税のメルクマールであった住所概念は，ある意味で租税回避防止策の一部をな

すものとなっていくように思われる。そのような役割の変化に当たって，これまでの住所概念の歴史的変遷を踏まえ，今後どのように解していくべきか検討していくことが必要である。

注
1) 竹中知華子「国際的二重課税論争の発生—国際連盟・経済専門委員会『二重課税に関するレポート〔Report on Double Taxation〕』の検討—」経済論究第94号293頁。第一次世界大戦の終わり頃，国際商業会議所によって，二重課税防止の重大さが国際連盟に対して訴えられた。特にこの時代に二重課税の問題が深刻なものとして受け止められるようになったのには，以下のような事情が挙げられる。まず，第一次世界大戦をきっかけに経費の膨張傾向が明確になり，各国の財政が逼迫したこと，そして，同大戦の終焉によって国際間の経済活動が活発になったことである。この訴えをきっかけとして，1920年代には，国際機関によって国際課税の在り方が検討された。
2) Professor Bruins, Enaudi, Seligman and Sir Josiah Stamp, Report on Double Taxation Submitted to the Fiscal Committee (League of Nations, 1923).
3) League of Nations, Technical Experts to the Economic and Financial Committee, Double Taxation and Tax Evasion Report and Resolutions submitted by the Technical Experts to the Financial Committee (League of Nations, 1925).
4) その分析についてはCarroll, Mitchell B., Prevention of International Double Taxation and Fiscal Evasion: Two Decades of Progress under League of Nations (League of Nations, 1939) 等。
5) Martin Norr, Jurisdiction to Tax and International Income, 17 Tax L. Rev. 431, 433 (1961-1962).
6) Ibid, 434.
7) League of Nations, supra note 3, p.13.
8) Christopher Heady, Tax Policy in Developing Countries: What Can Be Learned from OECD Experience? (2002) available at http://www2.ids.ac.uk/gdr/cfs/pdfs/Heady.pdf
9) Kaufman, Nancy H., Fairness and the Taxation of International Income, 29 Law & Pol'y Int'l Bus. 145, 153 (1997).
10) Ibid, p.171.
11) Shaheen, Fadi, International Tax Neutrality: Reconsiderations, 27 Va. Law Rev. 203, 207.
12) Ibid
13) Graetz, Michael J., Taxing International Income: Inadequate Principles, Outdated Concepts, and Unsatisfactory Policies, 26 Brook. J. Int'l L. 1357 (2001). CINが達成されている状況では，ある課税管轄のすべての貯蓄者は，その居住にかかわらず同じ税引後リターンを得る。そのため，当該管轄における異時点の限界代替率は均衡する。すなわち，すべての貯蓄者は現在と将来の消費につき，同じ価格を受け取る。

14) Ibid, p. 1371. 国際課税の在り方について，経済的効率性，とくに CIN, CEN, CON を用いて議論することに対して，これらが世界経済にとっての効率性を前提としたものであって，国家にとっての効率性を前提としたものではない，という批判が寄せられている。国家は個人と同様，自身の利益を追求するため，世界経済にとって特定の課税の在り方が望ましいとしても，国家にとってそれが望ましくなければ，国家はそれを選択しない，というのである。
15) Ibid, p. 1366.
16) Horst, Thomas, A Note on the Optimal Taxation of International Investment Income, 94 Q. J. Econ. 793 (1980) p. 793-798.
17) 経済的効率性については多くの中立性が提案されている一方，ここで述べてきたように，伝統的には CEN を達成するのが世界経済にとって効率的であるとされてきた。それについて，CEN に対する様々な批判，他の中立性がより重要だとする見解，また CEN や CIN はそれぞれにこれまで信じられてきた見解と異なり，居住地国課税や源泉地国課税以外の選択肢によっても達成され得るとする見解 (Barker, William B., Optimal International Taxation and Tax Competition: Overcoming the Contradictions, 22 Northwestern Journal of International Law & Business 161 (2002), Shaheen, supra note 11, Kane, Mitchell A., Ownership Neutrality, Ownership Distortions, and International Tax Welfare Benchmarks, 26 Va. Tax Rev. 53, (2006).) など，多くの議論がなされている。また，このような中立性の議論自体が国際課税上の政策のガイドラインとするには適切でないという批判もある (Shaviro, Daniel, Rethinking Foreign Tax Credibility, 63 Nat'l Tax J. 709 (2010) p. 710.)。
18) Cockfield, Examining Policy Options for the Taxation of Outbound Direct Investment, Research Report Prepared for the Advisory Panel on Canada's System of International Taxation (2008) p. 12.
19) Brean, Donald J. S., Here or There? The Source and Residence Principle of International Taxation, in Richard M. Bird and Jack M. Mint eds., Taxation to 2000 and Beyond (Toronto: CTF Paper no. 93, 1992) 303, p. 314.
20) Cockfield, supra note 18, p. 14. アメリカにおいてもカナダにおいても，外国子会社から国内親会社に配当を行った場合にアメリカ／カナダ国内税率で課税される税制においては，わずかな歳入しか得られていないことが指摘されている。これは，企業が外国税額控除によって国内の納税義務を相殺できる場合にしか配当を行わないためである。
21) Ibid, p. 18.
22) Cockfield, Reforming the Permanent Establishment Principle through a Quantative Economic Presence Test" 38 Canadian Business Law Journal 400 (2003).
23) Jun, Joosung, U. S. Tax Policy and Direct Investment Abroad, in Razin and Slemrod ed., Taxation in the Global Economy (Chicago, 1990) p. 55, 56
24) Desai, Foley, Hines Jr., A Multinational Perspective on Capital Structure Choice and Internal Capital Markets, 59 J. Fin 245 では，(i)国内税率が 10％上がれば，資産の一部として，アメリカ所有の子会社の負債は 2.8％高まる，(ii)国内債務の弾力性は外部債務のそれよりも大きい，(iii)国内資本市場における利子率が 1％上がると，子会社は外部債務

を資産の1.3%減少させるが，親会社からの内部債務は0.8%増加させる，ことを指摘。多国籍企業はローカルな競争者には利用できない機会を設けることによって，租税及び資本市場の条件に応じてその資金調達を構成することができると述べている。

25) Desai, Foley. Hines Jr, Foreign Direct Investment and the Domestic Capital Stock, NBER Working Paper No. 11075, p. 2 (2005).
26) Cockfield, supra note 18, p. 20.
27) 現在，OECDでも過半数の国が「ハイブリッド領土主義課税」となっている
28) Li, Jinyan, Improving Inter-Nation Equity trough Territorial taxation and Tax Sparing, in Cockfield ed., Globalization and Its Tax Discontents: Tax Policy and International Investments, (Toronto, 2010) p. 127.
29) Avi-Yonah, Reuven S., Tax Competition and the Trend Toward Territoriality (Dec. 18, 2012) available at http://papers.ssrn.com/sol3/papers.cfm?abstract_id=2191251
30) Graetz, supra note 13, p. 320.
31) Kleinbard, Edward D., The Lessons of Stateless Income, 65 Tax L. Rev. 99, 159 (2011), Shaviro, supra note 17, p. 381-85., McIntyre, Michael J., Determining the Residence of Member of a Corporate Group, 51 Can. Tax. J. 1567, 1571 (2003).
32) Krisch, Michael S., Taxing Citizens in a Global Economy, 82 N. Y. U. L. Rev. 443, 465-467 (2007).
33) Marian, Omni, Jurisdiction to Tax Corporations, 54 B. C. L. Rev. 1613 (2013).
34) Avi-Yonah, supra note 29.
35) Marian, Omni, The Function of Corporate Tax-Residence in Territorial System, 18 Chap. L. Rev. 1, 3 (2014).
36) Brauner, Yariv, An International Tax Regime in Crystallization, 56 Tax L. Rev. 259, 281 (2003).
37) Ault, Hugh J. & Arnold, Brian J., Comparative Income Taxation: A Structural Analysis, Kluwer Law International, 539 (3rd ed. 2010).
38) Marian, Omni, supra note 35, p. 3 (2014).
39) Marian, Omni, supra note 33, p. 1634 (2013).

2　電子商取引と国際二重課税

石　村　耕　治
（白鷗大学法学部教授）

はじめに

　国際二重課税への対応的調整/排除策は久しく，国境の存在を前提とした「現実空間（real space）」での課題として検討されてきた。しかし，今日，国境の存在を前提としないあるいは国境越え（cross-border）のインターネットとパソコンで結ばれる「電脳空間（cyber space）」を通じた国際電子商取引（global electronic commerce），ネット取引[1]が飛躍的に拡大している。国内および国際的に行われる「電子商取引（e-commerce）」，「ネット取引」については，さまざまな定義がされている。取引類型別に整理すると，次のとおりである。

図表1　主な電子商取引類型

①　事業者間取引（B2B）：一部または全部にインターネットを使った，事業者間取引（B2B = business-to-business transactions）
②　事業者―消費者間取引（B2C）：一部または全部にインターネットを使った，事業者―消費者間取引（business-to-consumer transactions）

I　電子商取引全盛時代の「二重課税」の所在

1　二重課税とは何か

　「二重課税」とは何かについては，学問的に，次のような視角から論じられてきている。

図表2　学問的な分類に基づく二重課税の精査方法

《分類1》国境をまたいで発生する二重課税か否か
・国内二重課税：国内のみで発生する二重課税
・国際二重課税：国境をまたがって発生する二重課税
《分類2》どの課税ベースにかかる二重課税なのか
・「所得課税」ベースにかかる二重課税
・「消費課税」ベースにかかる二重課税
・「資産（資本）課税」ベースにかかる二重課税
《分類3》同じ納税者あるいは同じ課税ベースにかかる二重課税か
・法的二重課税：同じ納税者へ重複して課税されることで発生する二重課税
・経済的二重課税：同じ課税ベース（所得など）に重複して課税されることで発生する二重課税
《分類4》ネット取引にかかる二重課税か否か
・「現実空間」取引に関して発生する二重課税
・「電脳空間（ネット）」取引に関して発生する二重課税

2　二重課税の対応的調整/排除を必要とする根拠

二重課税の対応的調整/排除を必要とする根拠をまとめてみると，おおよそ次のとおりである。

図表3　二重課税の対応的調整/排除を必要とする根拠

① 　納税者の担税力に応じた課税の要請
一般に，二重課税は，これを放置すると，二重課税を受けた納税者が担税力を超える税負担を強いられる，あるいは租税法律関係において納税者は公平に扱われなければならないとする憲法が要請する租税負担公平の原則などにふれることになりかねないことから，国家はこれを排除するように求められる。
② 　課税の中立性や経済効率性等の確保
二重課税は，これを放置すると，納税者が行う取引（行為）などへの課税の中立性（neutrality）や経済効率性（economic efficiency）,を損なうおそれがあることから，国家はこれを排除するように求められる。また，差別的な課税禁止（non-discriminatory taxation）のルールに反する，さらにはイコール・フッティング（equal footing/競争条件の均等化）のルールとぶつかり，公正な市場競争（fair competition/marketplace fairness）の阻害要因ともなることから，国家はこれを排除するように求められる。
③ 　公平な税務執行の確保
二重課税により前記①・②のような納税者の権利・利益が損なわれることのないように，課税庁〔税務行政庁〕には，二重課税にあたる課税処分を行わないように求められる。

2 電子商取引と国際二重課税

④ **納税者の争訟権の保障と権利・利益の保護**
納税者には、違憲な二重課税を生む税法について争う、あるいは二重課税にあたる処分が行われたと信じる場合にはその排除を求めて争うための手続が保障され、かつ、行政（不服審査機関）や司法（裁判所）には、前記①・②に掲げられたような納税者の権利・利益を保護するための的確な裁断が求められる。

⑤ **立法改善義務／善良な立法者の注意義務／立法府の行政監視および立法対応権限**
立法府〔国会（わが国の場合は内閣を含む。）または議会〕には、租税法律主義の原則のもと租税法律関係における法的安定性や予測可能性を確保するため、二重課税を生む法制や税務執行等を常に精査し、かつ、それらを調整／排除するための積極的な立法的対応を行うように求められる。

3 二重課税にあたる処分とその法的効果についての判断

税法学上、二重課税にあたる処分が行われた場合、その法的効果については、大きく次のような判断が行われている。

図表4 二重課税にあたる処分とその法的効果についての判断

① 税法等に二重課税に対応する実定規定がある場合 二重課税にあたる処分が行われると違法となり、それが著しく不公平・不合理となるときには違憲となる。
② 税法等に二重課税に対応する実定規定がない場合 (a) 二重課税にあたる処分が行われると違法となる。 (b) 二重課税にあたる処分が行われ、それが著しく不公平・不合理となるときには違憲となる。 または、 (c) 二重課税にあたる処分が行われても、違法とはならず、もっぱら政治責任（立法政策上の責任）を問われるかどうかにとどまる。

4 法的二重課税と経済的二重課税

「所得」にかかる二重課税については、大きく次のような視角から、精査されている。

図表5 法的二重課税と経済的二重課税

① **法的二重課税** 同じ納税者に2度以上課税を行うことを「法的二重課税」という。法的二重課税は一般に、国境をまたぐ課税（国際課税）において発生し、そのグローバルな調整／排除策を中心に論じられている。³⁾
② **経済的二重課税** 同じ課税物件（例えば、所得）に対して2度以上課税を行うことを「経済的二重課税」という。経済的二重課税は、国内課税および国際課税の双方において発生する。

5 二大類型の国際商取引にかかる二重課税への対応的調整/排除策

国際二重課税の発生および対応策/排除策については大きく，①現実空間を通じた伝統的な国際商取引に関するものと，②電脳空間を通じた国際電子商取引に関するものとに分けて検討することができる[4]。

図表6　二大類型の国際商取引にかかる二重課税への対応的調整/排除策

(1)　伝統的な「現実空間」取引にかかる国際二重課税（伝統的な国際二重課税）および対応的調整/排除策 　(a)　所得課税にかかるもの 　(b)　消費課税にかかるもの
(2)　現代的な「電脳空間」取引にかかる国際二重課税（電子商取引にかかる国際二重課税）および対応的調整/排除策 　(a)　所得課税にかかるもの 　(b)　消費課税にかかるもの

6 課税ベース別の伝統的な国際二重課税【例と対応的調整/排除策】

伝統的な国際二重課税【例と対応的調整/排除策】について，課税ベース別に精査すると，次のとおりである。

図表7　課税ベース別の伝統的な国際二重課税【例と対応的調整/排除策】

①　**所得課税/資産課税【例と対応策】**国境越えの所得課税や資産（資本）課税においては，源泉地国課税（source-based taxation）原則の適用による非居住者への課税[5]と，居住地国課税（resident-based taxation）原則の適用による居住者の全世界所得への課税により，対応策を講じないと，同一の納税者の同一の課税物件（所得など）に対し，複数の国家から担税力を超えるかたちで法的に二重に課税されることになる。居住地国は，居住者の担税力，租税負担公平などに配慮し，国外源泉所得に対する課税権を放棄するなどにより，二重課税を排除する措置を講じるように求められる。具体的には，国内税法による片務的対応または二国間租税条約による双務的対応を行っている。なお，非居住者があげる各所得のうち，とりわけ事業性の所得に対する源泉地国での課税については，PE（＝permanent establishment/恒久的施設）と帰属主義（アトリビュータブル・インカム・メソッド/attributable income method）のルールに基づいて行うこととされている。一方，その非居住者の居住地国は，源泉地国でPEに課された外国税額を控除（外国税額の直接控除等）するかたちで二重課税排除のための対応的調整を行うことになっている。
②　**消費課税【例と対応策】**国境（ないし州や領域）をまたぐ課税物品やサービス取引にかかる付加価値税（VAT/GST）については，消費地（仕向地）課税原則に基づく制度（consumption/destination-based VAT/GST）か，原産地課税原則に基づくもの（origin-based VAT/GST）かの選択により，実質的に二重課税の排除/対応的対応（border tax adjustments）を行っている[6]。消費地（仕向地）課税原則の付加価値税を採用する各国では，国内税法で輸出免税とすること（課税輸出売上に対するゼロ税率の適用）で，二重課税/対応的調整をしている。

II 電子商取引に対する課税と二重課税排除策

　国境の存在を前提としないあるいは国境越えのインターネットとパソコンで結ばれる電脳空間（cyber space）を通じた国際電子商取引（global e-commerce）/ネット取引が拡大の一途をたどっている。

　【片務的対応】国際電子商取引に対し，どのように適正な所得課税や消費課税をすべきか，さらにはこれらにかかる二重課税への対応的調整/排除策を講ずべきかについて，各国は対応を急いでいる。

　【多数国間対応】多数国間での統一的な対応のあり方を検討しようということで，OECDのような国際機関やEU（欧州連合）のような国家連合体などでの検討も進められている[7]。

7 典型的な事業者―消費者間（B2C）電子商取引/ネット取引の類型

　B2C電子商取引/ネット取引にかかる典型的な実例をまとめてみると，次のように類型化できる。

図表8　典型的な事業者―消費者間（B2C）電子商取引/ネット取引の類型

(a) 有体財産/有形資産の電子商取引（e-commerce in tangible products）【例】顧客である最終消費者が，インターネットを使って，アマゾン・ドット・コム社（Amazon.com, Inc.）のようなネット通販小売事業者から有償で文書媒体の書籍や音楽CDを購入した場合である。この類型では一般に，現実空間での有体資産/有形資産（動産）の物流において第三者である宅配等の物流サービス（third party logistics service）が介在する。
(b) 無体財産/無形資産の電子商取引（e-commerce in intangible products）【例】顧客である最終消費者が，インターネットを使って，アップル・ドット・コム/アイチューンズ（Apple.com/iTunes），アマゾン・キンドル（Amazon kindle）のようなネット通販小売事業者から，有償で，音楽，パソコン応用ソフトなど〔デジタル化された生産物（digital contents）/無体財産/無形資産〕のネット配信を受け，ダウンロード（消費）する場合である。この類型では一般に，現実空間での有体資産/有形資産（動産）の物流において第三者である宅配等の物流サービスが介在しない。
(c) 役務提供の電子商取引（e-commerce in services）【例】顧客である最終消費者が，インターネットを使って，事業者のHPへアクセスしてホテルや飛行便の予約などをする場合である。また，もっぱら電脳空間を通じて電子バンキングなど有償のサービスを受ける場合である。

8 OECDが示したBEPS行動計画と電子商取引課税

OECDは，2013年2月に，BEPS報告書『税源浸食と利益移転への対応（Addressing Base Erosion and Profit Shifting）』（以下「BEPS報告書」という。）を公表した。[8]

BEPS報告書は，多国籍企業の精緻な国際的なタックスプランニングによる租税回避等の課題を取り上げたものである。課題としては，ネット（電脳空間）取引に関する各国での所得・消費課税取扱の差異，無体財産/無形資産/デジタル化された生産物（digital contents）などへの課税の差異，事業体選択やハイブリッド商品にかかる二国間での取扱（法人か組合か等）が異なることを利用して両国の課税を免れる取引（ハイブリッド・ミスマッチ取引）の解消などが取り上げられている。

III 電子商取引にかかる消費課税のグローバルな動向

9 国家連合体EUの基本方針

近年，EUは消費課税においては，消費地（仕向地）課税原則（consumption/destination-based VAT）に大きく傾斜してきている。従来から，EUにおけるサービスにかかる消費課税では，事業者間取引（B2B supplies）には消費地（仕向地）課税原則（consumption/destination-based VAT）が適用される一方で，事業者―消費者間取引（B2C supplies）には原産地課税原則（origin-based VAT/GST）が適用されるなど，二重課税の調整/排除の仕組みが十分に機能していなかった。このため，経済的中立性や効率性を削ぐとの批判も強かった。

2002年5月に，EU（欧州連合）は，EU/VAT指令〔Council Directive 2002/38/EC：電子商取引にかかる付加価値税指令（VAT on E-commerce Directive）〕（以下「2002年EU/VAT指令」という。）を発遣し，2003年7月1日から発効させた。これにより，事業者―消費者間取引（B2C supplies）にも，消費地（仕向地）課税原則を適用することとするとともに，"電子サービスに対する付加価値税課税（VAT on electronic services）"の仕組みが整備された。[9] EU域外からEU加盟国の個人消費者へデジタル化された生産物やサービスを有償でネット配信サービスを行っているEU域外事業者（non-EU businesses），つまり，EU域外に

2 電子商取引と国際二重課税

居住するネット通販小売事業者に対して付加価値税（VAT）の納税義務を果たすように求めた。

この2002年EU/VAT指令によると、EU加盟国の個人消費者等を顧客として、デジタル化された生産物やサービスを有償でネット配信サービスを行っているあらゆるEU域外事業者は、その加盟国の個人消費者等が所在する国の課税庁に登録し、当該消費者等に価格に上乗せするかたちで付加価値税（VAT）の負担を求め、それを徴収し、かつ、徴収税額を電子送金納付するように求めた。

図表9　EU域外事業者の付加価値税の徴収・納付の手順

(a)	EU域外事業者は、いずれか一つの加盟国の課税庁で付加価値税（VAT）にかかる事業者登録をする。
(b)	当該事業者がEU域内の個人消費者等に対して提供してサービスの価格に上乗せするかたちで、その消費者等が「生活を確立している、住所を有する、または通常居住する」国の付加価値税（VAT）の税率で負担を求め徴収する。
(c)	当該事業者は、事業者登録をした国の課税庁に、域内の個人消費者等から徴収した付加価値税（VAT）額を集約的に徴収・納付する。
(d)	事業者登録をした国の課税庁は、納付された付加価値税額を電子商取引の消費地にあたる各加盟国に按分し、適正額を当該加盟国に配賦する。

10　単一国家連合イギリスでの2002年EU/VAT指令の施行

EUは、2003年7月1日に2002年EU/VAT指令を発効させた。EUでは従来から、物品やサービスの事業者—消費者間取引（B2C）取引にかかる消費課税については、原産地国課税を取っており、これに呼応するかたちで、非独立国家の連合体であるイギリス（UK）は、EU域内にPEを置かず、B2Cを行うEU域外事業者に対してVAT事業者登録やVAT納付を義務づけるVOES（VAT on e-Services）スキームを発足させた。次いで、イギリス（UK）は、2015年1月1日から、VOESスキームに代わる、MOSS（Mini One Stop Shop）スキームを実施した。

図表 10 新たな MOSS スキームの特徴

（ⅰ） MOSS スキームの対象となる放送・通信・電子（BTE）サービス，とは何か ・「放送サービス（Broadcasting services）」とは，有料のラジオや TV プログラム，インターネットを使った有料放映などを指す。 ・「通信サービス（Telecommunications services）」とは，固定電話や携帯電話サービス，インターネットやウエブサイトへの有料サービスなど指す。 ・「電子的サービス（E-services）」とは，ネットを使った有料のビデオ，音楽やゲーム，電子書籍，ウイルス・ソフトなどのダウンロードのサービスなどを指す。
（ⅱ） 域内事業者用 MOSS スキーム（Union MOSS scheme） 《概要》 ・EU 域内に事業施設（BE = business establishment），通例主たる事業所ないし本店などを置いて EU 加盟国の個人消費者向けに放送・電信・電子的（BTE）サービスを提供する EU 加盟国事業者向けのスキームである。 ・BTE サービスを提供する EU 域内事業者が，BTE サービスに関して事業者―消費者間取引（B2C BTE supplies）と事業者間取引（B2B BTE supplies）の双方をしているとする。この場合，MOSS スキームの対象となるのは，あくまでも B2C BTE supplies に限定される。 ・したがって，例えば，EU 域内の通信事業者が，他の加盟国に居住する個人消費者が趣味で聞く音楽を有償でネット配信した場合には，事業者―消費者間取引（B2C BTE supplies）にあてはまる。これに対して，他の加盟国に居住するレストランを経営している個人事業者に店内で流すバックグラウンド・ミュージックとして音楽を有償でネット配信している場合には，業者間取引（B2B BTE supplies）となる。この場合，MOSS スキームの対象となるのは，あくまでも B2C BTE supplies に限定される。
《非選択域内事業者》 ・EU 域内事業者用 MOSS スキームは選択適用となっている。 ・このことから，EU 域内に事業施設を置いて EU 加盟国の個人消費者に対して BTE サービス（B2C BTE supplies）を提供する EU 域内事業者は，MOSS スキームを選択せずに，BTE サービスの提供を受ける個人消費者の所在するそれぞれの EU 加盟国で事業者登録をし，納税する方法も選択できる。
《選択域内事業者》 ・一方，EU 域内事業者用 MOSS スキームの選択をする場合は，域内事業者は，欧州連合加盟国事業者用 VAT MOSS オンライン・サービス（Union VAT MOSS online service）を使って，自らの事業施設のある加盟国の税務当局（例えば，イギリスの場合は，HMRC）で事業者登録をする。 ・登録した EU 域内事業者は，自らが提供する BTE サービス（B2C BTE supplies）の提供を受ける顧客である個人消費者等に対し付加価値税（VAT）を，その者が居住する加盟国が当該消費に対し提供日現在で適用している税率で，価格に加算して請求する。 ・EU 域内事業者用 MOSS スキームを選択した域内事業者は，事業施設を置いている加盟国での通常の VAT 申告に加えて，欧州連合 VAT MOSS オンライン・サービス（Union VAT MOSS online service）を使って，ネットで BTE サービス取引（B2C BTE sales）を MOSS 申告するように求められる。 ・EU 域内事業者が登録をした加盟国の税務当局は，電子納付された VAT 税額を BTE サービスの消費者の所在する各加盟国に按分し配賦する。

2 電子商取引と国際二重課税

(iii) 域外事業者用 MOSS スキーム（Non-Union MOSS scheme）
・現行の VOES スキームと同様に，EU 域内に事業施設（business establishment）を置かないで EU 加盟国の個人消費者に BTE サービス（B2C BTE supplies）を提供する EU 域外事業者向けのスキームである。
・EU 域外事業者は，欧州連合非加盟国事業者用 VAT MOSS オンライン・サービス（Non-Union VAT MOSS online service）を使って，自らの事業施設のある加盟国の税務当局（例えば，イギリスの場合は，HMRC）で事業者登録をする。
・登録した EU 域外事業者は，自らが提供する BTE サービス（B2C BTE supplies）の提供を受ける顧客である個人消費者等に対し付加価値税（VAT）を，その者が居住する加盟国が当該消費に対し提供日現在で適用している税率で，価格に加算して請求する。
・EU 域外事業者は，欧州連合非加盟国事業者用 VAT MOSS オンライン・サービス（Non-Union VAT MOSS online service）を使って，ネットでBTEサービス取引（B2C BTE sales）を MOSS 申告するように求められる。

11 連邦国家アメリカにおける電子商取引課税と州際二重課税への排除策の動向

アメリカでは，連邦レベルでの付加価値税（VAT/GST）を導入していない。したがって，連邦レベルで付加価値税（GST）を導入している連邦国家であるカナダやオーストラリアなどとは異なる。アメリカでは，タックスミックス，つまり主な課税ベースの配分について，連邦は「所得」，州は「消費」，そして地方団体は「資産」に求めてきている。

図表 11　連邦国家アメリカにおける課税ベースの分配

・連邦（federal）：「所得」（個人所得税/法人所得税）中心の課税
・州（states）：「消費」（単段階の小売売上税）に傾斜した課税
・地方団体（local）：「資産」（保有資産にかかる財産税）に傾斜した課税

このように，連邦国家であるアメリカでは，州が幅広く「消費課税」を行っている。裏返すと，連邦は，若干の個別消費税などを除けば，「消費課税」を行っていない。このことから，消費課税面からのアメリカにおける「電子商取引課税」ないし「ネット課税」は，「国際」よりも，多州間/州境をまたいだ「州際」問題に傾斜するかたちで検討されてきているのが特徴である。

アメリカにおける州際電子商取引にかかる消費課税および対応調整は，①「州連合」レベルおよび②「各州」レベルに加え，③「連邦」レベルで検討されてきており，論点をまとめて図示すると，次のとおりである。

45

図表12　州連合，各州，連邦によるネット課税の動向

州連合	2005年売上税・使用税統一適用協定（SSUTA）
各州	アマゾン税法の制定【例えば，NY州（2008年），イリノイ州（2011年）】
連邦	1988年インターネット課税自由法（ITFA）/2014年11月1日までの時限法
連邦	2013年市場公正法（MFA）/審議未了による廃案
連邦	2014年市場・インターネット課税公正法（MITFA）

(1)　アメリカにおける「消費課税」法制の現状

アメリカには，わが国の地方税法に相当するような連邦が定めたモデル法（枠法）が存在しない。このことも手伝ってか，アメリカ諸州の税制は州により大きく異なり，いわば"税のるつぼ"と化している。しかし，諸州では，州の税源の多くを「消費課税」に求めている。[10] これら消費課税を行っている州では，売上税（sales tax），とりわけ単段階の「小売売上税（retail sales tax）」のかたちで消費課税を実施している。[11]

小売売上税は，州内で行われる物品やサービスの事業者―消費者間取引（B2C = business-to-consumer transactions）を課税対象とする単段階型の一般消費税である。したがって，日本が国レベルで導入する「消費税」，すなわち累積排除型/多段階型の帳簿方式の「付加価値税（VAT）」とは異なる。アメリカ諸州が導入する単段階型の小売売上税は，細部においては異なり実に多様である。また，諸州における導入の趣旨も一様ではない。これら諸州の小売売上税は，その大きく，(i)事業者税型（vendor-tax type），(ii)消費者税型（consumer-tax type）および(iii)混合型（hybrid type）に分けることができる。

図表13　アメリカ諸州の売上税と使用税の性格

・売上税（sales tax）：最終消費者が担税者，小売事業者が納税義務者になる単段階の消費税。一般に，消費地（仕向地）課税主義ルールに基づき二重課税を排除する。
・使用税（use tax）：最終消費者が担税者であり，かつ，納税義務者になる，あるいは小売事業者が特別徴収義務者になる単段階の消費税。売上税の補完税。

(2)　売上税，使用税とは何か

すでにふれたように，アメリカ諸州の売上税は，州内消費税である。したがって，州内で消費される課税物品やサービスについて消費者に税負担を求め，

事業者が価格に上乗せし徴収した税額を法定期限までに申告納付する仕組みである。

このように，諸州の売上税の課税対象は，「州内取引（in-state transactions）」であることから，「州際取引（interstate transactions）」や「国際取引（international transactions）」はその州の売上税の課税対象にはならない。したがって，二重課税の発生防止ないし二重課税の排除の観点から，これらの取引を小売売上税の課税対象から排除してやる必要がある。

諸州の売上税では一般に，いわゆる「消費地（仕向地）課税原則（consumption/destination-based taxation principle）」を採用し，対応を行っている。これにより，自州の事業者が州外や外国の消費者へ提供した物品やサービスについては，いわば"輸出免税"にし，消費者の所在する州（消費地州）で課税することにしている。一方，他州および外国の事業者から物品の購入ないしサービスの提供を受けた消費者の所在する州では，その州の売上税上"輸入取引"となり，州内取引にあてはまり課税対象となる。

一般に，売上税と使用税は同様の課税客体に対し同じ税率で課されているが，二重課税の排除をねらいに，小売事業者は，物品の譲渡（販売）等にかかる売上税額の計算にあたり，消費者が直接納付する使用税額あるいは当該小売事業者が特別徴収して納付する使用税額を控除できることになっている。

(3) 電子商取引拡大に伴う消費課税適正化問題の所在

今日，アメリカでは，インターネット/オンライン通販小売事業者（ネット通販小売事業者）による，電子書籍，音楽やパソコン応用ソフトなど（デジタル化された生産物）のネット配信"サービスの輸入"が急激に拡大してきている。これとともに，アマゾン・ドット・コム社（Amazon.com, Inc., Amazon.com, LLC）に代表されるように，州内（現実空間）には店舗などの固定した施設を有せず，インターネット（電脳空間）を使って州外ないし国外から州内の顧客（消費者）に対し，デジタル化された生産物のネット配信や物品の配送を行う事業者に対する適正な課税を求める声も大きくなってきている。

こうした背景には，これらネット通販小売事業者は，店舗維持経費等の負担がないことなどに加え，顧客である消費者から所在する州（消費地/仕向地）で

課されている小売売上税ないし使用税を徴収し，かつ納付する義務を果たしていないことに対する強い反発がある。

ネット通販小売事業者とは対照的に，州内（現実空間）に店舗を構え，物品の販売やサービス提供を行っている小売事業者は，顧客である消費者に売上税の負担を求め，徴収した売上税を申告納付するように求められる。こうした課税の現実は，無差別な課税禁止（non-discriminatory taxation）のルールに反し，かつイコール・フッティング（equal footing／競争条件の均等化）のルールとぶつかり，公正な市場競争（marketplace fairness/fair competition）の阻害要因であることは否定できない。

現在，電話やダイレクトメール，インターネットなどの配信サービスを通じた取引にかかる消費課税（売上税／使用税）徴収の適正化をねらいに，諸州がスクラムを組むかたちで講じられた**多州間対応**策としては，「売上税・使用税統一適用協定（SSUTA = Streamlined Sales and Use Tax Agreement）」がある。

(4) 連邦の電子商取引課税立法の動き

① 連邦インターネット・アクセス料への課税禁止法（ITFA）の所在

連邦が，電脳空間（ネット）関連で，連邦の暫定的な租税政策を明確にし，インターネット・アクセス料への課税禁止をねらいに制定した法律がある。1988年に制定された「インターネット課税自由法（ITFA = Internet Tax Freedom Act of 1998)」である。

② 連邦市場公正法（MFA）（案）

歴史的に見ると，連邦は，州や地方団体が，財源確保の観点から，所得課税や消費課税を強化することに反対し，さまざまな立法を行う姿勢を強めてきた。しかし，2010年前後から，連邦議会の動きに変化が出てきた。こうした変化に乗じて2013年2月に，連邦議会下院に，SSUTA（売上税・使用税統一適用協定）に加盟する州は，州外ネット通販小売事業者（ただし，年商100万ドル未満の者を除く。）に対し自州の売上税および使用税の徴収を義務づけることができる旨を定めた「市場公正法（MFA = Marketplace Fairness Act of 2013)」（案）（2013年下院法案684号）が提出された。また，連邦議会上院にも並行法案が提出された（2013年上院法案336号，2013年上院法案743号）。MFAは，2013年5月に議

会上院を通過したが，議会下院を通過できず，審議未了による廃案となった。

2014年7月16日に，連邦議会上院の超党派議員は，2014年11月1日で期限切れとなるインターネット課税自由法（ITFA）の10年延長と，審議未了による廃案となった2013年連邦市場公正法（MFA）案を合体した「市場・インターネット課税公正法（MITFA = Marketplace and Internet Tax Fairness Act of 2014）」（s.2609）を議会に提出した。

(5) 各州における片務的ネット課税立法（アマゾン税法）と訴訟合戦

連邦における電子商取引課税/ネット課税ルールの策定が遅々として進まないなか，各州は，州外ネット通販小売事業者独自の視点から，片務的な対応立法を講じてきている。いわゆる「アマゾン税法」ないし「アマゾン課税」といわれる法律の制定である。

「アマゾン税法」ないし「アマゾン課税」とは，アマゾン・ドット・コム社（Amazon.com, LLC）に代表されるような州外ネット通販小売事業者に対して，顧客である個人消費者から，その者が所在する州（仕向地/消費地）で課されている小売売上税/使用税を徴収し，かつ，その州に納付することを義務づけようという趣旨で，提案されている法律/税法（案）である。[13]

アーカンソー，カリフォルニア，コロラド，コネチカット，フロリダ，ケンタッキー，イリノイ，ミズーリー，ニュージャージー，ニューヨークをはじめとして，多くの州が，独自に何らかの対応措置を講じてきている。アマゾン課税の諸州への広がりとともに，州と州外ネット通販小売事業者とが訴訟合戦を繰り広げ，せめぎ合いの状況にある。

12　単一国家日本での電子商取引にかかる消費課税と二重課税対応策

国際電子商取引に対する消費課税および二重課税の排除に向けた国際的/多角的な対応が遅々として進まないなか，各国は，片務的な対応を強めてきている。わが国もその一つである。

わが国において，現実空間取引と電脳空間取引とのイコール・フッティング（equal footing/競争条件の均等化）のために，電子商取引課税の適正化をはかる必要性は否定できない。しかし，すでにふれたように，ひとくちに「電子商取

引」といっても，多様である。主な類型をあげても，①有体動産/有形資産の電子商取引（e-commerce in tangible products），②無体財産/無形資産の電子商取引（e-commerce in intangible products），③役務提供の電子商取引（e-commerce in services）などがある。

　ある類型の電子商取引には課税され，別の類型のものには課税されないとすると，この場合も，差別的な課税禁止（non-discriminatory taxation）のルールに反するおそれが出てくる。さらにはイコール・フッティングのルールとぶつかり，公正な市場競争の阻害要因となりうる。また，電脳空間取引にかかる「消費課税」のみならず，「所得課税」のあり方も並行して検討する必要がある。

　これまで，わが国では，居住者である最終消費者が，日本国内にPEを置いていない外国事業者との間で②無体財産/無形資産や③役務提供にかかる国際電子商取引を行った場合の課税の仕組みが未整備であった。このため，インターネットを使った国境の存在を前提としないないし国境をまたぐ「電脳空間（cyber space）」を通じたグローバルな電子書籍，音楽やパソコン応用ソフトなどデジタル化された生産物/無体財産/無形資産のネット配信，ダウンロード（消費）などは課税対象にできなかった。したがって，わが国内にPEを置いていない外国事業者のウエブサイト（HP）に直接アクセスしてデジタル化された生産物をダウンロード（消費）した消費者には，消費税の負担はなかった。一方，国内の事業者がデジタル化された生産物を提供する場合には「国内取引」となり当該事業者は消費税の納税義務を負い，かつ，ダウンロード（消費）した消費者には消費税の負担がある。

　このように，事業者のサービス提供地（配信拠点）が国内か海外かで，消費税の納税義務に格差，不公平が生じていた。消費税率のアップを機会に，配信拠点が国外にある場合も，デジタル化された生産物のダウンロード（消費）にも消費税課税をする方向にある。課税手続としては，すでにふれたような，欧州連合（EU）の"電子サービスに対する付加価値税課税（VAT on electronic services）"[14]の仕組みなどを参考にし，わが国内に配信拠点（PE）のない外国企業（国外事業者）の場合でも，わが国内の消費者向けに有償の配信サービスを提供しているとき（B2C取引）には，事業者登録，納税管理人（surrogate tax collector）として届出，消費税の徴収や納付を義務づける方向である。[15]

むすび

「二重課税」とは多義的な不確定概念である。インターネットの出現により，これまでの国境の存在を前提とした「現実空間」取引にかかる二重課税の概念が，急激に陳腐化してきていることは否定できない事実である。インターネットとパソコンで結ばれる国境（州境）の存在を前提としないあるいは国境（州境）越えの「電脳空間」取引全盛の時代を迎え，新たな二重課税の概念を構築する必要性も増してきている。

そもそも電子商取引には課税すべきなのかどうかが問われている。「課税なければ，二重課税も発生しない」からである。また，電子商取引にかかる税源は，各国が分捕り合戦を繰り広げるのではなく，超国家的な課税（supernational taxation）を実施し，いわゆる「国際連帯税（global tax fund）」としてプールしシェアしあうべきであるとする主張もある。[16] こうした主張に従うと，電子商取引にかかる税源は，二重課税の対応的調整/排除というよりも，「国家間配分（intercountry distribution）」が重い課題になる。

これまで，「租税回避」については多角的に検証されてきている。一方，「二重課税」についてはさほど真摯な検証がされず，いまだ課題が山積している。事例によっては，「租税回避」と「二重課税」とを表裏一体で精査する必要性が高い。この点は，国内二重課税が国際二重課税かを問わない課題といえる。

＊なお，ネット取引に対する消費課税と二重課税などのあり方については，すでに拙稿「二重課税とは何か：電子商取引全盛時代に"二重課税"の概念とは」獨協法学94号（2014年8月），拙論「消費税の今後：複数税率化と仕入税額控除」白鷗法科大学院紀要8号（2014年12月）において詳解しており，参照されたい。

注
1) 国境の存在を前提としないインターネットとパソコンで結ばれる電子商取引に二以上

の国が関与することになる国際電子商取引（global electronic commerce/global e-commerce）は，"国境越え電子商取引（cross-border e-commerce）"と称することもできる。
2) See, Peggy B. Richman, Taxation of Foreign Investment Income（Johns Hopkins Press, 1963) at 5 et seq.
3) See, Georg W. Kofler & and Ruth Mason, Double Taxation: A European "Switch in Time," 14 Columbia J. European L. 63 (2007/2008).
4) 概論的な検討については，拙論「国際税法を学ぶ」〔石村耕治編〕『現代税法入門塾〔第7版〕』注35 Part4 参照。
5) 属人課税原則/全世界課税原則（world-wide taxation system）とも呼ばれる。
6) これらの原則は，わが国のような単一国家（single state）においては国際二重課税，一方アメリカやカナダのような連邦国家（federal state）においては州際（interstate）および国際二重課税，さらにEU（欧州連合）のような国家連合体においては，域内加盟国間および域外二重課税に対応する措置として機能することになる。
7) See, Benjamin Hoffar "Permanent Establishment in the Digital Age: Improving and Stimulating Debate Through an Access to Markets Proxy Approach," 6 Northwestern J. Tech. & Intell. Prop. 106 (2007). 田井良夫「電子取引に関する国際課税の諸問題」〔本庄資ほか編〕『国際租税法概論』（大蔵財務協会，2012年）所収，拙論「電子商取引の拡大と国際税法上の課題」朝日法学論集23号参照。
8) Available at: http://www.oecd.org/tax/beps.htm
9) See, EC/Taxation and Customs Union, VAT on electronic services. Available at: http://ec.europa.eu/taxation_customs/taxation/vat/traders/e-commerce
10) 現在，45州＋ワシントン特別区（Washington, D. C.），およびこれらの域内にある7,400を超える地方団体（シティ，カウンティその他）が売上税を導入している。アラスカ，デラウエア，モンタナ，ニューハンプシャーおよびオレゴンの5州は，売上税を導入していない。
11) ミシシッピ州やルイジアナ州のように，多段階型・累積排除型の一般消費税（VAT）を導入する例も見られる。
12) 消費地州が売上税を導入していないとすれば，消費地州の消費者が他州の事業者から購入した物品やサービスには消費課税がないことになる。
13) See, Emily L. Patch, "Online Retailers Battle with Sales Tax: A Physical Rule Living in a Digital World," 46 Suffolk U. L. Rev. 673 (2013); Neal A. Koskella, "The Enigma of Sales Taxation through the Use of State or Federal AMAZON Laws: Are We Getting Anywhere?," 49 Idaho L. Rev. 121 (2012).
14) See, HM Revenue and Customs, VAT on e-commerce. Available at: http://www.official-documents.gov.uk/document/hc0506/hc10/1051/1051.pdf, EC/Taxation and Customs Union, VAT on electronic services. Available at: http://ec.europa.eu/taxation_customs/taxation/vat/traders/e-commerce
15) 一方，平成27年度税制改正において，国外事業者からの電気通信役務の提供にかかる内外判定基準については，仕向地主義（消費地課税主義）原則を見直すことにより，「役

務提供者の事務所等の所在地」から「役務提供を受ける者の住所地等」に変更された。今回の内外判定基準見直しの結果，国外事業者が日本市場向けに国境を越えて行う電子通信役務の提供は，国内取引として消費税が課税されることになった。

16) See, Rifat Azam, "Global Taxation of Cross-border E-Commerce Income," 31 Va. Tax Rev. 639 (2012); Rifat Azam, "The Political Feasibility of a Global E-commerce Tax," 43 U. Mem. L. Rev. 71 (2013); Clayton W. Chan, "Taxation of Global E-Commerce on the Internet: The Underlying Issues and Proposed Plans," 9 Minn. J. Global Trade 233 (2000).

3 租税条約の適用を巡る理論的な問題点
―― 平成 26 年度税制改正（AOA に基づく帰属主義の導入）後の国内税法を前提として ――

井 上 康 一

（弁護士）

第1 はじめに

1 問題の所在

　日本の国内税法は，非居住者・外国法人の対内活動（インバウンド取引）から生じる所得に対し，どのように課税するかについて細目を定める一方で，居住者・内国法人が行う対外活動（アウトバウンド取引）に伴う課税の特則を置いている[1]。

　他方，我が国は，2015 年 9 月 1 日現在において，二重課税の回避，脱税及び租税回避等への対応を主たる内容とする 53 の租税条約を締結し，その対象国・地域は 64 に及んでいる[3]。

　このような国内税法と租税条約を比較した場合，前者が詳細で，所得課税に関する自己完結的な体系をなしているのに対し，後者は，極めて簡素で，概括的な原則を定めるのみで，両者の規定振りは著しく異なっている。そのためもあって，租税条約の規定が国内税法の規定をどのように変更するか，あるいは変更しないのかは，常に明らかとはいえない。さらに，租税条約と国内税法の適用を巡る個々の解釈問題について，これまで必ずしも一貫した説明がなされていない事態が見受けられた。

　かかる問題意識の下に，筆者らは，国内税法と租税条約の適用関係を明らかにする理論を構築し，著作を通じて公表してきた[4]。

　さらに，この分野における最近の大きな動きとして，平成 26 年度税制改正によって，国内税法の採る国際課税原則の大幅な見直しが行われている。すなわち，同改正によって，総合主義から AOA（Authorized OECD Approach）に[5]

基づく帰属主義[6]に移行することになり，同改正は，平成28年4月1日から施行されることになっている（改正法附則25）。そこで，本稿は，かかる改正法を先取りし，いくつかの具体例を取り上げて，上記理論に基づく検討を行うことにより，上記理論が，同改正法の下でも引き続き有効であることを明らかにする。

2 検討の視点

(1) 3つの視点

筆者らの理論とは，租税条約と国内税法の適用関係を正しく検討するためには，国内税法の下で定まる課税関係を前提とした上で，以下の3つの視点から分析することが有用であるというものである[7]。

① 租税条約の規定が直接適用可能な程度に明確で完全か[8]。
② 直接適用可能な租税条約の規定が国内税法の規定をどのように置き換えるか[9]。
③ プリザベーションの原則の適用により租税条約の優先適用が排除されるか[10]。

以下，上記3つの検討の視点の要点を記す。

(2) 直接適用可能性

租税条約の「直接適用可能性」とは，何らの国内法的な措置を必要とせずに，租税条約が国内法としての効力を有することを意味する[11]。租税条約の規定に，このような直接適用可能であることが認められて初めて，租税条約が国内税法にどのように作用するかという両者の解釈適用関係が問題となる。

上記の「直接適用可能性」の有無の判断基準としてはいろいろなものが考えられるが，最も妥当なのは，租税条約の規定ごとに，それが十分に明確か否か（明確性），そして補足的な措置を要しないほどの完全性を備えているか否か（完全性）を検討することである[12]。このような明確性と完全性が認められる租税条約の規定は，直接適用可能であり，国内税法に優先するのが原則である[13]。

(3) 条約による国内税法の置換え

直接適用可能な租税条約の規定は，国内税法に直接作用するが，具体的にど

のように国内税法の規定を置き換えるか（又は置き換えないか）の特定に困難を伴う場合がある。租税条約による国内税法の置き換えの仕方が容易に特定できない場合には，複雑な解釈問題が発生し得ることに留意する必要がある。

(4) プリザベーションの原則

租税条約には，明文の有無にかかわらず，「納税者は，租税条約の適用により，国内税法上の有利な規定の適用を受けられなくなることはない」というプリザベーションの原則の適用があると一般に考えられている。これは，租税条約が国際的な二重課税の排除を主たる目的にしているため，租税条約により，条約締結国の課税権が拡大するようでは，租税条約の趣旨に反するということを理由とする。このようなプリザベーションの原則の適用が認められると，租税条約は，その限度で，国内税法に優先しない。これは，「直接適用可能な租税条約の国内税法に対する優先」の原則の例外をなす。[14]

このプリザベーションの原則の適用範囲は，従来必ずしも明らかではなく，以下のとおり，さまざまな見解があり得る。すなわち，プリザベーションの原則の適用は，国内税法上の積極的な斟酌（非課税，免税，所得控除，税額控除など）に限定されるという見解（狭義説）と，狭義説が対象とする以上の有利な取り扱いを含むという見解（広義説）である。さらに，納税者有利の思想を貫徹し，プリザベーションの原則の下では，納税者が租税条約の適用の有無を選択できるという見解（選択説）も公表されている。

図表1　プリザベーションの原則の適用範囲に関する諸説の対立

狭義説：	プリザベーションの原則の適用があるのは，国内税法に定める非課税，免税，所得控除，税額控除等の「課税上の積極的な斟酌」に限られるという考え方
広義説：	プリザベーションの原則の適用があるのは，納税者にとって有利な国内税法上の規定であるという考え方
選択説：	プリザベーションの原則により，納税者は，自己にとって最も有利な形で租税条約の適用の有無を選択できるという考え方

本稿は，プリザベーションの原則の適用範囲につき，狭義説を支持する。なぜなら，広義説及び選択説には，以下のような難点があるのに対し，狭義説は，プリザベーションの原則の適用範囲を明確にし，法的安定性にも資するからで

ある。すなわち，国内税法上の取り扱いが納税者に有利か不利かが場合により異なるケースにおいてまで，プリザベーションの原則を根拠に租税条約の優先適用に歯止めをかける広義説は根拠に乏しいし，またいかなる場合に適用されるのか曖昧といわざるを得ない。さらに，選択説は，納税者が条約の適用の有無を自己の都合で選択できるとするが，そのように解する法的な根拠はない。[15]

第2　租税条約の適用を巡る具体的な問題

1　はじめに

以上の3つの視点から，国内税法と租税条約の適用関係が問題となる具体的な設例について検討を加える。本稿では，日中租税条約の適用が問題となる以下の3つの設例を取り上げる。いずれの設例も外国法人の対内活動（インバウンド取引）から生ずる所得課税の問題を取り扱うものである。

設例1：日本に恒久的施設（PE）を有しない中国法人の課税—貸付金の利子—日中租税条約の定める源泉地規定と限度税率の定めの適用

設例2：日本に在庫保有代理人を有する中国法人の課税—事業所得—日中租税条約の定めるPEの定義と免税規定の適用

設例3：日本に在庫保有代理人を有する中国法人の課税—貸付金の利子と事業所得—日中租税条約の定めるPEの定義と免税規定の適用

2　PEを有しない中国法人の課税—貸付金の利子

(1)　設例1

《設例1》

中国に本店を有し，日本国内に何らの拠点を有しない中国法人C社が，内国法人J社に金銭を貸し付けた。J社がC社に対して支払う利子に対して日本でどのように課税されるか。

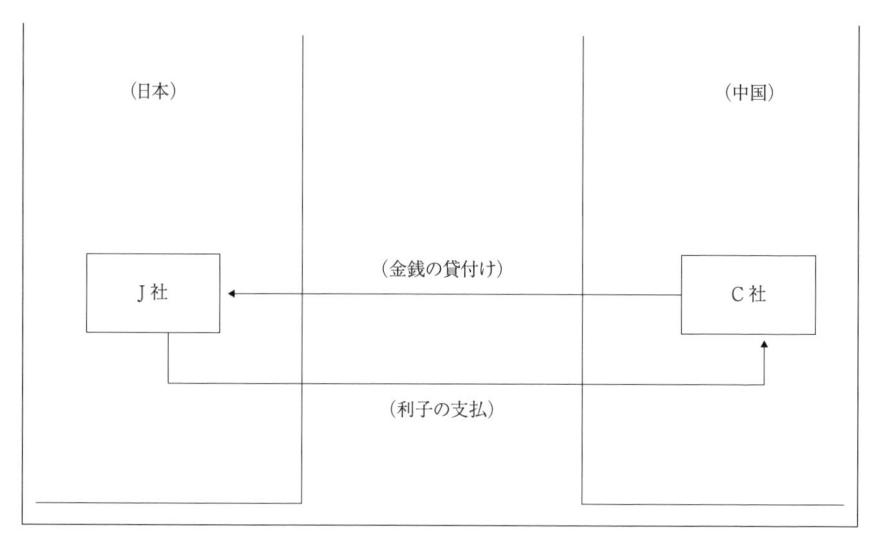

```
(日本)                              (中国)


    ┌─────┐   (金銭の貸付け)    ┌─────┐
    │ J社 │ ←─────────────── │ C社 │
    └──┬──┘                    └──▲──┘
       │      (利子の支払)         │
       └───────────────────────────┘
```

(2) 設例1の検討

(a) 検討の手順

設例1には，国内税法の下で定まる課税関係に加えて，日中租税条約の適用がある。そこで，まず国内税法の下での課税関係を簡単に特定した上で，それに対し，日中租税条約がどのような変更を加えるかについて，前記3つの視点を念頭に置きつつ検討する。[16]

(b) 国内税法の検討

第一に，外国法人は，一定の国内源泉所得の支払を受けるときには，所得税を納める義務を負う（所法5④，7①五）。

上記の国内源泉所得の中には，「国内において業務を行う者に対する貸付金……で当該業務に係るものの利子」が含まれている（所法161①十）。これは，貸付金の使用地によって国内源泉所得かどうかを判断するもので，いわゆる使用地主義の原則を採ったものとされている（所基通161-15）。すなわち，使用地主義の下では，貸付金の利子の源泉地は，以下のとおり区分される。

図表2　国内税法（使用地主義）による貸付金の利子の源泉地の区分

貸手（債権者）	借手（債務者）	貸付金の使用地	源泉地
外国法人	内国法人	日本国内	国内源泉
		日本国外	国外源泉

　国内源泉所得に該当する利子に係る所得税の課税標準は，当該利子の金額であり（所法178），税率は20％である（所法179一）[17]。

　第二に，外国法人による上記の所得税の納税は，源泉徴収制度を通じて行われる。すなわち，外国法人に対し上記利子を国内で支払う者は，源泉徴収義務を負う（所法212①）。源泉徴収税額は，利子の金額に20％を乗じた金額である（所法213①一）。

　第三に，上記利子を稼得する外国法人は，法人税の課税を受けない。外国法人の法人税の課税所得の範囲は，PEを有しているかに応じて異なる（法法4③，9①）が，PEを有しない外国法人が法人税課税を受ける国内源泉所得は限定されており，その中には，上記利子は含まれていないからである（法法141二，138①）。また，法人税の課税がないため，地方法人税の納税義務も生じない（地方法人税法4）。

　第四に，日本にPEを有しない外国法人は，住民税及び事業税を課されることはない（地法24①三・③，72の2⑥，294①三・⑤，地令7の3の5，10の2，46の4）。

　以上より，国内税法の下では，中国法人C社が，内国法人J社から受け取る国内業務に係る貸付金の利子については，20％の税率で源泉徴収されることで日本における課税関係が終了する。他方，貸付金の使用地が日本国外の場合には，当該貸付金の利子は国内源泉所得に該当しないため，C社は，かかる利子につき日本では課税されない[18]。

図表3　設例1：国内税法の下での課税関係のまとめ

貸手（債権者）	借手（債務者）	貸付金の使用地	源泉地	課税関係
外国法人	内国法人	日本国内	国内源泉	源泉徴収課税（20％）
		日本国外	国外源泉	課税なし

(c) 日中租税条約の検討

第一に，中国法人C社は，「中国の居住者」に該当するので，日中租税条約の適用を受ける（日中条約4①）。

第二に，日中租税条約の対象税目を確認すると，日本の所得税と法人税が含まれていることが分かる（日中条約2①(b)）。

第三に，日中租税条約の適用関係は，PEの有無によって大きく異なるため，C社のPEの有無を確認する。C社は日本国内に何らの拠点を有していないので，日本国内にPEを有しない「中国の居住者」に該当する（日中条約5）。

第四に，日中租税条約の適用条文を特定するために，条約上の所得区分を確認する。本設例1の貸付金の利子は，日中租税条約11条4項が定義する「利子」に含まれるため，同11条の定める特則の適用を考えなければならない。

第五に，日中租税条約が「利子」について定める特則の1つである源泉地規定を検討する。貸付金の利子に関し，国内税法が使用地主義を採用していたのに対し，日中租税条約11条6項は，「利子は，その支払者が……一方の締約国の居住者である場合には，当該一方の締約国内において生じたものとされる。」という，いわゆる債務者主義を採用している。このような債務者主義の下では，以下のとおり，債務者が内国法人であれば，貸付金の使用地にかかわらず，貸付金の利子の源泉地は，日本ということになる。

図表4　日中租税条約（債務者主義）による貸付金の利子の源泉地の区分

貸手（債権者）	借手（債務者）	貸付金の使用地	源泉地
中国法人	内国法人	日本国内	国内源泉
		日本国外	

第六に，日中租税条約が「利子」について定めるもう1つの特則である減免規定の適用関係を確認する。日中租税条約11条2項は，中国法人に支払われる日本源泉の利子につき日本での課税権の行使を認めた上で，10%の限度税率の定めを置いている。

第七に，以上の国内税法の検討結果と日中租税条約の検討結果を突き合わせて，最終的な課税関係がどうなるかを確定する。前記のとおり，国内税法の下

では、中国法人Ｃ社が、内国法人Ｊ社から受け取る国内業務に係る貸付金の利子については、20％の税率で源泉徴収されることで日本における課税関係が終了する。これに対し、日中租税条約が適用されることにより、Ｃ社がＪ社から受け取る貸付金の利子については、貸付金の使用地を問わず、全て10％の税率で源泉徴収されることに日本での課税関係が変更される（実施特例法３の２①）。

図表５　日中租税条約の下での設例１の課税関係のまとめ

貸手（債権者）	借手（債務者）	貸付金の使用地	源泉地	課税関係
中国法人	内国法人	日本国内	国内源泉	源泉徴収課税（10％）
		日本国外		

(d)　さらなる検討

本設例１の検討の結果が、上記のとおりになることについては、ほぼ異論がないと思われる。しかし、より厳密に考えていくと、なぜそうなるのかについてのさらなる検討を要する論点が残されている。それらの論点は、前記の３つの視点を念頭に置いて検討をすることによって、以下のように解明することができる。

(i)　源泉地規定―直接適用可能性と国内税法の置換え

租税条約の源泉地規定は、一般に明確であり、しかも国内税法の源泉地規定を置き換えることでその優先適用は実現されるから、常に直接適用可能であると考えてよい[19]。このことは、利子について債務者主義の源泉ルールを定める日中租税条約11条６項にも当てはまる。

したがって、日中租税条約の定める債務者主義の源泉ルールは、国内税法の定める使用地主義の源泉ルールを当然に置き換える。さらなる問題は、そのようにして置き換えられて「国内源泉所得」となった利子の課税関係がどのようにして定まるかということである。なぜなら、国内税法は、「業務用の貸付金の使用地が日本である場合の貸付金の利子」を、所得税法161条１項で「10号所得」と定義し、10号所得であることと結びつけてその課税関係を規定しているのに対し、日中租税条約の適用によって、国内源泉所得に置き換えられた「使用地が日本国外であるが内国法人から受け取る利子」は、そもそもその定

61

義上 10 号所得には含まれないからである。しかも，同条約は，他の租税条約同様，課税の方式を特定するための自己完結的な規定を置いておらず，課税の方式の特定は，あくまで国内税法に委ねている。このため，日中租税条約によって国内源泉に置き換えられた上記利子の課税関係は，同条約によっては特定されず，宙に浮いてしまうのではないかという疑義が生じかねない。

(ii) 租税条約の源泉地規定と所得税法 162 条 1 項二文の意味

かかる疑義を排し，日中租税条約によって国内源泉に置き換えられた上記利子の課税関係を特定する機能を果たすのが，所得税法 162 条 1 項二文であると考えられる[20]。以下，本設例 1 に沿って，図示も交えて詳しく説明する[21]。

〈1〉 国内税法の定め（10 号所得の定義）

	ソース・ルール（使用地主義）	
所得の性質（貸付金の利子）	国内使用の貸付金に係る利子（10 号所得）	国外使用の貸付金に係る利子（国外源泉所得）

・国内税法上は，国内業務を行う者に対する貸付金で，かつ使用地が日本であるものの利子のみ（上記網かけ部分参照）が，10 号所得たる国内源泉所得として定義されている。他方，国外使用の貸付金に係る利子は，10 号所得には含まれない。

〈2〉 日中租税条約の定め（源泉地の変更）

	ソース・ルール（債務者主義）	
所得の性質（貸付金の利子）	国内使用の貸付金に係る利子（10 号所得）	国外使用の貸付金に係る利子 ⇩ 日本源泉へ置換え

・日中租税条約は，国内業務を行う者に対する貸付金で，かつ使用地が日本国外であるものの利子（上記非網かけ部分参照）についても，債務者主義の源泉ルールを適用することにより，その源泉地を日本に変更する（この結論は，所得税法 162 条 1 項一文が定めるところと同一である）。ただし，日中租税条約の適用のみでは，上記非網かけ部分の源泉地が日本であることが確定するだけで，所得税法の適用上何号所得に該当するかはただちに確定しない。し

がって，その課税関係は，特定されず，宙に浮いてしまう。
・他方，日中租税条約は，国内業務を行う者に対する貸付金で，かつ使用地が日本であるものの利子（上記網かけ部分参照）の源泉地を変更しない。

〈3〉 所得税法162条1項二文の機能（10号所得の拡張と課税関係の特定）

所得の性質（貸付金の利子）	ソース・ルール（債務者主義）	
	国内使用の貸付金に係る利子（10号所得）	国外使用の貸付金に係る利子（みなし10号所得）

・日中租税条約の適用により日本源泉に置き換えられた所得（国外使用の貸付金に係る利子）は，所得税法162条1項二文の適用により，10号所得とみなされ，本来の10号所得（国内使用の貸付金に係る利子）と同様の方式で課税を受けることが確定する。すなわち，比喩的にいえば，所得税法162条1項二文の適用の結果，本来の10号所得（国内使用の貸付金に係る利子）に限定されていた網かけ部分が，日中租税条約によって日本源泉に置き換えられた所得（国外使用の貸付金に係る利子）にも拡張されることになる。
・以上より，日中租税条約の適用によって日本源泉に置き換えられた利子も，本来の10号所得と同様の課税関係となることが確定される。

(iii) 限度税率の定め—直接適用可能性と国内税法の置換え

前記のとおり，本設例1に関し，日中租税条約は，源泉地規定に加え，限度税率の定めという特則を置いている。すなわち，中国法人が稼得する日本源泉の利子について日本で課すことができる「租税の額は，……当該利子の額の10パーセントを超えないもの……」とされている（日中条約11②）。

このような限度税率の定めは，その税率を超える部分について，源泉地国での課税権を否定したものであると捉えれば，十分に明確であり，完全性を備えていると考えられるので，直接適用可能とみることができる。そうすると，限度税率より高い国内税法の規定する税率は，限度税率まで当然に圧縮されることになる。他方，租税条約の限度税率の規定は，税率の上限を定めるだけで条約上ただちに実際の適用税率が定まるわけではないと考えれば，当該規定は直接適用可能性が否定されることになる。ただし，いずれにせよ，限度税率が国

内税法の定める税率を下回る場合に，国内税法の定める税率が限度税率に置き換わることは，租税条約等の実施特例法 3 条の 2 第 1 項が明記している。したがって，本設例 1 において，C 社が J 社から受け取る貸付金の利子に係る源泉徴収税率が，20％から10％に軽減されることに関して異論が生じる余地はない[22]。

(iv) 租税条約の源泉地規定と日中租税条約 27 条の解釈

上記のとおり，本設例 1 においては，国内税法の定める使用地主義の源泉地規定を，日中租税条約の定める債務者主義の源泉地規定が置き換え，所得税法 162 条 1 項二文の適用によって日本における課税関係が特定される上に，さらに同条約の限度税率の定めが適用される。この結果，本設例 1 における国内税法の下での課税関係は，日中租税条約の適用により，以下のように書き換えられることになる。

図表 6 設例 1 における国内税法の下での課税関係と日中租税条約の下での課税関係の比較

貸手（債権者）	借手（債務者）	貸付金の使用地	国内税法上の源泉地規定と課税関係	日中租税条約上の源泉地規定と課税関係
外国法人	内国法人	日本国内	国内源泉 源泉徴収課税（20％）	国内源泉 源泉徴収課税（10％）
		日本国外	国外源泉 課税なし	国内源泉 源泉徴収課税（10％）

上記で特に注目すべきは，貸付金の使用地が日本国外である場合の利子の課税関係（上記網かけ部分参照）である。すなわち，国内税法の下では，当該利子が国内源泉所得に該当しないために日本では課税されないという結論になるのに対し，日中租税条約の適用によって，日本で 10％の源泉徴収課税に服するという課税関係に変更されるが，はたしてこのような結果がそのまま認められてよいかという問題である。

前記のとおり，租税条約が国際的な二重課税の排除を主たる目的にしているため，租税条約により，条約締結国の課税権が拡大するようでは，条約の趣旨に反するから，租税条約の明文の有無にかかわらず，プリザベーションの原則が妥当すると考えられている[23]。それゆえ，上記結論が，同原則に反するかどう

かが検討されなければならない。

特に，日中租税条約27条は，「この協定のいかなる規定も，一方の締約国において当該一方の締約国の法令又は両締約国の政府間の他の協定により他方の締約国の国民又は居住者に対して現在又は将来認められる租税の免除，軽減その他の減免をいかなる態様においても制限するものと解してはならない。」と規定しており，プリザベーションの原則を明文をもって確認している[24]。このため，同条の適用範囲を極めて広く解すると，国内税法の下で課税されないという事案が，日中租税条約の適用によって課税されるという結論に変わること自体が，同条に反するのではないかという疑義を生じる。

この点については，結論として，プリザベーションの原則に反するものではないと一般に考えられている[25]。プリザベーションの原則の適用範囲について，本稿は，前記のとおり，狭義説を支持するが，狭義説による限り，源泉地規定は，納税者の有利にも不利にも働き得るため，同原則の適用場面ではないからである。また，所得税法162条1項一文[26]により，日中租税条約の源泉地規定が国内税法に取り込まれると考えると，租税条約と国内税法の抵触の問題はそもそも生じていないとみることも可能である。

3 在庫保有代理人を有する中国法人の課税—事業所得
(1) 設例2[27]

《設例2》
　中国に本店を有する中国法人C社が，日本国内に在庫保有代理人として内国法人S社を置いた上で，内国法人J社に対し，棚卸資産を売却している。J社がC社に対して支払う売買代金について，C社は日本でどのように課税されるか。

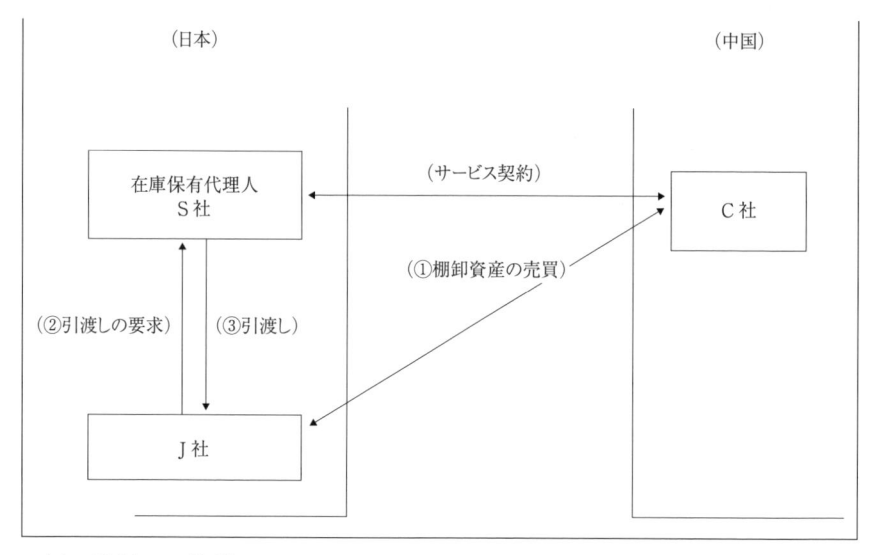

```
        (日本)                              (中国)

   ┌──────────────┐    (サービス契約)      ┌──────┐
   │ 在庫保有代理人 │ ←──────────────────→ │ C社  │
   │     S社      │                        └──────┘
   └──────────────┘      (①棚卸資産の売買)
      ↑      ↓
 (②引渡しの  (③引渡し)
   要求)
      ↓      ↑
   ┌──────────────┐
   │     J社      │ ←──────────────────────
   └──────────────┘
```

(2) 設例2の検討

(a) 検討の手順

設例2についても，国内税法の下で定まる課税関係を前提とした上で，日中租税条約がどのように変更を加えるかを検討する。本設例2に関しても，同条約の適用関係を明らかにする上で，前記3つの視点を念頭に置くことが有用であることを明らかにする。

(b) 国内税法の検討

第一に，外国法人は，一定の国内源泉所得の支払を受けるときには，所得税を納める義務を負う（所法5④，7①五）。

上記の国内源泉所得の中には，日本における棚卸資産の売買から生ずる所得は含まれていない（所法161）。したがって，外国法人は，上記所得について，所得税の課税を受けない（所法179）。

第二に，外国法人の所得税の納税義務と支払者の源泉徴収義務は裏腹の関係にあるから，外国法人が上記所得に対する所得課税を受けない以上，当然のことながら源泉徴収の問題も生じない（所法212，213）。

第三に，外国法人の法人税の課税所得の範囲は，当該外国法人がPEを有す

るかどうか，所得のPEへの帰属の有無によって異なってくる（法法141）[28]。そして，法人税法は，PEを以下の3つに区分して規定している（法法2十二の十八）。

図表7　国内税法上の恒久的施設（PE）の区分

イ	支店PE	支店，工場その他事業を行う一定の場所で政令で定めるもの
ロ	建設PE	建設，据付，組立その他の作業等で1年を超えて行うもの
ハ	代理人PE	自己のために契約を締結する権限を有する者その他これに準ずる者で政令で定めるもの（独立代理人は除くが，在庫保有代理人及び注文取得代理人を含む）[29]

本設例2の内国法人S社は，外国法人C社のために，「……顧客の通常の要求に応ずる程度の数量の資産を保管し，かつ，当該資産を顧客の要求に応じて引渡す者」（法令4の4③二）に該当するので，C社は日本に在庫保有代理人と呼ばれる代理人PEを有することになる。外国法人が日本国内のPEを通じて事業を行う場合には，当該PEに帰属する所得（法法138①一）は，法人税の課税対象となる国内源泉所得に含まれることになる（法法141一イ）。

PE帰属所得に係る所得の金額は，AOAの考え方に基づき，内部取引の認識や資本配賦等の独自の計算等をした上で，内国法人と同様に，原則として，PEを通じて行う事業に係る益金の額から当該事業に係る損金の額を控除した金額とされる（法法142～142の8）。

外国法人のPE帰属所得に係る所得に対する法人税の税率は，原則として，23.9%である（法法143①一）。

法人税の納税義務を負う外国法人のPE帰属所得に関する中間申告，確定申告等については，平成26年度税制改正により，規定の整備が行われており（法法144の3～145），外国法人は，PE帰属所得につき，各事業年度終了の日から2カ月以内に，確定申告書を提出し，法人税を納付するのが原則である（法法144の6）。

さらに，PE帰属所得につき法人税を課される外国法人は，地方法人税の納税義務を負う（地方法人税法4，6二イ，9，10，19）。

第四に，日本にPEを有する外国法人は，住民税及び事業税の課税も受ける（地法24①三・③，72の2⑥，294①三・⑤，地令7の3の5，10の2，46の4）。

以上より，国内税法の下では，中国法人C社が，その在庫保有代理人S社を通じて稼得する棚卸資産の売買による所得については，所得税の課税を受けず，したがって源泉徴収を受けることはないけれども，法人税及び地方法人税並びに住民税及び事業税の課税を受ける。

(c) 日中租税条約の検討

第一に，中国法人C社は，「中国の居住者」に該当するので，日中租税条約の適用を受ける（日中条約4①）。

第二に，日中租税条約の対象税目を確認すると，日本の所得税，法人税及び住民税並びにこれらの租税と同一又は実質的に類似するものが含まれている（日中条約2①(b)・②）。

第三に，日中租税条約の適用関係は，PEの有無によって大きく異なるため，C社のPEの有無を確認する。同条約は，5条で，以下のとおり，PEに関する規定を置いている。

図表8　日中租税条約5条のPEに関する規定の概要

1項：	PEの一般的な定義
2項：	支店PEの例示
3項：	建設PEの定義
4項：	準備的・補助的活動のPEからの除外
5項：	サービスPEに関する規定
6項：	代理人PE（常習代理人及び注文取得代理人を掲げているが，在庫保有代理人は掲げていない[30]）
7項：	独立代理人の除外
8項：	支配関係とPE認定の関係

ここで注目すべきは，上記6項が，代理人PEとして，常習代理人と注文取得代理人を掲げるのみで，在庫保有代理人を掲げていない点である。他方で，

図表9　租税条約の規定する代理人PEの範囲

代理人PEの範囲	租税条約例
常習代理人，在庫保有代理人及び注文取得代理人	インド，タイ，フィリピン等
常習代理人及び在庫保有代理人	アイルランド，インドネシア，スリ・ランカ，パキスタン，ブラジル，ヴィエトナム，マレーシア等
常習代理人及び注文取得代理人	中国
常習代理人のみ	上記以外の租税条約

3　租税条約の適用を巡る理論的な問題点

　我が国が締結した租税条約における代理人PEに関する規定を比較検討すると，以下のような形態があることが分かる。

　租税条約ごとに代理人PEの規定の仕方に上記のような相違があり，日中租税条約が常習代理人と注文取得代理人のみを代理人PEとする規定を置いていることからすると，在庫保有代理人は，日中租税条約の適用上，代理人PEとは認められないとするのが文理に沿った解釈である[31]。そうすると，本設例2のC社は，日中租税条約の適用により，日本にPEを有しない中国法人として取り扱われることになると考えられる。

　第四に，日中租税条約の適用条文を特定するために，条約上の所得区分を確認する。本設例2の棚卸資産の譲渡から生ずる所得は，日中租税条約7条が規定する事業所得に該当する。

　第五に，日中租税条約7条1項は，事業所得について，いわゆる「PEなければ課税なし」の原則を掲げている。したがって，日本にPEを有しないC社が稼得する事業所得に対する日本での課税は免除される。

　第六に，以上の国内税法の検討結果と日中租税条約の検討結果を突き合わせて，最終的な課税関係がどうなるかを確定する。前記のとおり，国内税法の下では，中国法人C社が，その在庫保有代理人S社を通じて稼得する棚卸資産の売買による所得については，所得税の課税を受けず，したがって源泉徴収を受けることはないけれども，法人税及び地方法人税並びに住民税及び事業税の課税を受けることが明らかとなった。これに対し，日中租税条約の適用がある結果，C社は日本にPEを有しない外国法人として取り扱われることになり，上記所得につき日本での課税を免除される。

　(d)　さらなる検討

　本設例2の検討の結果は，少なくとも租税条約の文理に従う限り，上記のとおりとなると考えられる。その結論の正しさは，前記の3つの視点を念頭に置いた検討を通じて，以下のとおり確認することができる。

　(i)　PEの定義—直接適用可能性と国内税法の置換え

　日中租税条約の定める代理人PEの規定は，十分に明確であり，特段の補足がなくてもそれ自体定義として完結しているため，直接適用されると考えられ

69

る。常習代理人，在庫保有代理人及び注文取得代理人の3種類の代理人PEを掲げる国内税法と，前記の代理人PEに関する租税条約の様々な規定との対比によって，一部の租税条約（インド，タイ，フィリピン等との租税条約）が，国内税法と同様の範囲の代理人PEを定義しているのに対し，それ以外の租税条約は，代理人PEの範囲を，国内税法よりも限定していることが分かる。日中租税条約の場合には，常習代理人と注文取得代理人のみを代理人PEとして掲げ，在庫保有代理人をその定義に含めていないから，同条約の適用によって，在庫保有代理人は，PEから除外されると解される。[32]

なお，設例1で取り上げた源泉地規定と本設例2で取り上げたPEの定義を比較すると，前者については租税条約の優先適用を確認する規定がある（所法162①一文，法法139①一文）のに対し，後者についてはそのような規定を欠いていることに留意する必要がある。[33]

(ⅱ) 免税規定—直接適用可能性と国内税法の置換え

前記のとおり，日中租税条約7条1項は，PEに帰属しない事業所得につき源泉地国での課税を免除する旨規定しているが，その規定の意味するところは明確であり，しかも，その執行は当該所得を国内税法における課税対象から除外することによって図られる。このように，上記免税規定は，明確かつ完全であり，直接適用されることに疑問の生じる余地はない。[34]しかも，かかる免税規定による国内税法の置換えは，対象所得を国内税法における課税対象から除外すれば足りるため，一義的に特定することができる。[35]なお，租税条約等の実施特例法4条2項は，このように租税条約の免税規定が直接適用され，国内税法の下での課税関係をただちに変更することを確認している。

(ⅲ) 日中租税条約27条の適用

先に述べたように，日中租税条約27条が，プリザベーションの原則を明文で規定しているため，本設例2の検討の結果が，同条に反しないかどうかを確認しておく必要がある。本設例2においては，中国法人C社は，国内税法だけが適用されると，日本での棚卸資産の売買から生ずる所得について課税を受けるのに対し，日中租税条約の適用があると，当該所得に対する日本での課税を免除されることになる。したがって，本設例2に関する限り，かかる日中租税

条約の適用の結果は，納税者であるＣ社にとって常に有利であるから，プリザベーションの原則を確認する日中租税条約27条との抵触の問題は発生しないと考えてよい。

　(iv)　地方税法施行令7条の3の5第3項の意義

　国内税法の下では，中国法人Ｃ社が，その在庫保有代理人Ｊ社を通じて稼得する棚卸資産の売買による所得については，法人税及び地方法人税のみならず，住民税及び事業税の課税を受けることは，前記のとおりである。

　他方，日中租税条約の対象税目には，日本の所得税，法人税及び住民税が含まれている（日中条約2①(b)）のに対し，事業税は含まれていない。

　したがって，日中租税条約の定めるPEの定義規定と免税規定が優先適用される結果，Ｃ社が，日本において法人税及び住民税を免除されることに疑義はない。また，地方法人税は，日中租税条約2条1項(b)が列挙する対象税目には含まれていないが，同税の課税対象は，「基準法人税額」であり，外国法人の基準法人税額とは，原則としてその法人税の額を意味する（地方法人税法5，6二）。このため，本設例2において，日中租税条約の適用によって法人税を免除されるＣ社が，地方法人税を課されないことも明らかである。

　残された問題は，日中租税条約の対象税目から除かれている事業税の課税関係がどのようになるかである。この点については，地方税法が明文の規定を置いている。すなわち，外国法人は，「その事業が行われる場所で政令で定めるもの」を有する場合に，事業税を課される（地法72の2⑥，地令10の2）が，その場所の定義は，結局のところ，地方税法施行令7条の3の5に委ねられている。そして，同条3項は，地方税法の規定と租税条約におけるPEの規定が異なる場合には，条約が優先することを明記している[36]。

　以上のとおりであるから，日中租税条約の定めるPEの定義規定と免税規定が優先適用される結果，Ｃ社が，法人税及び地方法人税並びに住民税及び事業税の全てについて課税を受けないという結論が肯定されることになる。

4 在庫保有代理人を有する中国法人の課税―貸付金の利子と事業所得

(1) 設例3

《設例3》

　中国に本店を有する中国法人C社が，日本国内に在庫保有代理人として内国法人S社を置いた上で，内国法人J社に対し，棚卸資産を売却するとともに，金銭を貸し付けた。貸付契約の締結自体は，C社とJ社が直接行ったが，貸付金の提供，元利金の受取りは，全て在庫保有代理人S社を通じて行った。C社の棚卸資産の売却及び金銭の貸付けによる収支が，x事業年度及びx＋1事業年度において以下のとおりであった場合に，日本での課税関係はどうなるか。

　なお，法人税率を23.9％とし，地方税を含めた実効税率を32％とする。また，C社は，欠損金の繰戻しによる還付は受けられないものとする。[37]

事業年度	科目	益金	損金	（純）所得	合計
×事業年度	棚卸資産の売買	1,000	920	80	
	貸付金の利子	100	80	20	100
×+1事業年度	棚卸資産の売買	700	820	▲120	
	貸付金の利子	100	80	20	▲100

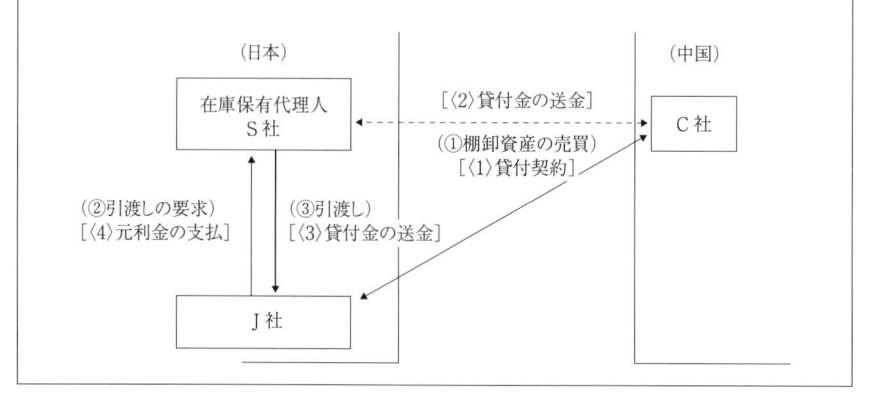

（日本）　　　　　　　　　　　　　　　　　　（中国）

在庫保有代理人S社　←------［〈2〉貸付金の送金］------　C社
　　　　　　　　　　（①棚卸資産の売買）
　　　　　　　　　　［〈1〉貸付契約］
（②引渡しの要求）　（③引渡し）
［〈4〉元利金の支払］　［〈3〉貸付金の送金］
　　　　　　　　　　　　　　　　　　　J社

(2) 設例3の検討

(a) 検討の手順

本稿の締めくくりとして、設例1と設例2を組み合わせた設例3を検討することとする。本設例3についても、国内税法の下で定まる課税関係を前提とした上で、日中租税条約がどのように変更を加えるかを検討する。前記3つの視点のうち、直接適用可能性と国内税法の置換えの問題は、これまでの検討と重複するので、ここでは専らプリザベーションの原則を確認する日中租税条約27条の適用の問題に絞って検討する。

(b) 国内税法の検討[38]

第一に、外国法人は、一定の国内源泉所得の支払を受けるときには、所得税を納める義務を負う（所法5④、7①五）。

上記の国内源泉所得の中には、日本における棚卸資産の売買から生ずる所得は含まれていない（所法161）が、国内業務に係る貸付金の利子は含まれている（所法161十）。したがって、外国法人は、上記棚卸資産の売買から生ずる所得について、所得税の課税を受けない（所法179）が、上記貸付金の利子については、20％の税率で所得税の課税を受ける（所法178、179一）。

第二に、外国法人の所得税の納税義務と支払者の源泉徴収義務は裏腹の関係にあるから、上記棚卸資産の売買から生ずる所得については、当然のことながら源泉徴収の問題も生じない（所法212、213）。これに対し、外国法人に対し、上記貸付金の利子を支払う者は、20％の税率で源泉徴収義務を負うのが原則である（所法212①、213①一）。

第三に、外国法人の法人税の課税所得の範囲は、当該外国法人がPEを有するかどうか、所得のPEへの帰属の有無によって異なってくる（法法141）。本設例3のC社は、在庫保有代理人を有し、しかも上記の棚卸資産の売買から生ずる所得及び貸付金の利子のいずれも当該代理人PEに帰属する。

外国法人が日本国内のPEを通じて事業を行う場合には、当該PEに帰属する所得（法法138①一）は、法人税の課税対象となる国内源泉所得に含まれ（法法141一イ）、法人税法の規定に従って計算される純所得に対し、原則として23.9％の税率により法人税の課税を受ける（法法142～142の8、143①一、144

の3～145)。なお，上記貸付金の利子に係る源泉徴収税は，法人税の額から控除される（法法144，68）が，C社が所轄税務署長から免除証明書の交付を受け，支払者に提示すると，上記利子につき，源泉徴収税の免除を受けることができる（所法181①，212①かっこ書き）。

さらに，PE帰属所得につき法人税を課される外国法人は，地方法人税の納税義務を負う（地方法人税法4，6二イ，9，10，19）。

第四に，日本にPEを有する外国法人は，住民税及び事業税の課税も受ける（地法24①三・③，72の2⑥，294①三・⑤，地令7の3の5，10の2，46の4）。

以上より，国内税法の下では，中国法人C社が，その在庫保有代理人S社を通じて稼得する上記の棚卸資産の売買による所得及び貸付金の利子については，C社が予め源泉徴収税の免除のための手続を踏めば，以下のとおり，日本で法人税及び地方法人税並びに住民税及び事業税の課税を受けることになる。

図表10 国内に代理人PEを有するC社の事業所得及び貸付金の利子に対する国内税法の下での課税関係のまとめ―利子に係る源泉徴収税を免除された場合

事業年度	課税所得	法人税額（23.9%）	法人税・地方税の合計額（32%）
x事業年度	100	23.9	32
x＋1事業年度	▲100	0	0

(c) 日中租税条約の定め

第一に，中国法人C社は，「中国の居住者」に該当するので，日中租税条約の適用を受ける（日中条約4①）。

第二に，日中租税条約の対象税目を確認すると，日本の所得税，法人税及び住民税（これらと同一又は実質的に類似する租税を含む）が列挙されている（日中条約2①(b)・②）。

第三に，日中租税条約の適用関係は，PEの有無によって大きく異なるため，C社のPEの有無を確認する。設例2で検討したときと全く同様の理由により，本設例3のC社も，日中租税条約の適用により，日本にPEを有しない中国法人として取り扱われることになると考えられる。

第四に，日中租税条約の適用条文を特定するために，条約上の所得区分を確

認する。

まず，棚卸資産の譲渡から生ずる所得は，日中租税条約7条が規定する事業所得に該当する。次に，貸付金の利子は，日中租税条約11条4項が定義する「利子」に含まれる。

第五に，上記所得に関し，日中租税条約が定める特則は，以下のとおりである。

まず，日中租税条約7条1項は，事業所得について，いわゆる「PEなければ課税なし」という免税規定を置いている。

次に，日中租税条約11条は，6項において債務者主義による源泉地規定を置くとともに，2項において10％の限度税率の定めを置いている。なお，限度税率の適用があるのは，上記利子が日本にあるPEに帰属しない場合である。

第六に，以上の国内税法の検討結果と日中租税条約の検討結果を突き合わせて，最終的な課税関係がどうなるかを確定する。前記のとおり，国内税法の下では，中国法人C社は，その在庫保有代理人S社を通じて稼得する棚卸資産の売買による所得及び貸付金の利子については，源泉徴収の免除の手続を踏めば，法人税及び地方法人税並びに住民税及び事業税の課税を受けることになる。これに対し，日中租税条約の適用がある結果，C社は日本にPEを有しない外国法人として取り扱われ，その課税関係は，設例1の場合と同様になる。すなわち，以下のとおり，C社は，上記貸付金の利子につき，10％の税率による源泉徴収課税で日本における課税関係が終了し，上棚卸資産の売買による所得については，日本での課税を免除される。

図表11　国内にPEを有しないC社の事業所得及び貸付金の利子に対する日中租税条約の下での課税関係のまとめ

事業年度	科目	益金	損金	（純）所得	課税関係	日本での税額
x事業年度	棚卸資産の売買	1,000	920	80	課税なし	
	貸付金の利子	100	80	20	源泉徴収課税	10
x+1事業年度	棚卸資産の売買	700	820	▲120	課税なし	
	貸付金の利子	100	80	20	源泉徴収課税	10

(d) さらなる検討

国内税法の下で定まる課税関係に，日中租税条約が適用される結果，以上のとおり，x事業年度については同条約の適用がある方がC社にとって有利な課税関係になる（国内税法だけの適用があると日本での税負担は32であるが，日中租税条約の適用があると日本での税負担は10に限定される）。これに対し，x＋1事業年度については，日中租税条約の適用があり，C社が代理人PEを有しないとして取り扱われることによって，C社の日本での税負担がかえって増すことになる（国内税法だけの適用があると日本での税負担は0であるが，日中租税条約の適用があると日本での税負担は10に増える）。このような結果が，プリザベーションの原則を確認する日中租税条約27条と抵触しないかどうかが問題となる。

すでに第1，2(4)（図表1参照）で述べたように，プリザベーションの原則の適用範囲については狭義説，広義説及び選択説の対立があると思われるので，それぞれの説を，本設例3に当てはめると，以下の図表12のような結論になると想定される。下記のまとめが示すとおり，広義説は，本設例3のような事案において，その帰結がどうなるか自体が不分明である。また，選択説を支持する条文上の根拠がないことは，すでに述べたとおりである[39]。他方，本稿の採る狭義説の下では，日中租税条約の優先適用により，両事業年度ともに，C社がPEを有しない外国法人としての課税を受けることは，プリザベーションの原則を確認する日中租税条約27条と抵触することはない。

図表12　プリザベーションの原則の適用範囲に関する3つの説の設例3への当てはめ

狭義説	日中租税条約の優先適用により，両事業年度ともに，C社は代理人PEを有しない外国法人として課税される。
広義説	C社に対する法人税の納税義務を免除するような日中租税条約の優先適用は，プリザベーションの原則に抵触しない？
選択説	C社は，x事業年度については日中租税条約の優先適用を肯定し，x＋1事業年度についてはプリザベーションの原則によって同条約の適用を否定することが可能になる。

第3　結　語

本稿で取り上げた設例1ないし3の検討を通じて，前記3つの視点から，国内税法に対する租税条約の適用関係を明らかにする理論は，平成26年度税制改正後の国内税法の下でも依然として有効であることが確認できた。今後も，他の論点について，上記理論が有効であることを検証するように努めていきたい。

注
1) 非居住者・外国法人の所得課税に関する国内税法の体系を極めて大まかに説明すると，以下のとおりである。まず，国内税法は，非居住者・外国法人の稼得する一定の国内源泉所得についてのみ課税するという原則を採用している。そして，その課税の範囲と方法は，当該非居住者・外国法人が，国内に恒久的施設を有するかどうか，どの種類の国内源泉所得を稼得するかに応じて異なってくる。さらに，国内税法は，外国法人による国際的な租税回避の防止のために，移転価格税制（租税特別措置法66条の4），過少資本税制（同法66条の5）及び過大利子支払税制（同法66条の5の2）を導入している。
2) 居住者・内国法人の所得課税に関する国内税法の体系を極めて大まかに説明すると，以下のとおりである。まず，国内税法は，居住者・内国法人については，全世界所得について課税するという原則を採用している。その上で，国内税法は，国際的な二重課税の調整の仕組みとして，居住者・内国法人の双方に適用のある外国税額控除制度（所得税法95条，法人税法69条）と内国法人にのみ適用のある海外子会社配当益金不算入制度（法人税法23条の2）を導入している。他方で，国内税法は，内国法人による国際的な租税回避に対処するために，移転価格税制（租税特別措置法66条の4），過大利子支払税制（同法66条の5の2）及びタックス・ヘイブン対策税制（同法66条の6）を設けている。さらに，国際的な租税回避防止措置として位置づけられるタックス・ヘイブン対策税制は，内国法人のみならず，居住者にも適用がある（同法40条の4）。
3) 例えば旧ソ連・旧チェコスロバキアとの租税条約は，複数国に承継されたため，条約数と国・地域数が一致していない。
4) 井上康一・仲谷栄一郎『租税条約と国内税法の交錯（第2版）』（商事法務，2011年），井上康一・仲谷栄一郎「租税条約とAOA化後の国内税法の交錯〈上〉〈下〉～PEに帰属する所得の算定をめぐり～」国際税務33巻9号126頁以下，33巻10号110頁以下参照。
5) 非居住者・外国法人が国内に支店等の恒久的施設（以下「PE」と略称する）を有する場合に，そのPEへの帰属の有無を問わず，全ての国内源泉所得に課税する原則を意味する。
6) 国内にPEを有する非居住者・外国法人について，①PEの果たす機能及び事実関係に

基づいて，外部取引，資産，リスク，資本をPEに帰属させ，②PEと本店等との内部取引を認識し，③その内部取引が独立企業間価格で行われたものとして，PE帰属所得を算定するアプローチをいう（関禎一郎ほか『改正税法のすべて　平成26年版』（大蔵財務協会，2014年）673頁）。

7) 前掲注4『租税条約と国内税法の交錯』51〜85頁，461〜463頁参照。
8) この問題の詳細については，同上10〜17頁，28〜40頁参照。
9) この問題の詳細については，同上40〜42頁，54〜58頁参照。
10) この問題の詳細については，同上42〜50頁，58〜60頁，76〜77頁参照。
11) そもそも，条約に対する国内的効力の付与のあり方については，いくつかのパターンがあるが，日本では，特別の法律の制定を待たずに，自動的，包括的に受容するという方式を採用している。これに対し，英国等は，条約に国内法の効果を付与するための法律の制定を求める個別的受容（変形）型であるし，ドイツ，フランス等は，条約を法律の形式で承認する承認法受容型である（杉原泰雄編『新版　体系憲法辞典』（青林書院，2008年）801頁［大藤紀子執筆部分］）。
12) 本稿の設例1で取り上げる「源泉地規定」及び「限度税率の定め」並びに設例2及び3で取り上げる「恒久的施設の定義」及び「免税規定」は，直接適用可能な明確性と完全性を備えていると考えられる。これに対し，例えば，「所得の定義」や「課税権を肯定する規定」が直接適用可能でないことについては，前掲注4『租税条約と国内税法の交錯』464頁以下参照。
13) ①条約が国家間の合意であること，②条約の締結に国会の承認を要すること，③憲法98条2項に条約の遵守が規定されていることを根拠としている（前掲注11『体系憲法辞典』803頁参照）。
14) ただし，本稿の採る狭義説の下では，プリザベーションの原則の適用範囲が極めて限られていることについて，前掲注4『租税条約と国内税法の交錯』474〜475頁参照。
15) 後に注39で言及するように，米国では，首尾一貫した形であれば，納税者の選択を許容しているようである。
16) 平成26年度税制改正前に，同様の設例を検討したものとして，井上康一「国際税務の考え方」国際税務31巻1号89頁以下，同31巻2号115頁以下参照。
17) 平成25年1月1日から平成49年12月31日までの間に生ずる所得については，復興特別所得税が課されるため，その税率は，20.42％となる（復興財源確保法9②，26，27）。源泉徴収税率についても同様である（同法28）。なお，以下の叙述においては，復興特別所得税に関する言及を割愛する。
18) このように，平成26年度税制改正後も，適用条文は一部異なるものの，国内税法の下での課税関係は，従前と同様である。
19) 前掲注4『租税条約と国内税法の交錯』173〜175頁参照。
20) 所得税法162条1項は，「……租税条約……において国内源泉所得につき前条の規定と異なる定めがある場合には，その租税条約の適用を受ける者については，同条の規定にかかわらず，国内源泉所得は，その異なる定めがある限りにおいて，その租税条約に定めるところによる。この場合において，その租税条約が同条第一項第六号から第十六号までの規定に代わつて国内源泉所得を定めているときは，この法律中これらの号に規定

する事項に関する部分の適用については，その租税条約により国内源泉所得とされたものをもつてこれに対応するこれらの号に掲げる国内源泉所得とみなす。」と規定している。本稿の立場によると，租税条約の源泉地規定の国内税法に対する優先を定める上記1項一文が確認規定であるのに対し，同二文は，創設規定であると位置づけられる。

21) 平成26年度税制改正前の「使用料」に関する解説として，前掲注4『租税条約と国内税法の交錯』184～187頁参照。
22) 前掲注4『租税条約と国内税法の交錯』267～268頁参照。
23) 同上42頁参照。
24) プリザベーションの原則を明記する条約としては，日中租税条約の他に，米国，カナダ，ソ連，オーストリア，クウェートとの租税条約がある。
25) 前掲注4『租税条約と国内税法の交錯』176～177頁参照。
26) 所得税法162条1項一文は，「「……租税条約……において国内源泉所得につき前条の規定と異なる定めがある場合には，その租税条約の適用を受ける者については，同条の規定にかかわらず，国内源泉所得は，その異なる定めがある限りにおいて，その租税条約に定めるところによる。」と規定している。
27) 前掲注4『租税条約と国内税法の交錯』45頁以下参照。
28) 平成26年度税制改正前は，外国法人の有するPEが，支店PEか，あるいは建設PE・代理人PEかで，法人税の課税所得の範囲が異なっていた（旧法法141）が，同改正によってかかる区別は廃止された（前掲注6『改正税法のすべて』684～685頁参照）。さらに，平成26年度税制改正法の下では，PEを有する外国法人の法人税の課税標準をPE帰属所得に係る所得とそれ以外の国内源泉所得に係る所得の2区分とし，これらの所得を通算しないこととされた（同書685頁参照）。
29) 法人税法施行令4条の4第3項は，常習代理人（1号）の他に，「外国法人のために，顧客の通常の要求に応ずる程度の数量の資産を保管し，かつ，当該資産を顧客の要求に応じて引渡す者」（2号）（在庫保有代理人）及び「専ら又は主として一の外国法人……のために，継続的に又は反復して，その事業に関し契約を締結するための注文の取得，協議その他の行為のうちの重要な部分をする者」（3号）（注文取得代理人）を代理人PEとして定義している。
30) 日中租税条約5条6項柱書きは，「[日本]国内において[中国]の企業に代わって行動する者……が次のいずれかの活動を行う場合には，当該企業は，その者が当該企業のために行うすべての活動について，[日本]国内に『恒久的施設』を有するものとされる。」と規定した上で，①「[日本]国内において，当該企業の名において契約を締結する権限を有し，かつ，この権限を反復して行使すること。」（常習代理人）と②「[日本]国内において，専ら又は主として当該企業のため又は当該企業及び当該企業を支配し若しくは当該企業に支配されている他の企業のため，反復して注文を取得すること。」（注文取得代理人）を掲げている。
31) 前掲注4『租税条約と国内税法の交錯』45頁以下，323頁以下参照。
32) 同上326～327頁参照。なお，米国から日本に輸入した自動車用品を，インターネットを通じて専ら日本国内の顧客に販売する事業を営んでいた日本の非居住者（米国の居住者）が，同事業を営むために供していたアパート及び倉庫のPEの該当性が問題となった

事案として,東京地判平成 27 年 5 月 28 日(TAINS Z888-1928,判例集未登載)がある。同判決は,明示的には言及していないが,国内税法上の PE ではなく,専ら日米租税条約上の PE への該当性を検討していることからすると,租税条約上の PE の定義が,国内税法上の PE の定義に優先することを前提としていると考えられる。

33) したがって,租税条約の定める PE の規定が,国内税法に優先して適用されるのは,我が国が,特別の法律の制定を待たずに,自動的,包括的に租税条約を受容するという方式を採用していることに求められると考えられる。なお,地方税に関して,租税条約の定める PE の規定が,国内税法に優先する旨の規定があることについては,(iv)で後述する。

34) 前掲注 4『租税条約と国内税法の交錯』199 頁参照。

35) 同上 200 頁参照。

36) このように,所得税法及び法人税法については,租税条約の PE の定義が優先する旨の明文の規定がないのに対し,地方税法にかかる規定が設けられている理由は,租税条約の対象税目として,地方税が網羅されていないことに求められると考えられる。この点につき,前掲注 4『租税条約と国内税法の交錯』349〜350 頁参照。

37) 欠損金の繰戻しによる還付を認める法人税法 80 条 1 項の規定の不適用を認める租税特別措置法 66 条の 13 は,外国法人についても適用がある。

38) 平成 26 年度税制改正前の国内税法の下で,国内に支店 PE を有する台湾法人が当該支店を通じて,内国法人に金銭を貸し付け,利子を受け取る場合の課税関係について検討したものとして,井上康一「国際税務の考え方」国際税務 32 巻 11 号 116 頁以下参照。

39) 米国税法の下では,首尾一貫した形であれば,納税者の選択を許容していることについて,2003 年に締結した現日米租税条約に関する米国財務省の Technical Explanation の 1 条 2 項に関する解説及び前掲注 4『租税条約と国内税法の交錯』82〜83 頁参照。

4 会計制度と税制のグローバル化の中での我が国の対応

金 子 友 裕
(東洋大学経営学部准教授)

I はじめに

近年,グローバル化の進展の中で,多国籍企業に対する課税が問題となっている。この問題は,企業の観点からはより低負担の納税を考慮するタックスプランニングの模索であろうし,この背景には,企業への出資者の観点として,最大利潤のために税負担の低減を企業に期待するというものがあるだろう。この一方で,国家という観点からは,税収の逃避であり,自国の税負担が重いと考えられると企業の本社等が他国へと流出する可能性があるので,できる限り税率を下げる等の努力を行うことになる。個々の国家としてはこのような観点で政策を考える必要があるが,グローバルな観点でこの問題を考えると,極限まで税率の低減等を行うチキンレースのような様相となり,必要な財源の確保が困難になりかねない。

本稿では,グローバル化における問題の象徴のように取り扱われる BEPS (Base Erosion and Profit Shifting, 税源浸食と利益移転) 問題を俯瞰的に整理する観点から,IFRS の我が国での導入等の議論と移転価格税制における TNMM 導入の経緯の比較により,会計制度と税制のグローバル化における我が国の対応において一定の相似性が見出せることを指摘する。

II BEPS 問題の概要と解決困難性

1 BEPS 問題の概要

BEPS 問題は,「自国における売上に比して納税額の少ない多国籍企業に対して,各国政府及び各国民は不満を抱え,税収確保に向けた執行強化や租税政

策が中心的課題[1]」と説明され，OECD と G20 の共同プロジェクトとしてこの問題に取り組んでいる。そして，Angel Gurria OECD 事務総長は，「G20 諸国は，税源浸食と利益移転を，世界の税収，主権，および公平な税制を脅かす深刻なリスクと捉えています。今般の提言は，現行の税制の隙間や抜け穴を突いて，より有利な課税措置を受けられる場所に人為的に利益を移転する企業の税務計画戦略に，国際的に合意し協調した対応をとる上で，欠かせない要素になると考えています[2]。」と発言し，国際協調による対応の必要性を示している。

そして，OECD ホームページに掲載されているものだけでも図表1のように，短期間に報告書を公表しており，非常に精力的に取り組んでいることが見て取れる。

図表1　OECD による BEPS に関する報告書

2013 年 2 月	Addressing Base Erosion and Profit Shifting
2014 年 2 月	Action Plan on Base Erosion and Profit Shifting
2014 年 8・9 月	Report to G20 Development Working Group on the impact of BEPS in Low Income Countries
2014 年 9 月	OECD/G20 Base Erosion and Profit Shifting Project, Explanatory Statement

（出典）OECD ホームページ（2015 年 3 月 13 日アクセス）
http://www.oecd.org/tax/beps-reports.htm

2　BEPS 問題の政治マター化と解決困難性

このように精力的に取り組まれている BEPS 問題であるが，抜本的に解決されるとは考えにくい。

BEPS 問題に類するものは，これまでも議論されてきている。例えば，1994 年に OECD から公表された報告書『有害な税の競争（Harmful Tax Competition)』でも，同様の議論が含まれている。これらの議論を通じて，一定の成果が得られたものと思われるが，現在でも BEPS 問題が議論されているように抜本的な解決には至っていない。

ただし，BEPS 問題は，このような過去の議論の繰り返し的な性格を有する問題であると同時に，これまでにない性格を有する点もある。つまり，OECD だけでなく，G20 も共同で議論を行っている等[3]，これまで以上に各国が積極的

に取り組んでいることであり，換言すれば，BEPS問題を政治マターとして取り扱っているという点である[4]。

BEPS問題を政治的に解決しようとする場合，多国籍企業の課税問題をすべての国家の協調の下，概ね同様の対応が可能であれば，グローバルな観点からの解決が可能であろう。ただし，このような統一的な税制が実現した場合，自国の政策等の実現の手段として課税を用いることができなくなる。国家の主権（国家管轄権[5]）の（一部）放棄にもつながりかねず，国家のあり方にも関わる大きな問題になる。

このように，今回のBEPS問題への対応で政治的に抜本的な解決がされるとは考えにくいが，国際協調の必要性が確認され，一定の対応がされる可能性があるという点に意義があり，今後の議論の動向を見守る必要がある。

III 会計制度における制度導入等の議論と我が国の対応

1 IFRS導入等の議論

現在，我が国では会計制度の多線化が進んでいる。大企業では，日本基準（企業会計原則・企業会計基準，J-GAAP），米国基準（US-GAAP），国際財務報告基準（IFRS）が認められており，修正国際基準（JMIS）[6]の公開草案も公表されている[7]。さらに，中小企業では，中小企業の会計に関する指針（中小会計指針），中小企業の会計に関する基本要領（中小会計要領）が認められている。

このように会計制度が多線化した背景には，IFRS導入等の議論が影響している。IFRSについての我が国の対応[8]は，ハーモナイゼーション，コンバージェンス，アドプション，エンドースメントとスタンスを変化させてきている。

このような我が国におけるIFRS導入等の議論の変化を示したものが，図表2である。

2 IFRS導入等の議論と我が国の対応

図表2でも示したように，我が国では，2011年6月の自見金融担当大臣による談話で2015年に予定していたアドプションの中止が公表され，2014年にはJMISの公開草案が公表され，IFRSを包括的ではなく個々に承認するエンドー

図表2　IFRS 導入等の議論の経緯

	IASB（IASC）	日本	アメリカ
1973 年	IASC 設立	ハーモナイゼーション	
1995 年 2001 年	IASC・IOSCO 協定 IASB に改組	↓	
		コンバージェンス	
2001 年 2002 年 2007 年 2009 年 2010 年	EU で強制適用（2005 年） ノーウォーク合意 東京合意	↓ 東京合意 指定国際会計基準	ノーウォーク合意 国外企業の IFRS 容認 IFRS アドプションを検討
		アドプション？	
2011 年 5 月		↓	コンドースメントアプローチの表明
2011 年 6 月		自見金融担当大臣談話によりアドプションの中止	
		↓	
2014 年		エンドースメント JMIS 公開草案公表	

スメントへ対応を変化させた。

　この対応の変化の前には，アメリカが国内企業にも IFRS を適用するとしたスタンスからコンドースメントアプローチへの舵を切っている。換言すれば，アメリカでは IFRS のアドプションを行い，アメリカ独自の会計制度を放棄しようとしていたものから，アメリカ独自の会計制度を維持するものへと変化している。推測するに，IFRS の新規作成や修正において，アメリカが発言力を高め国際的基準をアメリカに利用しやすいものにしようとしていたが，アメリカが思う程に影響力が発揮できないため，アメリカ独自の会計制度を維持し，IFRS とは異なる独自の基準を示すことで影響力を発揮しようとしているものと思われる。

　なお，2014 年の JMIS の公開草案の公表にあたり，「2008 年の G20 ワシントン・サミットの首脳宣言における『単一で高品質な国際基準』を策定するという目標にわが国がコミットしていることを改めて国際社会に表明すべきであ

る。」とし,「モニタリング・ボードのメンバー要件として求められている『IFRSの顕著な適用』を実現するために,この要件の審査が行われる2016年末までに,国際的に事業展開をする企業など,300社程度の企業がIFRSを適用する状態になるよう明確な中期目標を立て,その実現に向けてあらゆる対策の検討とともに,積極的に環境を整備すべきである。」と必要性が示され,我が国の国際的な会計基準作成に関する発言力の維持には,300社程度の適用が求められるとの見解を示している。ここでは,国際的協調と同時に我が国の国際的な会計基準作成への影響力をいかに維持するかが問題となっており,BEPS問題等と同様にグローバル化の中で協調と国益のバランスを考慮した動きとなっている。

このように時系列的に我が国のIFRS導入等の議論の変遷を整理すると,ヨーロッパ(IASB)とアメリカの駆け引きに翻弄されている感が否めない。ヨーロッパで作成・適用されているIFRSについて,アメリカがアドプションの方向性を示せば,我が国でも同様の議論を行い,アメリカがコンドースメントアプローチ(アドプションの中止)を示せば,我が国もアドプションを中止し,エンドースメントへと舵を切っている。

Ⅳ 税制における制度導入の経緯と我が国の対応

1 移転価格税制におけるTNMM導入

このようなヨーロッパとアメリカの動向により影響を受けることは,国際租税においても同様であると思われる。ここでは,一例として,移転価格税制におけるTNMM導入を取り上げることとする。

我が国では,2004年度税制改正により移転価格税制における独立企業間価格の算定方法に,TNMMを導入した。2004年度改正前の我が国の独立企業間価格の算定方法は,基本三法(独立価格比準法,再販売価格基準法,原価基準法)と利益分割法のみであったが,アメリカでは利益比準法(CPM),OECDではTNMMが導入されていた。

そして基本三法・利益分割法には,利用上の限界があり,「無形資産が絡んだ関係者取引については,比較対象取引の選定及びデータの入手が困難なこと

から基本三法を適用することは実務上は無理[13]」との指摘や(利益分割法は)「納税者及び課税当局にとって,国外関連者に関する情報へのアクセスが困難[14]」との指摘がある。

　2004年に我が国もTNMMが導入されることになるが,この経緯を簡略に図示したものが図表3である。

図表3　TNMM導入の経緯

	OECD	日本	アメリカ
1994年		(CPM導入に)「OECDの場で,その導入反対に主導的役割を果たしたという事情」(渡辺(2003)72頁)	利益比準法(CPM)導入
1995年	移転価格ガイドラインでTNMMを認める(企業単位等ではなく,取引単位で分析すること等を条件にCPMをTNMMとして認定)	(反対の影響) ↓	
2004年		TNMM導入	

2　TNMM導入と我が国の対応

　我が国へのTNMM導入の背景には,「日本企業の東南アジア諸国への進出は,日本経済の空洞化が問題となる程進んでいる[15]」とされ,「日米取引をみると,米国市場への浸透の深まりとともに,相当レベルの合算営業利益を確保できる日本企業がかなり出てきている[16]」という状況の変化があり,「先進各国では,日本とドイツを除き,TNMMを導入している[17]」という環境も挙げられる。

　このような理由から我が国でもTNMMが導入されたが,移転価格税制に関しても,アメリカとヨーロッパで独立企業間価格の決定方法についての議論(対立)があり,アメリカの動向を配慮しつつ,OECDのメンバーとしてヨーロッパの方法(TNMM)が採用されている。

　なお,TNMM導入に関しては,日本がアメリカのCPMに反対の立場をとったという特徴がある。この点は,IFRS導入等の議論とは異質なものであると思われる。アメリカにおけるCPMの導入の背景には,1980年代アメリカで

は国内産業の空洞化・外資系企業の国内への進出が活発であり，「『営業利益率が低いから移転価格課税する』と外資系企業に迫ったという印象」があったとされる。この外資系企業には日本企業も含まれており，我が国はアメリカの移転価格税制の影響を強く受けていたことからCPMへの反対を行っており，その影響から導入が遅れたというものである。[18]

しかし，アメリカのCPMとヨーロッパ（OECD）のTNMMとの駆け引き，その後の導入において我が国の経済状況の変化を考慮しつつTNMMを導入した経緯にはIFRS導入等の議論との相似性が見出せるものと思われる。

V おわりに

本稿では，IFRS導入等の議論とTNMM導入の経緯の比較を行った。両者を通じ，アメリカとヨーロッパの間の駆け引きと，その狭間で強い影響を受ける我が国の制度的な対応という点では，会計制度と税制に相似性がみられた。

会計制度や税制については，自国の制度の設定に関しても，グローバル化の中で国際的に統一した対応が求められる場面がある。どのような方法に統一化するかという検討において，アメリカの強いリーダシップとこれを規制ないし主導権を握ろうとするヨーロッパという対立がみられ，統一的な方法を採用することができないことも多い。我が国では，アメリカと政治的に強い関連を有するという状況の中で，国益も考慮し各方法の選択を行うが，ヨーロッパと連動した協調等を通じて対処する場合が見受けられる。

近年，大きな問題として取り扱われているBEPS問題も，これまでと同様にアメリカとヨーロッパという対立が生じるものと思われ，抜本的な解決というよりはアメリカもヨーロッパも現状を大きく変更しない（国益を大きく損なわないと思われる）範囲での妥結となる可能性が考えられる。もちろん，BEPS問題への対応は，アメリカとヨーロッパという大きな視点だけでなく，先進諸国の個々の国々の利益という観点や先進諸国以外の利益の確保という観点も考慮すべきであり，政治的な観点からも複雑な問題であり，本稿のように単純化した議論のみですべてを表わすことができる訳ではない。しかし，国際的な観点でBEPS問題の議論を見守り，我が国の対応を検討する際の，重要な視座の一

つとして本稿のような整理を行った。

　なお，本稿では紙幅の問題で取り上げることができなかったが，我が国では，OECD のメンバーとして BEPS 問題に取り組むという方向性と同時に，法人税率の低減により消費税増税後の景気後退への対処をし，さらなる景気の押上を期待している安倍政権の方向性も存在する。いわゆる税率低減と課税ベースの拡大という方策は，所得課税に関する根底的な問題を包含するだけでなく，BEPS 問題に逆行する方針となり，これを国際的にどのように説明するかという点でも大きな問題である。

注
1) EY 税理士法人『BEPS への対応と我が国企業への影響に関する調査』(2014 年) 12 頁
2) OECD ホームページ (2015 年 3 月 13 日アクセス) http://www.oecd.org/tokyo/newsroom/oecd-releases-first-beps-recommendations-to-g20-for-international-approach-to-combat-tax-avoidance-by-multinationals-japanese-version.htm
3) BEPS 問題については，政治マター化した取扱いであるだけでなく，15 のアクションプランが示され，電子商取引，移転価格税制，恒久的施設，相互協議等を多面的に取り扱う点でも特徴がみられるものと思われる。なお，これらのアクションプランや我が国の対応については，居波邦泰「税源浸食と利益移転 (BEPS) に係る我が国の対応に関する考察 (中間報告)」税大ジャーナル第 23 号 (2014 年) 129-177 頁を参照。
4) この点については，「OECD 移転価格ガイドラインは，各国の税務当局や民間の団体からコメントした後に OECD だけで作ってきた歴史がありますが，今回の BEPS プロジェクトは，完全な政治マターと言える」(望月文夫「BEPS の日本企業への影響―移転価格文書化と国別報告書を中心に―」租税研究第 778 号 (2014 年) 255-283 頁) との指摘がある。
5) 国家管轄権については，谷口勢津夫「国際的租税救済論序説」租税法第 42 号 (2014 年) 1-17 頁を参照。
6) 修正国際基準 (Japan's Modified International Standards) とは，ピュアな IFRS との乖離 (カーブアウト) を認めるもので，JMIS では，のれんの償却，IFRS が認めないその他の包括利益のリサイクリングの容認がカーブアウト項目とされている。なお，EU も，当初 (2005 年 1 月)，ヘッジ会計の一部や公正価値オプションをカーブアウトしていた。
7) 本稿脱稿後，2015 年 6 月 30 日に基準として公開されている。
8) 我が国の IFRS の取扱いについては，現在でも任意適用可能という状態であり，強制適用されておらず，これまでも強制適用されたことはない。このため，「導入」という用語を強制適用として考えるのであれば，妥当ではないが，アドプションの議論においては，IFRS をそのまま強制適用する可能性も検討したことを含め，本稿では，「導入等の議論」として表記する。

4 会計制度と税制のグローバル化の中での我が国の対応

9) 自由民主党『国際会計基準への対応についての提言』(2014年) 6頁。
10) 前掲注9, 6頁。
11) 租税理論学会での報告前の時点 (2014年10月時点) の東京証券取引所公表のIFRS任意適用会社数 (適用予定会社数を含む) は37社とされていたが, 執筆時点 (2015年3月中旬時点) では, 67社に増加している (東京証券取引所ホームページ (2015年3月13日アクセス) http://www.tse.or.jp/listing/ifrs/list.html)。
12) IASBには, アメリカもボードメンバーを出しており, ヨーロッパと表記することには若干の語弊があるものと思われる。この点は, 後述のOECDについても同様である。また, EUも多数の国からなり必ずしも統一的な意見の存在ではなく,「ヨーロッパ」の表記が具体的に何を意味するかを示すことは困難な観点もある。しかし, 本稿では, 議論を整理する観点からアメリカに対となる経済的・政治的存在としてヨーロッパを考え, IASBやOECDをアメリカと異なる意見を発信する存在としてヨーロッパとして扱っている。
13) 渡辺裕泰「無形資産が絡んだ取引の移転価格課税」ジュリスト第1248号 (2003年) 72頁。
14) 前掲注13, 73頁。
15) 前掲注13, 75頁。
16) 前掲注13, 77頁。
17) 前掲注13, 78頁。
18) 前掲注13, 73頁。

5　通商的側面から考える消費税・付加価値税
――米公文書からの考察――

岩　本　沙　弓
（大阪経済大学経営学部客員教授）

　海外では付加価値税と呼ばれている日本の消費税だが，付加価値税にしても消費税にしても，日本ではあくまでも各国の国内税制との見方が一般的である。無論，国内税制であるのは当然のことなのではあるが，そうした一般的な認識の他に，付加価値税・消費税には関税としての役割が存在する。そして，実のところこの関税の役割の方が非常に大きいというのではないかという点については特に日本国内ではこれまで着目されてこなかった。こうした付加価値税・消費税の存在について，そして関税としてのこの税制が抱える問題点について，数々の指摘をしているのが連邦国家レベルで付加価値税・消費税を採用していない米国である。本稿は通商的側面から，すなわち関税的側面を持つ付加価値税・消費税の姿を米国の見解を中心に考察するものである。

米中小企業庁，財務省，下院，通商代表部の付加価値税への見解

　各国の採用する付加価値税は関税と同じ役割を果たしているがゆえに，付加価値税を採用していない米国は貿易上の損失を被っている，というのが米国の認識の根幹にある。特にその被害を受けているのは米国の製造業を中心とした中小零細企業であるため，米中小企業庁などは通商的側面から鑑みた上で，付加価値税は不公平税制であるとの指摘を積極的にしている。同庁の関連グループが発表した報告書「50年以上にわたる税制による貿易ルールの差別：いかに中国貿易で影響をうけているか」[1]には下記のような指摘がある。

　「国際取引における国境税の調整は過去40年間にわたって矛盾をきたしてきた。」

　「その矛盾は直接税と間接税の扱いについてGATT（関税及び貿易に関する一

般協定）で違いを設け，それが WTO（世界貿易機関）に引き継がれていることに起因する。」

「GATT/WTO のルールは故意に非対称となっている。すなわち，間接税には調整を許可するが，直接税にはしていない。」

間接税とされている付加価値税・消費税に関して，WTO やその前身である GATT では輸出に対する還付機能を故意に設けてきたために，国境税の調整が過去 40 年以上にわたっておかしくなっている，という指摘である。こと市場取引については公平や透明性，自由競争を掲げる米国としては，それを妨げるような不公平税制を認めるわけにはいかない，というスタンスでもある。

付加価値税・消費税は現在では世界のおよそ 140 の国と地域で採用されている税制である。たとえ各国が採用するこの税制について米国が好ましく思っていなくとも，ある国の税制は国家の主権に関わるがゆえに，他国の採用する付加価値税・消費税について批判をするわけにはいかない。そうしたことは過剰な内政干渉にあたる。そのため米国とて，直接的に貿易相手国に対して付加価値税・消費税の廃止を促したり，あるいは引下げを要求したりするようなことはできない。そこで，上記の米中小企業庁の関連団体の報告書では直接税と間接税の扱いに違いを設けている WTO のそのルールこそ見直しがされるべきであり，そうした修正がされるよう米国がイニシアチブを取って取り組むべきという提案をしている。

米国が他国の付加価値税・消費税について好ましくないとの見解を示した最近の例としては，米財務省が発表した為替報告書の中の日本に関する分析の箇所で確認できる。為替報告書では国際貿易で有利となるような為替操作を米国の貿易相手国がしていないか各国ごとに検証がなされ，米財務省から米議会へ半期に一度の報告が法律で義務化されている。

最新版である 2014 年 10 月の同報告書の中では消費税による日本の実態経済への打撃についてかなり詳しく，深刻な影響を及ぼしたことについての分析をしている。であるからと言って，前述の通り，内政干渉の問題があるがゆえに日本の消費税引下げなど直接的な要求を米国がしているわけではない。例えば，今回の消費税増税 8 ％の際には盛んに消費税増税は国際公約と喧伝された。し

かし，内政干渉がネックとなるため，国際的な場において他国が日本の税制について口出しをすることはない。であるからこそ，消費税が国際公約になることはありえないわけだが，消費税増税8％以降の日本の経済状況をシビアに分析しつつも消費税について直接的な要求をしてこない米国はその辺りについて，よく承知していることが報告書の書き方を通じてもうかがえる。

貿易報告書のより具体的な内容として，2014年4月から8％へ増税された日本の消費税について，大規模な重税負担によって日本経済が縮小したこと，その先の経済状況について不確実性が増加したことを最初に指摘している。数年前までの新興国が世界経済を牽引しているような状況からは一転，昨今のグローバル経済の状況は芳しくない。そうした中で1人気を吐いているような状況にあるのがシェールガス革命と中間層を支援する経済対策によって景気が回復してきた米国である。しかし，米国だけでグローバル経済を支えるのは限界があるため，世界経済のためにも，日本の経済のためにも，日本の経済政策は主に国内需要の増加に取り組むことが不可欠である点に言及している。

内需を活性化させ，国民の購買力を高める必要があるにもかかわらず，消費税をなぜ敢えて増税し，実質賃金を低下させ，消費活動を含めた内需を疲弊させるのかと暗に批判をしていると受け取れる。また性急な財政健全化にも疑問を呈しており，全体的なバランスは慎重に修正していくべきであること。更に，現在進められている異次元の量的緩和についても，それだけで財政強化になり得るわけがなく，持続的な成長と国内需要を高めるため必要な構造改革の代替にもなり得ないと金融政策の限界を述べている。

民間の最終消費と国内の設備投資がGDPの7割から8割近くを占める内需立国の日本の経済において，内需を直接疲弊させる消費税を増税した結果，増税以降の日本のGDPは2期連続のマイナスとなった。2期連続のGDPのマイナスは一般的には景気後退局面に突入したと受け止められる。増税による日本経済の実態を淡々と分析した内容であると同時に，米国の中で付加価値税・消費税が関税との認識があれば貿易上の不利益を被るために懸念をしていると考える方が妥当であり，日本の消費税増税について否定的な見解が貿易報告書に登場してくるのも不思議ではあるまい。

米国の付加価値税への見解

　前身はドイツにあるとされる付加価値税は1954年フランスで本格的にスタートした税制で，欧州各国では60年代から70年代にかけて積極的に採用された経緯がある。当時から米国が問題視していたのは付加価値税に付随する還付制度の存在である。ちなみに，米公文書ではrefund（還付）より，販売奨励金・補助金（rebate）という単語の使用頻度が圧倒的に多い。我が国の場合，平成24年度歳入予算では還付金額は2兆5400億円となっているが，米国からすれば消費税に付随して受け取るのは還付ではなく，それを受け取る企業への補助金であるという認識だ。したがって，以下本稿では還付とはせず，米国のリベートを使用することにする。

　リベートが付加価値税を通じていかに当該企業に渡されており，いかに米国が被害を受けているか，2000年の米下院委員会で取り沙汰されている。

　「A国で製品を作る輸出企業は一般的に，その製品が海外に輸出される際に15％のリベートを受け取る。逆に，全米製造業協会の1万4千会員の80％にあたる輸出をしている企業には，米国から輸出されてもリベートを受け取っていない。その代わり，A国に製品が輸出されるとA国の付加価値税15％が課税されてしまう[2]。」

　付加価値税採用国では輸出へリベートの存在があり，輸入には課税される結果，付加価値税を採用していない米国は輸出・輸入両方で損失を被ることになる。現在，この付加価値税によるリベートに関して，米国が最も問題視しているのはアジアで最高の付加価値税率17％を設定している中国である。米通商代表部（USTR）は毎年「外国貿易障壁報告書」を発表しており，その中では各国の貿易障壁に該当するものの分析をしている。2013年の同報告書では付加価値税は非関税障壁として中国の分析に登場している。

　「中国は第二リン酸アンモニウム肥料（DAP）を除く全てのリン酸肥料について付加価値税の免除をしている。米国が中国へと輸出している製品DAPは，中国で生産されている他のリン酸肥料，特に第一リン酸アンモニウム肥料と競合している。米国政府と米生産者は，中国国内の肥料生産者の便益ため中国が

付加価値税政策を利用していると訴えている。」

「流通ラインで考えた場合，最終製品を組立てる中国企業はその完成品を輸出する際，多額の付加価値税による還付を受けることでメリットを享受している[3)]」

実際の米国の国際貿易における付加価値税・消費税による実損について，前出の中小企業庁は報告書内で3273億9944万3611ドル（2006年，1ドル119円換算で約39兆円）との試算も計上している。米国の省庁あるいは議会を含め，付加価値税・消費税はリベートの存在が問題視され，通商面からすれば非関税障壁の働きをしているとの前提で，実際に不利益を被っているとの認識があることが確認できよう。

金本位制停止と付加価値税

1971年8月15日にニクソン・ショックを境に，外国為替制度はそれまでの金本位制度が停止され，その後は変動相場制が導入されることになった。ドル紙幣の裏付けとして金という実物資産があった金本位制度から実物資産の裏付けが全く存在しないペーパーマネーの時代へと突入したこの事態は，通貨の歴史から鑑みれば，有史以来の大転換を迎えたと言えよう。

米国が金本位制停止を停止するに至った経緯は米公文書館の資料が参考になる。米国の場合，基本的に30年経つと機密文書は一律公開となるため1971年当時の資料は閲覧可能である。そうした資料の中の一部であるが，1970年12月の米国上院金融委員会報告書では金本位制の背景に付加価値税によるリベートの存在が大きく関わっていたことを挙げている。

「米国は1947年当時100億ドルの貿易黒字があり，米国側の交渉担当者の姿勢に影響があったに違いなかった。(中略)しかし，1960年に「直接税」での還付は禁止したまま，その一方で輸出補助金の禁止の一般原則から，いわゆる「間接税」の還付を除外することで引き起こされる結果について，その重大性を認識し損なったことは大いなる失敗であった。その時以来，米国は深刻な国際収支の悪化に陥らざるをえなくなってしまった。[4)]」

すなわち，直接税には認められていない調整を間接税にはリベートとして許

可されたことが米国の国際収支の悪化の大きな要因となったという内容である。米中小企業庁が指摘している間接税と直接税を故意に非対称的に扱うGATT/WTOの歪なルール制定について，既に40年前から米国は疑問を呈していたことがわかる。また，米国の当時の認識として，こうした直接・間接税の扱いの違いがその後の重大な貿易上の問題を誘引することまで考えが及ばなかった点について，忸怩たる思いであったことも確認できよう。

　70年代に入るまで金本位制を採用していた米国の対外収支は60年代を通じて悪化することになる。金本位制を採用しながら対外収支，特に貿易収支が悪化した場合，端的に，米国から保有する公的金が海外へと流れることになる。具体的な数値として，米国は1960年代までは約2万トンの公的金を保有していたが，60年にGATTで直接税での調整は認めないまま，例外的に間接税での調整を認めたその時期を境にして米国の金は海外へと大量に流出するようになった。70年までのおよそ10年の間に米国の公的金は1万トンにまで減少しているのが確認できる[5]。その最大の流出先はGATTに間接税での調整の例外規定を持ちかけたフランスであり，1968年に付加価値税を導入したドイツが続いている。

　フランス，ドイツの貿易が好調になった背景には，もちろん欧州各国の戦後の復興もあるが，付加価値税によるリベートの存在により自国企業への輸出優遇策が功を奏した面を見逃すことはできまい。リベートを受け取った欧州企業はその優位性から対米輸出を伸ばすことになり，米国からの輸入については欧州内の付加価値税がそのまま輸入品引上げの関税の役割を果たすことになる。結果，米国の貿易収支が悪化し，米国から多額の金の流出を促す。このまま金本位制を継続するなら米国の保有する金は枯渇するというプレッシャーから金本制度を停止した，というのが事の顛末ということになる。こうした流れについては金本位制度停止を米国内で画策した中心人物であるThomas W. Wolfe[6]の金本位制度停止に関する一連の公文書からも確認できる。斯様に，米国からの金流出を招いた大きな要因として付加価値税に伴うリベートの存在があり，付加価値税が関税である以上，通商面で大きな影響を及ぼし，通貨制度の変更までをも余儀なくさせる力を秘めていると言えよう。

米企業課税特別委員会の結論

　付加価値税による貿易面のデメリットを十二分に認識していた当時の米国では，それを打開するために米国も貿易相手国と同じように付加価値税を導入するべきではないかといった議論もあった。米国が付加価値税を採用すべきか否か，それ以降40年の米国の付加価値税の考え方について，その方向を決定付ける重要な結論が出されたのが，1969年12月の企業課税特別委員会による第1回目の大統領への報告であった。「付加価値税」と題されたその報告書では，米国が付加価値税を採用する必要はない，と結論づけられ，次のような指摘をしている。

　「政府の税収増を見込むのであれば，法人税や所得税の引上げが有効で，その代替に付加価値税はなり得ない。」

　「消費税は通常，輸出製品へのリベートであり，輸入品に課せられた相殺関税に相当する。」

　「この税金は，もちろん，輸出品にリベートを渡し輸入品に課税するものである[7]。」

　付加価値税の抱える最大の問題点として，リベートその存在が特定企業への優遇策となる点を挙げており，公平な税制度のためには付加価値税を採用する必要はないとしている。また，還付が還付ではなく，輸出企業へのリベートとなるカラクリについて，付加価値税の理論上，完璧な転嫁はありえても実体経済ではその通りにはならない問題を掲げている。すなわち，生産から消費までの流通の全ての段階で付加価値税は転嫁されることがこの税制の建前とされているが，実体経済ではどの段階においても100％完璧転嫁が実施されることは不可能との見解となっている。

　「この税はもちろん輸出に還付金が渡され，輸入に課税がされるものである。付加価値税は（最終的には）消費者に転嫁されると思われており，徐々に転嫁されていくものだろうと一般的には考えられている。しかし，転嫁は過程のいずれの段階でも適宜行われていないし，いかなる場合においても，たとえ税額が本体価格と別々に表示されていても，転嫁は適宜されていない。付加価値税

は誰もが原価の一部をなすものと見なしており、だからこそ請求された価格には反映されているはずと思っている。しかし、ある製品について需要と供給の価格弾力性に依存している中で、その代替が存在する中で、競争原理が働けば、(中略) 生産者が税前価格を引き下げることによって (付加価値税は) ある程度が価格に吸収されてしまう[8]。」

自由経済では常に値切りの圧力がかかる結果、付加価値税・消費税は実際の経済取引の中では価格に埋もれてしまう。である以上、輸出企業は自身の支払った付加価値税・消費税を仕向地課税の原則に則り還付してもらっているだけと主張するが、実質的には付加価値税・消費税を払っていることにはなり得ない。つまり、実際には完璧な転嫁ができないにもかかわらず、転嫁を前提として輸出企業が還付を受け取るなら、それは還付ではなく、リベートに過ぎないというのが米財務省の言い分である。

付加価値税引上げ、法人税引下げなら報復

付加価値税・消費税は輸出企業への優遇策であるという前提に立つ米国をこれまで紹介してきたが、こうした認識がある以上、消費税の導入以来、消費税を引き上げ、法人税を引き下げてきた日本と、不公平税制であるとして付加価値税の採用を見送り続けている米国の間の通商交渉に暗い影を落としてきたことは否めない。その証左として、米財務省の内部文書に報復措置も辞さないと記載されたものがある。

「1968年にフランス政府は4.25％の給与税を廃止し、財源が不足した分の埋め合わせとして付加価値税を引き上げた。(中略) フランスの取った行動は輸出品へ補助金を与え輸入品の関税を引き上げるに相当するものだ。そうした行動はただちに我々サイドから輸入品課税で相殺して対抗すべきである。(中略) もし他国が付加価値税や他の還付金付きの間接税によって法人税の一部、あるいは全部を置き換えるようなことをすれば、これもまた報復が求められる[9]。」

米国からすれば、仏企業が納めていた給与税をフランス政府が廃止し、その代替として付加価値税の引上げをするなら、付加価値税の調整でこれまで以上に仏輸出企業へのリベート額が増すことになり、米国からフランスへと輸入さ

れた商品に対しては課税されることになる。そうした行動に対しては，相殺措置を米国側からするべきだと主張している。そして，日本では消費税を引き上げ，法人税を引き下げるというのが，消費税の25年余りの歴史であり，米国からすれば報復対象となる。今回の増税，あるいは2017年10％の引上げが予定通り実施となれば，米国からの報復措置が今後強化されることも予想できよう。

過去，日本はいかなる報復を米国から受けてきたのかについて，消費税の歴史と日米通商交渉の歴史を時系列で並べてみると，1989年，竹下内閣で消費税導入となった同時期，日米通商交渉は日米構造協議という激変に見舞われる。89年以前は牛肉・オレンジ・車などあくまでも個別の物品交渉だったものが，この構造協議を境にして日本の構造そのものが米国にとって不利益であるがゆえに構造自体，社会基盤から全ての変革をというような，極めて過酷な要求に変わった。

その日米構造協議の最も代表的なものに年次改革要望書がある。毎年11月に米国側から対日要求が突きつけられてきたが，例えば2000年に改正になった大店法もこの年次改革要望書に書かれており，郵貯・簡保への圧力も全て，年次改革要望書に書かれてあったものだ。日本側が米国からの要求を丸飲みせざるを得なかったとの認識が一般的だが，そうした過酷な要求を突きつけられる年次改革要望書のスタートは94年の11月である。消費税の歴史に重ねると，村山内閣が3％から5％へ増税する税制改革関連法案を成立させた時期に丁度あたる。

その年次改革要望書は2009年の後半，突如として廃止になった。廃止になったかその理由も経緯も専門家に問い合わせてもよくわからないという状況であるが，2009年は民主党の鳩山政権が発足し，少なくとも4年間は消費税を触らないと言明していた。

年次改革要望書は廃止となったが，翌2010年には日米経済調和対話という新しい日米間の通商交渉が開始した。その内容は年次改革要望書とほぼ一緒であり，すなわちTPPの内容ともほぼ一緒となっている。2010年と言えば菅政権が発足し，突如として自民党の消費税増税10%案を踏襲すると言い始めた

時期でもある。

　こうした経緯から言えることは，消費税を導入，増税法案を通す，あるいは実際に増税すると，それにタイミングを合わせるように過酷な通商交渉，要求を米国側が必ず突きつけてくるということだ。これは特段，突飛なことではなく，かつて欧州各国と，現在は中国と付加価値税に伴うリベートの扱いについて熾烈な通商交渉をしてきた経緯を鑑みれば，こうした対日要求が消費税絡みのタイミングで出て来るのも当然と言えよう。米国に消費税は関税と同じ役割を果たしているという発想がある以上，日本が関税を引き上げて自国企業の優遇策を取るなら，それを相殺するような通商交渉，あるいは要求を求めると，米公文書に言明していたことを実践しているだけとも言える。

　例えば，現在日本国内では TPP への反対に代表されるように，対日要求はひたすら米国の横暴であるとする声が多い。日本国全体を米国から見れば，自分たちは消費税を増税して自国の輸出企業を優遇しているのにもかかわらず，そこの部分にはまったく触れないまま，通商交渉の面だけその要求を取り下げろと言われても，米国側としても妥協しようにもできるわけがない。日本側も消費税による自国企業の優遇策をやめる代わりに，通商での要求について緩和を促すのであれば，交渉余地は広がることとなろう。

ベンチャー企業，中小零細企業の保護

　米国が付加価値税・消費税を採用しない理由として，輸出企業への優遇策となる不公平税制とするほかに，いくつか特筆すべきものがある。付加価値税・消費税は赤字の企業でも黒字の企業での売り上げがあれば必ず税金を納めなければいけない。であるがゆえに，実質的には事業税といった指摘を米財務省はしている。法人税が既にあるにもかかわらず更に事業税を課すことは，中小零細企業，あるいはベンチャー企業を疲弊させることになり，国内経済活性化の側面から考えても付加価値税の導入の必要なしとの見解も見受けられる。

　ベンチャー企業投資額[10]を国ごとに見た場合，付加価値税・消費税がない米国は 266 億 5240 万ドル（2012 年）と突出している。2 位は日本の 15 億 5360 万ドル（2011 年），3 位はカナダの 14 億 600 万ドル（2011 年）であり，両国とも消

費税・付加価値税が各国比で見れば相対的に低率の5％である。付加価値税を採用していない米国でベンチャー企業が圧倒的に隆盛し，税率の低い日本・カナダが後に続くのは実質事業税が低いために，新規事業の立ち上げやすさに繋がっていると考えられよう。

ちなみにカナダで付加価値税（GST）は現状5％であるが，導入時点の1991年で7％だったものが，それが6％，5％へと段階的に引き下げられてきた。その背景には米国との通商交渉との絡みにおいてという部分が非常に大きく影響していることがある。[11]

大企業に労働や資本など全て集約することが経済効率的に非常によろしいという考え方がある一方で，本当に経済効率がいいのかどうかという点について70年代の米公文書では，本質的な社会全体，経済の安定のためには大企業，中小零細企業，自営業者，小規模の農家など，さまざまな業態が社会の中にある，業種の多様性こそが非常で重要であるとしている。

「法人税の一部（あるいは全部）の代替として付加価値税・消費税が資力の有効利用になるとする主張は，法人をより優先するだけでなく，農業や小売業のような自営業者を少数派に追いやることを暗にほのめかしている。農業や自営業の従事者の減少というのは長らく国民所得の増加を助けるものと考えられてきた。（中略）ところが米国の場合，こうした（法人優先，自営業劣勢にする）移行を税制度の変更によって加速させる必要などあるのか，と疑問が投げかけられるのは当然である。利幅は薄くても農業や他の自営業は，企業で働くという環境に馴染まない（その理由はいくらでもある）人たちの重要な受け皿を提供しているのだ。」[12]

社会の受け皿としての中小零細企業，あるいは農家を含む，小規模事業者の存在を挙げているのは大変興味深いところである。そして，付加価値税の採用の必要なしと結論づけた約40年前に，特定企業の優遇策は採用すべきでないこと，大企業，輸出企業が優先となる税制に米財務省自身が疑問を投げかけている点は，消費税増税ありきで進む我が国の政策を再考する際の大きな指針となろう。

日本では消費税の増税とセットとなって法人税が引き下げられる結果，消費

税の税収は法人税の穴埋めに使われているような事態になっている。法人税については国際課税の最新の動きとしてOECDを中心とした「税源浸食と利益移転に関するアクションプラン」がスタートしている。法人税収が全く上がらないのは今や先進各国共通の問題である。いわゆるグローバル企業がタックス・ヘイブンなどを利用して租税回避を行う結果，税収が落ち込んでいるというのが実情である。脱税と節税の間のグレーゾーンである避税を利用した節税対策について，タックス・ヘイブンの規制も含め，その枠を国際協調の中で決め，世界で統一した法人税の税制を目指している。

人・モノ・金が一瞬で国境を越えていくグローバル経済下において，税制だけ国境を設けてコントロールしようとするには限界がある。そういう意味では，現行の日本の法人税にしても消費税にしても，世界経済がグローバル化する以前の古い税制と言わざるを得ない。税制の近代化を進めることが可及的速やかに求められている国際課税の潮流の中で日本の税制についても根本的かつ抜本的な改革が必要であり，そうした状況下においてはあらためて消費税の持つ関税的側面について注視し改善していく必要があると考える。

注
1) "More than 50 Years of Trade Rule Discrimination on Taxation: How Trade with China is Affected" Trade Lawyers Advisory Group, 2007 Aug.
2) http://www.gpo.gov/fdsys/pkg/CHRG-106hhrg71879/html/CHRG-106hhrg71879.htm (Statement of James E. Rose, Jr., Senior Vice President, Taxes and Government Affairs, Tupperware Corporation, Orlando, Florida; and Board Member and Chairman, Tax and Budget Policy Committee, National Association of Manufacturers).
3) 2013 National Trade Estimate Report on FOREIGN TRADE BARRIERS United States Trade Representative.
4) "The United States and 〔原文ママ，hadのタイプミス〕a$10 billion trade surplus in 1947 which must have had an effect on our negotiators' attitudes. (中略) But the failure to appreciate the consequences of excluding the so-called "indirect tax" rebates in 1960 from the general prohibition against export subsidies while including a specific prohibition against rebating "direct taxes", was a major blunder. The United States by that time had run into serious balance of payments difficulties." Staff Analysis of Certain Issues Raised by the General Agreement on Tariffs and Trade, 91st Congress, 2d Session (December 19, 1970). United States Senate Finance

Committee On Finance.
5) 「アメリカは日本の消費税を許さない」(文春新書) 2014年, 第3章 バブル。
6) ケネディ, ジョンソン, ニクソン政権下での財務省の高官。2012年11月に93歳で亡くなった際の米主要紙ボストングローブ紙には「Wolfe氏は米国の通貨政策において金本位制の排除計画を立て実行した」と紹介。
7) FIRST REPORT TO THE PRESIDENT by the TASK FORCE ON BUSINESS TAXATION THE VALUE-ADDED TAX December 1, 1969.
8) FIRST REPORT TO THE PRESIDENT by the TASK FORCE ON BUSINESS TAXATION THE VALUE-ADDED TAX December 1, 1969.
9) In November 1968 the French Government repealed the 4.25 percent tax on payrolls and increased the value added tax to compensate for the loss of revenue from the first action. (中略) the action taken by the French is the equivalent of giving a subsidy to exports plus raising the tariff on imports. Such actions should be countered immediately on our part by compensating import levies. (中略) retaliation also is called for if a country replaces part or all of its corporate income by a value added or any other rebatable indirect tax.
10) Table 6.1 Venture capital investments, Entrepreneurship at a Glance 2013-©OECD 2013.
11) 前掲注5, 第5章 規制緩和。
12) The claim that substitution of the value added tax for part (or all) of the corporate income tax will lead to more efficient use of our resources infers not only that corporate business will become more concentrated but there will be fewer farmers and self-employed in such occupations as retailing. Declines in the portions of the population engaged in such occupations have long been considered as an aid to the growth in national income. (中略) In the case of the United Sates, however, one may well question as to whether there is any need to speed up this process by a tax change. Marginal agricultural operation and other self employment pursuits provide an important outlet for those ill prepared (for any number of reasons) to fit into the corporate working milieu.

6 BEPSと国際課税原則
—— ハイブリッド・ミスマッチ・アレンジメントを中心に ——

鶴 田 廣 巳
（関西大学商学部教授）

I　BEPS問題の焦点化

1　BEPSプロジェクトとその背景

　近年，多国籍企業の国境を跨ぐアグレッシブ・タックス・プランニングによって各国は極端な税収の喪失に見舞われる事態に直面するようになり，その対応に迫られることとなった。たとえば，アメリカ議会上院国土安全保障・政府問題委員会では，2012年9月および翌13年5月にそれぞれMicrosoftとHewlett-Packard, Appleを招致し，オフショアへの利益移転をめぐって公聴会が開催された。また同じ時期，12年11月にはイギリス議会でもStarbucks, Amazon, Googleの3社を招致して「多国籍企業による租税回避」をテーマに公聴会が開催された。[1] アメリカを代表する多国籍企業の国際的な利益移転による租税回避行為が明るみに出され，世界のどの国・地域においても課税の大部分を免れているという国際的二重非課税の実態が告発されるに至ったのである。

　OECD租税委員会議長の浅川雅嗣が税制調査会において指摘したとおり，多国籍企業による租税回避に対して国際的な批判が高まった背景には，リーマンショックの後，各国の財政状況が著しく悪化する一方，所得格差の拡大などの要因も重なるなかで，多国籍企業が納付すべき税を適正に支払っていないのではないかとの疑念が高まってきたことに対し各国ともこれを政治的に看過できなくなったことがある。[2] 同時に，経済のグローバル化の下で進行する国境を越えた電子商取引の広がりやハイブリッド・ミスマッチ・アレンジメントの操作，あるいは国際的な事業再編などにおける無形資産の一括移転を利用した所得移転のスキームの活用など，さまざまなタックス・スキームが開発されて多国籍

企業の財務戦略のなかに組み込まれており，現行の国際課税ルールがそうしたスキームに追いついていない現実がある。その結果，「源泉地国でも居住地国でも十分に課税されない『二重非課税』の問題や，本来課税されるべき経済活動が行われている国で所得計上されない問題が顕在化」してきたことも，国際的な租税回避スキームに対抗しうる新たな国際課税ルールを確立する必要性を国際社会に痛感させるきっかけとなったのである[3]。OECD 租税委員会において，「税源浸食と利益移転（Base Erosion and Profit Shifting, BEPS）プロジェクト」が開始されたのは，こうしたことが背景にある。

　BEPS プロジェクトへの取り組みが始まったのは 2012 年 6 月であるが，そのきっかけとなったのは，OECD 租税委員会の本会合において BEPS が法人税収の著しい喪失を招いているとの問題提起がアメリカからなされたことであった。同じ月，メキシコ・ロスカボスで開かれた G20 サミットの「首脳宣言」は「税源浸食と利益移転を防止する必要性を再確認し，この分野において OECD が継続中の作業を注意深く見守る」と宣言し，BEPS に対する政治的支持を表明した。G20 での支持を受けて OECD の作業は加速され，それからわずか半年後の 2013 年 2 月，「税源浸食と利益移転への対応」と題する報告書が公表された[4]。報告書は，同月の G20 財務大臣・中央銀行総裁会議（ロシア・モスクワ）で直ちに取り上げられ，共同声明において「我々は税源浸食と利益移転に対処するための手法を策定し，必要な共同行動をとることを決意しており，OECD が 7 月に我々に示す包括的な行動計画に期待する」との表明がなされた。報告書はまた，2013 年 6 月の G8 サミット（北アイルランド・ロックアーン）でも議題のひとつとして取り上げられ，報告書の内容への積極的な支持が表明されるなど，BEPS は OECD と G8，G20 が一体となって推進されていることが特徴である。2013 年 7 月には，「BEPS 行動計画」に関する報告書も公表され，15 項目にわたる行動計画が明らかにされた[5]。2014 年 9 月には，そのうちの 7 項目についてそれぞれ詳細な成果文書が公表され，残りの部分については 2015 年 9 月および 12 月に公表される予定となっている。

2 国際的租税回避に対する課税の枠組みとその限界

　BEPSとは何か。その定義についてOECDは必ずしも明確な形では示していないが，さきの2013年2月の報告書は第1章の冒頭で「課税上より有利な取り扱いが受けられる立地場所に利潤を移転させることを目的とする〔タックス・〕プランニングにより課税ベースが浸食され，そのため政府が多額の法人税収を失っているとの認識が広がっている[6]」と指摘しており，とりあえずこれをBEPSの定義とみなすことができるであろう。課税ベースの浸食は各国の国内税制においてもみられる現象であるが，BEPSが問題としているのは利潤が国境を越えて移転されることにより引き起こされるケースであり，とりわけ多国籍企業の租税回避戦略による税源の喪失が問題視されている。だが，BEPSは租税収入に重大なリスクを及ぼすだけではない。それは各国の租税高権を脅かすとともに税負担の他者への転嫁を通じて租税の公正性や効率性を侵害する結果となるのである[7]。

　BEPSが発生する原因には，大きく分けて2つの要因がある[8]。ひとつは，国際課税のための国内の課税ルールおよび国際的な共通原則が，グローバル化やデジタル化によってもたらされた国際経済環境の大きな変化に対応できていないことである[9]。そのことは，たとえば無形資産やリスク，機能などを低課税の国・地域に移転させることによる移転価格問題やインターネットを利用する電子商取引に対する国際課税問題が深刻化していることに表れている。もうひとつは，各国の国際課税ルールの不整合とその相互作用である。全世界所得課税方式を採用する国もあれば，領土主義課税方式をとる国もあり，いずれの方式も純粋な形ではなく，同じ方式をとる場合にも同じ制度は2つと存在しない[10]。また，ハイブリッド・エンティティやハイブリッド金融商品，デリバティブや導管会社（conduit company）などに対する各国間での課税上の取扱いの相違も，BEPSを生じさせる要因となる。

　多国籍企業は，国際課税ルールや各国税制の相違や隙間を最大限に活用して利潤の世界的規模での最大化を図っているが，注意すべきはそうした多国籍企業のタックス・プランニングは，各国の課税ルールや課税原則の相違を慎重かつ計画的に利用する「技術的に合法的」なものであり，それにより各国の法人

課税の課税ベースは意図せざる浸食を受ける結果となることである[11]。

　ところで，BEPS を目的とするストラクチュアは多様なスキームの組み合わせから構成されるが，それは基本的には4つの要素からなっている[12]。すなわち，①利潤を移転させる取引ストラクチュアの構築，ないし支払者段階での控除額の最大化による利潤の縮小を通じた源泉地国での課税の極小化，②源泉徴収税が低率ないし非課税の源泉地の選択，③企業グループ内での取決めにより非周期的利潤を得る資格を与えられた受領者の段階での低率課税ないし非課税（低税率の法的管轄，優遇税制，ないしハイブリッド・ミスマッチ・アレンジメントを通じて達成可能），④低課税後の利潤（上記の3つのステップにより達成）に対する最終親会社の段階での課税の繰延べ（no current taxation）である。

　OECD はこれまで長期にわたり，①租税に係る透明性の確保，②モデル租税条約の作成と改訂，③移転価格ガイドラインの作成，④アグレッシブ・タックス・プランニングに対する対応，⑤有害な税制に対する取り組み，⑥租税政策の分析と租税統計の整備，⑦税務行政の国際的連携，⑧課税と経済成長の調和など多くの分野で国際間の対話と協力を追求してきた。しかし，国際経済環境が大きく変化した今日，BEPS の問題に対処するには「総合的なアプローチ（holistic approach）」が必要であると，OECD は強調する[13]。その際，各国がBEPS 問題に取り組む場合に同一の手段を利用するわけではないことから，どのような解決策を実行するにせよ国際間の「協調（co-ordination）」が鍵になることは明らかである。こうした考え方に基づいて打ち出されたのが，「BEPS 行動計画」である。

II　BEPS 行動計画の下での改革提案とその評価

1　BEPS 行動計画の概要

　「BEPS 行動計画」は，「BEPS 問題に協調的かつ包括的に対処する[14]」ための基本指針を定めたものである。そこでは，行動計画を策定するにあたっての基本的考え方として，4点が強調されている[15]。すなわち，① BEPS を効果的に防止するためには，「現行のメカニズムの抜本的な変更や新しいコンセンサスに基づくアプローチ」が必要である，②新しい国際基準は国際的レベルにおける

法人所得課税の一貫性を確保するように設計されなければならない，③国際的基準はビジネス・モデルの変化や技術的発展に立ち遅れてきたため，そうした基準の意図した効果や便益を回復するには課税とその背後の実体とを再調整することが必要である，④BEPSに対抗するために実行される行動が成功するためには，透明性のいっそうの確保が不可欠であり，また事業に対して確実性と予見可能性を保障することが必要である，というものである．

これに基づき15項目にわたる行動計画が具体化されたが，それは以下のとおりである[16]．

行動1　デジタル経済が突きつける課税上の課題に取り組む

行動2　ハイブリッド・ミスマッチ・アレンジメントの効果を無効化（neutralise）する

行動3　CFCルールを強化する

行動4　利子の損金算入やその他の金融取引の支払いを通じた課税ベースの浸食を制限する

行動5　透明性や実質性を考慮に入れつつ有害な租税慣行に対しより効果的に対抗する

行動6　租税条約の濫用を防止する

行動7　PE認定の人為的回避を防止する

行動8，9，10　移転価格の結果が価値の創造と一致するよう保障する（うち行動8は無形資産，行動9はリスクと資本，行動10はその他のハイリスクの取引についてのルール）

行動11　BEPSとそれに対処する行動に関するデータを収集し，分析するための方法を確立する．

行動12　アグレッシブ・タックス・プランニングの取決めについて納税者に開示することを要求する

行動13　移転価格の文書化について再検討する

行動14　紛争解決のメカニズムをより効果的にする

行動15　多国間協定（multilateral instrument）を開発する

なお，これらの行動計画は，それぞれの課題の性格ごとに5つのカテゴリー

に区分されている。すなわち，(1) BEPSはデジタル経済と係わる懸念事項である（行動1），(2)法人所得課税の国際的レベルでの一貫性を確保する（行動2〜5），(3)国際基準の効果と便益を最大限に回復する（行動6〜10），(4)確実性と予見可能性を促進しつつ，透明性を確保する（行動11〜14），(5)政策の合意を課税ルールに結実させ，各措置の迅速な実行を図る（行動15）が，それである。BEPSはさまざまな課税措置の相互作用や課税ルールの隙間を利用して組み立てられた複雑なスキームを構築することにより可能となるため，それに対抗する政策も15分野にまたがる総合的，包括的なものにならざるを得ないのである[17]。

こうした計画に従い，2014年9月には行動1，行動2，行動6，行動13について，また行動5，行動8，行動15についてはその一部について，勧告案が公表された。残りの行動計画についても，2015年9月ないし12月末をめどにすべてが出そろう予定である。

2　ハイブリッド・ミスマッチ・アレンジメント勧告案とその意義
1）概　要

BEPSに対処するための行動計画は，OECDが強調するとおり，総合的かつ包括的なプロジェクトであるため，ここでその全体像を検討することは不可能である。本稿ではBEPSを可能にするタックス・スキームの重要な手段となっているハイブリッド・ミスマッチ・アレンジメントに係る勧告案に限定して検討することにしたい。

「行動2」に関する報告書[18]（以下，「行動2」報告書）は大きく分けて，①国際的な二重非課税（長期の課税繰延べを含む）の効果を無効化するための国内法のルールの改正に係る提言，および②ハイブリッド・アレンジメントを利用した租税条約の特典の濫用を防止し，国内法の改正とOECDモデル租税条約の各規定との相互関係に対処するための提言の2つの部分から構成されている[19]。「行動2」はCFCルールを取り扱う「行動3」，利子の損金算入を利用するスキームに対処する「行動4」，租税条約の濫用を防止するための「行動6」，さらには濫用的なタックス・プランニングの情報開示を求める「行動12」などと

とりわけ密接に関連しており，今後，コメンタリーの発表を含めてさらに検討が進められる予定である。

ところで，ハイブリッド・ミスマッチ・アレンジメントの定義について，「行動2」報告書では「2つ以上の租税法域の下でエンティティや商品（instrument）の課税上の取り扱いの違いを利用して課税結果のミスマッチをもたらす取決めであり，そのミスマッチによりアレンジメントの関係者の税負担総額が引き下げられる効果を持つ」[20]ものとしている。このスキームには，ハイブリッド・エンティティを利用するものとハイブリッド商品を利用するものの2種類がある。

ハイブリッド・ミスマッチ・アレンジメントが問題なのは，①それが国際的な二重非課税を可能にし，各国において税収減をもたらすことであるが，問題はそれだけにとどまらない。それ以外にも，②このスキームを利用できる国際的な企業とその機会を持たない中小企業との間での競争上の格差を生む，③そうした競争の阻害が資本輸出中立性や資本輸入中立性を侵害し，経済効率を低下させる，④本スキームを利用する企業の実効税負担が低いことに一般大衆は気づいておらず，また気づいたとしてもその理由を十分に理解できないなど，制度が透明性を欠く，⑤本スキームを利用するのが労働側ではなく資本側であるため税制が不公正だと認識されるようになり，税制の公正さに対する国民の信頼を損ねる，などの問題が生ずる[21]。

アレンジメントによる課税上の取扱いのミスマッチは，すべてクロス・ボーダーでの何らかの貨幣の支払い（payment）に係わって生じる。それには基本的に2つのタイプがある。① deduction/no inclusion（D/NI）型，② double deduction（DD）型がそれである[22]。D/NI型とは，一方の法域において損金算入を認められた支払金が他方の法域においても所得に算入されない結果，二重非課税となるものである。またDD型は，一方の法域で損金算入を認められた支払金が，他方の法域でも損金に算入されるため二重非課税となるものである。なお，2つの法域の間で生ずるハイブリッド・ミスマッチの効果が第3の法域に輸入される（imported）場合があり（輸入ミスマッチ・アレンジメント），間接的なD/NI（indirect deduction/no inclusion）型とされている。

図表1　ハイブリッド・ミスマッチ・アレンジメントに係る勧告の概要

ミスマッチ	アレンジメント	国内法の改正に係る特別勧告	ハイブリッド・ミスマッチ・ルールの勧告		
			対応策	防御的対応	対象範囲
D/NI	ハイブリッド金融商品	控除対象支払いに対する配当免税の否認 源泉徴収税の税額控除の一定比率への制限	支払者に対し控除を否認	通常所得に算入	関係者および仕組みアレンジメントに限定
D/NI	ハイブリッドによる無視される支払い		支払者に対し控除を否認	通常所得に算入	支配グループおよび仕組みアレンジメント
D/NI	リバース・ハイブリッドへの支払い	オフショア投資制度の改正 非居住投資家が当該エンティティを不透明だとする場合、中間エンティティの課税上の透明性を制限する	支払者に対し控除を否認	—	支配グループおよび仕組みアレンジメント
DD	ハイブリッドによる控除対象支払い		親会社の控除を否認	支払者に対し控除を否認	対応策には一切の制限なし 支配グループおよび仕組みアレンジメントには防御的ルールを適用
DD	二重居住者による控除対象支払い		居住者に対し控除を否認	—	対応策には一切の制限なし
間接的 D/NI	輸入ミスマッチ・アレンジメント		支払者に対し控除を否認	—	支配グループおよび仕組みアレンジメントのメンバーに限定

(出所) OECD (2014), *Neutralising the Effects of Hybrid Mismatch Arrangements*, p. 17.

以下では，ミスマッチのタイプ別にその効果を無効化するための勧告案の内容について検討する。勧告案のうち，まず国内法の改正に向けては，いくつかの一般的勧告とハイブリッド・ミスマッチ・ルールのための特別の勧告が行われている。後者はいわゆる「リンキング・ルール（linking rule）」としてハイブリッド・アレンジメントによる二重非課税を解消する一方，二重課税を回避するために第一次対応（primary response）を行うものとし，一方の法域で第一次対応が行われない場合に他方の法域で防御ルール（defensive rule）を適用するものとされている。

勧告の概要をあらかじめ示しておけば，図表1のとおりである。

2）　D/NI型のミスマッチ・アレンジメントとその対応

まず，D/NI型であるが，これについては①ハイブリッド金融商品，②金融商品の課税取扱いに関する特定のケース，③無視されるハイブリッド事業体による支払い，④リバース・ハイブリッドのケースなどについて勧告がなされている。[23]

①のケースでは，2種類の金融商品が取り上げられている。ひとつは，B社（B国居住のエンティティ）がA社（A国居住のエンティティ）にハイブリッド金融商品を発行する場合である。B国ではそれはdebtとみなされ，その支払利子は損金算入が認められる。他方，A国ではその受取利子に対し非課税ないし何らかの課税軽減（免税〔exemption〕，所得控除〔exclusion〕，間接税額控除など）が行われる。そのもっとも一般的な例は，発行者側ではdebtとして，引受側ではequityとして取り扱われるハイブリッド金融商品のケースである。

もうひとつはハイブリッド譲渡であるが，そのもっとも一般的な取引は国境を跨いで行われる買戻し条件付き債券取引（いわゆるレポ取引）のケースである。一方の法域が取引の形式（資産の売却と買戻し）を重視するのに対し，他方の法域はその経済的実質（資産担保付きの貸付）に着目することから，課税のミスマッチが生ずるのである。「行動2」報告書は，次のような仮説例で説明している。

A国のA社が，B国に所有する子会社B sub 社の株式を将来の一定時点で買い戻すことを条件にB国のB社に対し売却する。売却から買戻しまでの間に，

B sub 社はB社に配当を行う。A社が負担するレポ取引のネットのコスト（B sub 社のB社への配当を含む）は金融取引の費用として控除が認められる。B国側では，B社の受取配当に対し，税額控除，所得控除，免税，その他何らかの課税軽減措置を認める。B社はB sub 社株をA社に譲渡するが，それは株式の売却とみなされ，資本参加免税の下での処分利得ないしキャピタル・ゲインの課税除外による利得として課税を免除される。かくして，レポ取引の下で行われた支払いについてA社は費用として控除を認められる一方，B社もまた受領した所得に対し課税を免除されるのである。

こうした課税のミスマッチに対して勧告案は，支払側の国が損金算入を否認することを第一次対応とし，そうした対応がとられない場合に受領者側の国が防御ルールとして通常所得に算入するよう提言している。こうした無効化措置が適用される範囲は，ハイブリッド金融商品の取引が関連者間で行われるか，対象企業がその関係者となっている仕組み取決めの下で支払いが行われる場合とされている。要するに，関連する企業グループ間での取引，ないし企業グループが仕組み取決めに係わっている場合についてのみ，課税ミスマッチの是正の対象となるのである。適用範囲については，次の③，④の場合，あるいは以下にふれるDD型や輸入ミスマッチの場合も，基本的に同様である。

②は，さきの debt/equity に係るハイブリッド商品の下で支払われる配当（利子）について，受領者側の国が受取配当免税制度（dividend exemption）を採用している場合，国際的二重非課税を回避するために，支払側で損金算入された配当に対し免税を認めないようにすべきこと，また，レポ取引によるハイブリッド譲渡の際に税額控除が重複しないように，源泉徴収税に対する外国税額控除を制限するべきだとの勧告を行うものである。

③は，ハイブリッド・エンティティを介在させた二重非課税のケースである。仮説例は次のとおりである。A社（A国所在）が完全子会社B社（B国）を所有しているが，B社はハイブリッド・エンティティであるためA国の課税上は無視される事業体である。B社がA社から借入れを行い，A社に利子を支払うが，A国ではB社は無視される事業体のためA・B両社間での借入れと利子支払いはA国の課税上は無視され，A社は受取利子を認識しない。B社はその子会社

B sub1 社と課税上，連結することによりB sub1 社にB社の支払利子との損益通算を可能にする。

　最後に，④はハイブリッド商品とハイブリッド・エンティティを組み合わせたスキームであり，リバース・ハイブリッドと呼ばれている。仮説例では3か国が関係する。A国（投資国）のA社がB国（設立国）で設立された完全子会社B社を所有している。B社はA国では課税上，独立した課税対象の事業体とみなされるが，B国では透明な事業体として扱われる。C国（支払国）の企業であるC社がB社から借入れを行い，B社に利子を支払う。その支払利子はC国で控除の対象になるため，投資国であるA国，ないし設立国であるB国のいずれかで対応する受取利子が所得に算入されない場合，リバース・ハイブリッドはD/NI 型の課税結果をもたらす。

　以上，②③④のいずれの場合も，課税のミスマッチに対する改正勧告は，基本的に①のケースと類似の提言が行われている。ただし，リバース・ハイブリッドの場合には，防御ルールが存在しないが，それは投資国の側がオフショア投資ストラクチュアを通じて発生する所得を発生ベースで課税するオフショア投資レジーム（たとえば，CFC 税制）を適用することによってミスマッチを防止することが可能だからである。同様のD/NI は，あとでふれる輸入ミスマッチにおいても生ずる可能性があるが，勧告はいずれの場合も「行動3」のCFC税制の強化で対応できるのではないかと示唆している。[24]

　3）　DD 型のミスマッチ・アレンジメントとその対応

　次に，DD 型のミスマッチとされているのは，ハイブリッド支払者が行う控除対象支払いのケースと二重居住エンティティによる控除対象支払いのケースの2つである。[25] まず，前者のもっとも一般的なスキームは，投資側の法域では透明な存在とみなされ，設立ないし経営が行われる法域では不透明な存在とみなされるハイブリッドな子会社を利用するものであり，そのハイブリッド子会社が負担する同じ支出が親会社と子会社の双方の法域で費用として控除を認められるものである。仮説例によれば，A国の親会社A社がB国に完全子会社B社を所有しているが，B社はハイブリッド事業体のため，A国の課税上は無視される。B社はB国所在の銀行から借入れを行い，銀行に対し利子を支払う。

B社にはそれ以外の所得はないと仮定する。A国の課税上，B社は無視される事業体のため，B社の借入れはA社の借入れとみなされる。かくして，このアレンジメントの下では，A社もB社もそれぞれA国，B国において，ともに利子の費用控除を認められるのである。B社がその子会社B sub1 社と課税上連結すれば，B sub1 社の所得とB社の利子控除とは通算され，かくして，A，B両国でそれぞれ稼得された所得から利子費用が二重に控除される結果となるのである。

子会社の代わりにPEをB国に設置して同様のスキームを構築することによっても，同じ結果を実現することができる。

この課税ミスマッチについて，勧告案は親会社の法域で控除を否認することを第一次対応とし，そうした対応がとられない場合の防御ルールとして支払者側の法域が控除を否認することを提言している。ただし，控除が二重算入所得 (dual inclusion income)[26] と相殺される場合には，ミスマッチは生じないことから控除は認められる。控除額が二重算入所得を超過する場合（超過控除 excess deduction），他の年度の二重算入所得との相殺が認められる。この無効化ルールが適用されるのは，支払者がハイブリッド事業体の場合のみである。また適用範囲は，取引の関係者が同一の支配グループに属しているか，納税者が参加している仕組みアレンジメント[27]の下でミスマッチが生じる場合に限られている。

他方，二重居住エンティティに係る勧告は，2014年3月に公表されたディスカッション・ドラフト[28]にはみられなかった新たな勧告である。このケースでは，当該エンティティによる支払いが関係する双方の法域で重複控除を引き起こすことにより，課税のミスマッチが引き起こされる。仮説例によると，A社（A国で設立され，A国居住法人）がB社（B国で設立されたが，税法上，A，B両国の居住法人）の全株を所有し，B社はB sub1 社（B国で設立され，B国居住法人）の全株を所有する。B社は，A国の税法の下ではA社と，B国の税法の下ではB sub1 社と，課税上，連結する。B社がB国の銀行から借入れを行い，利子を支払う。B社はA，B両国の二重居住法人のため，双方の国で全世界所得に課税される一方，双方の国で連結納税を利用することにより，その純損失を両国で稼得したそれぞれの所得と二重に損益通算することが可能となるのである。

この課税ミスマッチに対する対応策は，DDミスマッチを引き起こす控除を支払者が居住するすべての居住地国が否認することである。すべての居住地国が第一次対応をとるため，防御ルールは提案されていない。控除と二重算入所得との相殺ないし超過控除の場合の取扱い，またその適用範囲についてはさきのハイブリッド支払者の場合と同じである。

4) 間接的D/NI型のミスマッチ・アレンジメントとその対応

これは2つの法域の間で生じるハイブリッド・ミスマッチの効果が別の法域に輸入されるスキームである。仮説例によると，A社（A国）が完全子会社であるB社（B国）にハイブリッド金融商品を利用して資金を貸し付ける。A社がB社から受け取る利子はA国では課税を免除され，B社が支払う利子はB国で控除を認められる。その状況でC社（C国）がB社から借入れを行い，B社に利子を支払うと，C社がC国で支払利子の控除を認められる一方，B社は受取利子と支払利子とを相殺することができる。ミスマッチの効果がB社（B国）を介してA社（A国）とC社（C国）の間で成立するのである。

この場合の課税ミスマッチに対しては，支払者側の法域が控除を否認することが対応策として提起されている。このルールが適用されるのは，ハイブリッド・ミスマッチにつながる次のような支払いに係るハイブリッド型の控除とされている。すなわち，①金融商品取引に係る支払い，②ハイブリッド支払者によりなされる無視される支払い，③リバース・ハイブリッドに対してなされる支払い，④ハイブリッド支払者ないし二重居住者によりなされ，重複控除を可能にする支払い，⑤輸入ミスマッチ・アレンジメントの下でなされる支払いのうち控除と相殺が認められるもの，がそれである。適用範囲は，上述したタイプと同じく基本的に同じ関連グループに属する者である。

5) 実行と協調に関する勧告

「行動2」報告書は，ハイブリッド・ミスマッチ・ルールの効果を最大限に発揮させるために，制度設計に係る9つの原則を掲げている[29]。それは，①特定の法域で生ずる課税の優遇措置を改正させる（reverse）よりも，むしろミスマッチを無効化すること，②包括的であること，③自動的に適用されること，④ルールの協調を通じて二重課税を回避すること，⑤現行国内法との分断を最小

限にすること，⑥その運用が明確かつ透明であること，⑦各法域の法律にルールを組み込む際に十分な柔軟性を保障すること，⑧納税者にとって実行可能なものであり，コンプライアンス・コストを最小限にするものであること，⑨課税当局に対し執行の負担を最小化すること，である。

　報告書はまた，勧告が実行に移されるとともに一貫して，かつ効果的に適用されることを保障するための措置について，各法域が協力するよう求めている。そうした措置として挙げられているのは，①勧告に関する一致したガイダンスの開発，②実施時期を含め，勧告の実行に向けての協調，③移行ルールの開発，④勧告の実行に関する効果的かつ継続的なレビューの実施，⑤ハイブリッド金融商品およびハイブリッド・エンティティに対する各法域での取扱いに関する情報の交換，⑥納税者が関連する情報を得られるよう努力すること，⑦「行動3」「行動4」を含むBEPSの他の行動計画と勧告との相互連携に配慮すること，の7つである[30]。2014年のディスカッション・ドラフトではこれらの措置は提示されておらず，この点で，予定されているコメンタリーの作成に向けた作業が進んでいることを反映するものとみられる。

6）　OECDモデル租税条約の改訂に係わる勧告

　「行動2」報告書は，「PartⅡ」においてハイブリッド・ミスマッチの無効化と係わって必要となるOECDモデル租税条約の改訂に係わる勧告についても検討している。そこでは，ハイブリッド商品やハイブリッド・エンティティ，二重居住エンティティを利用した条約便益の濫用を防止するために，国内法のありうべき改正とOECDモデル租税条約との相互作用について特別の注意を払うよう強調されている。そして，第8章では二重居住エンティティに関連する条約上の問題が，第9章では透明なエンティティに対処するための新しい条約規定の提案が，最後に第10章では「PartⅠ」での勧告と租税条約の規定との相互作用が検討されている。これらは重要な問題領域であるが，紙幅の関係でここでは割愛せざるを得ない。

7）　「行動2」報告書の意義と課題

　「行動2」報告書は，今回提案したルールがミスマッチの効果を無効化するうえで有効ではないことが示されれば，いっそうの検討と改良を加えることを

謳っている。OECD は「行動 2」に関する作業をその後も継続しており，提案したルールについてコメンタリーの形での指針を策定する予定である。そのなかで，改良すべき点として挙げられているのは，ひとつにはたとえば市場での証券貸借取引（on-market stock lending）やレポ取引など資本市場での特定の取引や輸入ハイブリッド・ミスマッチの取扱いについてのルール，また規制上の適格自己資本に分類されるグループ内向けハイブリッド証券（hybrid regulatory capital that is issued intra-group）へのルールの適用をめぐって各国や経済界から出されている懸念，さらには CFC 税制により課税された所得を通常所得に算入するかどうかについての処理方法など，なお合意が得られていない問題も残されており，これらについて遅くとも 2015 年 9 月までに結論を得たいとしている[31]。

しかし，今回の「行動 2」報告書により，ハイブリッド・ミスマッチに基づく国際的二重非課税の問題に対処するうえで大きな前進が勝ち取られたことは間違いない。BEPS の大きな要因のひとつと目されているこのアレンジメントに，その効果を無効化するための具体的な方向と措置が提案されたことの意義は極めて大きい。ただ，今後，勧告を実行に移していくにあたって，いくつか課題が残されていることも事実であろう。

第 1 に，ハイブリッド・ミスマッチに対応しようとする場合，ひとつの取引ないし仕組みに 2 か国以上が係わることから国際的二重課税を回避するためのルールとして「タイブレーカー・ルール（tie breaker rule）」の必要性がそれまでも指摘されていたが，2014 年のディスカッション・ドラフトにおいて「リンキング・ルール（linking rule）」として具体化され，今回の報告書では第一次対応と防御ルールとして整備された。その結果，D/NI 型では支払者段階における控除の否認が第一次対応とされ，DD 型では受取者段階での控除の否認が第一次対応とされた。しかし，こうした課税権の配分が国際的にすんなりと受け入れられるのかどうかは今後の課題であり，将来的に税収配分と課税権をめぐって国家間の対立が先鋭化する可能性は払拭できない[32]。また，支払者側の国が過度に軽微な形式的課税を行うに過ぎない国（たとえば，タックス・ヘイブン）であるような場合に，受取者側の国の課税権を優先するという選択肢も認める

ような調整措置も必要となるのではないか。いずれにしても課税権の国際的配分について、今後、協調と調整が重要になることは避けられないのではないかと考えられる。

　第2に、ミスマッチ・ルールを適用する対象範囲について、ディスカッション・ドラフトでは「ボトムアップ・アプローチ」と「トップダウン・アプローチ」が並列され、どちらを選択するかは検討中とされていたが、今回の報告書では前者に統一された。後者は関連者、非関連者、協働行動者、仕組みアレンジメントの区別なく、すべてのハイブリッド・ミスマッチを対象にすることを基本とし、納税者が協力するうえで過度に負担になる場合だけを例外的に除外するという方式である。範囲が包括的であることはメリットであるが、コンプライアンスや情報取得のコストが過大になるおそれがあり、その点がデメリットとされている。これに対し、ボトムアップ・アプローチは範囲が限定される分、コンプライアンスや情報取得のコストを最小化できる点がメリットとされる一方、関連者・協働行動者・仕組みアレンジメントについての明確な定義が必要になることがデメリットとされている。トップダウン方式の場合、適用と管理が困難だというのが、ボトムアップ方式を採用した理由とされている。しかし、金融商品の多様性と各法域での課税方法の相違などにより、ハイブリッド金融商品について課税取扱いのミスマッチが生ずるすべての状況を包括的に捉え、定義することは不可能だと報告書自身が述べているように、関連者等を明確に定義しようとすれば関係する情報をできるだけ広範に収集、分析する必要が生じ、その分、納税者のコンプライアンス・コストも増加することになる。今後、コメンタリー等にどのような形で具体的な実施方法と基準が示されるのかが注目される。

　最後に、上記の点と係わって、関連者の基準が変更された。ディスカッション・ドラフトでは、「一方の者が他方の者に10％以上の投資をしている場合、あるいは両者に10％以上の投資をしている第三者がいる場合」が関連者とされていたが、これが25％以上に変更された。IMFは直接投資の基準を普通株（議決権株）のうち10％以上保有している場合としており、当初の基準はこれに従ったものと考えられる。25％以上に基準が変更されると、その分、所有と

支配に対する操作の裁量性が高まることになるため，このことがミスマッチの無効化にどのような結果をもたらすのか，今後の展開を見守る必要があろう。

Ⅲ 国際課税原則の揺らぎとそのゆくえ

1 国際課税原則の揺らぎ

現行の国際課税ルールは，1920年代の国際連盟の時期以降に形成されてきたものである。それは，各国の課税権の競合を調整し，国際的二重課税を防止するための国内法と租税条約を含む国際課税の原則として構築されてきた。[37] そこでは，各国の国際課税の管轄権は，全世界所得課税主義か領土主義課税方式のいずれかの課税方式を採用する形で展開されてきたといってよい。前者の国は外国税額控除制度を，後者の国は国外所得免除制度を採用することにより国際的二重課税を回避し，それぞれ資本輸出中立性，ないし資本輸入中立性を保障する制度を整備してきたのである。

しかし，グローバリゼーションの進展とBEPSに象徴される国際経済環境の大きな変化は，現行の国際課税ルールの枠組みに抜本的な見直しを迫っている。これまで国際的二重課税を防止することを目的とした国際課税制度が，BEPSによる国際的二重非課税の広がりによって二重課税への対応だけでなく，それ以上に二重非課税への対応を重視せざるを得なくなったからである。

そうしたなか，グローバル化による国際競争の激化は，各国の国際課税方式の揺らぎともいうべき事態を引き起こしている。すなわち，従来は，全世界所得課税主義が資本輸出中立性を実現することにより，世界的規模での効率性を達成するものとして，もっとも望ましい課税方式とみなされてきたが，近年はこうした考え方が後退し，むしろ自国企業の国際競争力の強化を図るうえでは領土主義課税方式に移行する方が望ましいとする考え方の方が有力になってきたからである。そのことは，全世界所得課税方式をとる国よりも領土主義課税方式をとる国の方が多数派になってきたことに示されている。2013年現在，OECD34か国中，領土主義課税方式をとる国は主要先進国を含む26か国にまで拡大したのに対し，全世界所得課税方式をとる国はアメリカなど8か国に減少しているのである。[38] すでにふれたように，全世界所得課税主義にしろ領土主

義課税方式にしろ,大多数の国において純粋な形で採用されているわけではなく,制度の細部はそれぞれに異なる。領土主義課税方式に移行したとされる国々も,たとえばイギリスや日本にみられるように,外国子会社からの受取配当についてのみ益金不算入措置をとるようになったケースを指している場合が多い。その意味で,純粋な領土主義課税とは異なるのである。さらに,領土主義課税方式をとる国であっても,個人課税についてはその多くが全世界課税主義を採用しているのが通例である[39]。とはいえ,グローバル競争の圧力が法人課税における全世界所得課税主義を後退させていることは,以上の現実から読み取ることができるのである。

2 国際課税原則のゆくえ

すでに与えられた紙数を大幅に超過しているため,詳しくはふれられないが,全世界所得課税主義を採用している代表的な国であるアメリカにおいてさえ,領土主義課税への移行を支持する議論が勢いを増しており,大きな論争が起こっている[40]。これからの国際課税原則はどうあるべきなのか。はたして領土主義課税方式への移行が,国際的二重非課税問題を解決し,公正な国際課税を実現する道につながるのかどうか。この問題は,BEPSのゆくえとも絡む最重要な争点のひとつとなっているのである。

領土主義課税原則の下では,内国法人はその外国源泉所得に対し居住地国での課税を免れる。したがって,源泉地国で当該外国源泉所得に課税されなければ,国際的二重非課税となる[41]。それゆえに,「行動2」報告書も,経済的二重課税を軽減するために配当免税制度をとる国に対し,そうした免税を課税後の利潤から支払われる配当に限定するよう勧告している[42]。要するに,配当免税を認めている国に対し,クロスボーダーの状況の下でハイブリッド金融商品を利用し損金控除を認められた支払利子(配当)について免税を適用しないよう求めているのである[43]。ちなみに,親子会社指令(1990年)により異なる加盟国におけるグループ会社間での配当について,配当支払国での源泉徴収税の免除と配当受領国での課税の免除(あるいは間接税額控除の認定)を加盟国に求めてきたEUも,2014年12月,EU理事会において同指令を修正し,法人の租税回避を

防止する濫用防止条項を付け加えることを決定した。これにより加盟国は2015年12月末までに国内法の修正を行う予定となっている[44]。

全世界所得課税方式と領土主義課税方式とを比較して，前者の方が一義的に優れているとはいえないが，多国籍企業のタックス・プランニングを考慮に入れた場合，後者の方が問題を引き起こしやすいことは確かである。たとえば，多国籍企業は関連者間取引を利用して軽課税管轄へ所得を移転させるインセンティブを著しく高め，移転価格課税問題の紛争を激化させるおそれがある[45]。また，多国籍企業がタックス・ヘイブンに設立した地域統括会社から領土主義課税方式の国に所得移転させることで合法的に租税回避を可能にするスキームを容易に組成できることになる[46]。

BEPSが現行の国際課税制度に投げかける問題群は，全世界課税方式か領土主義課税方式かという問題にとどまらない[47]。BEPS問題を契機に，国際課税ルールのあり方をめぐって国際社会が解決を迫られていることは疑いない。

注
1) 居波邦泰（2014a）『国際的な課税権の確保と税源浸食への対応—国際的二重非課税に係る国際課税原則の再考』中央経済社，382-403ページ。
2) 浅川雅嗣（2013）「税制調査会資料〔国際課税関係〕」（総3-1）。
3) 同上。
4) OECD (2013a), *Addressing Base Erosion and Profit Shifting.* 邦訳（2013）『税源浸食と利益移転（BEPS）行動計画』日本租税研究協会，所収。
5) OECD (2013b), *Action Plan on Base Erosion and Profit Shifting.* 邦訳（2013），同上書，所収。
6) OECD (2013a), p.13. 邦訳, 41ページ（ただし，訳文はこれに従っていない。以下，同様）。居波邦泰は「税源浸食」の概念を「ある法的管轄に本来帰属すべき課税権が，国際間で構築された経済取引によって非課税又は低課税の法的管轄に移転させられることで，これにより国際的二重非課税が引き起こされるもの」としている。居波（2014a），320ページ，参照。
7) OECD (2013a), p.5. 邦訳, 37ページ，参照。同報告書は，BEPSの機会を利用することのできる企業とそうでない企業との間で競争を阻害すること，税引前の利益率は低いが税引後の利益率の高い事業活動に投資がふり向けられるため非効率な資源配分が促進されること，また，一国による協調性を欠くBEPS対応策が多重課税のリスクをもたらし，世界的規模で成長と雇用に負の影響を及ぼす可能性があることを指摘している。*do.*, p.50. 邦訳, 63ページ。

8) *Ibid.*, pp. 33-50. 邦訳, 52-63 ページ。
9) *Ibid.*, p. 47. 邦訳, 61 ページ。また, EY 税理士法人（2014）『BEPS への対応と我が国企業への影響に関する調査』14 ページ, 参照。
10) OECD（2013a）, pp. 33-34. 邦訳, 52 ページ。
11) *Ibid.*, p. 45. 邦訳, 60 ページ, 参照。
12) *Ibid.*, p. 44. 邦訳, 59 ページ。
13) *Ibid.*, pp. 48-50. 邦訳, 62-63 ページ。
14) OECD（2013b）, p. 11. 邦訳, 7 ページ。
15) *Ibid.*, pp. 13-14. 邦訳, 8-9 ページ。
16) *Ibid.*, pp. 14-24. 邦訳, 9-17 ページ。
17) BEPS を可能にするタックス・スキームとして, 居波邦泰は, ①ハイブリッド・ミスマッチ・アレンジメント, ②過大支払利子の控除スキーム, ③キャプティブ保険の利用, ④国際的事業再編等による無形資産の一括移転を利用した所得移転スキーム, ⑤タックス・ヘイブン対策税制の無効化・適用除外の利用, ⑥領土主義課税方式（国外所得免除方式）とタックス・ヘイブンの利用, ⑦PE への利益の帰属と課税権の排除, ⑧内国税法上の優遇税制の利用, ⑨濫用的な租税条約の適用を挙げている。居波（2014a）, 323-344 ページ, 参照。BEPS 報告書（2013a）に紹介された Double Irish with a Dutch Sandwich など, 4つの代表的な節税スキームは上記スキームを巧妙に組み合わせたものである。
18) OECD（2014a）, *Neutralising the Effects of Hybrid Mismatch Arrangements*. なお, OECD では, BEPS プロジェクトが開始される以前からハイブリッド・ミスマッチ・アレンジメントについての検討を始めており, 2012 年 3 月にはすでに報告書が公表されている。ただ, その後の検討を経て勧告の内容などには修正があるため, ここでは 2014 年 9 月の報告書を中心に検討する。Cf. OECD（2012）, *Hybrid Mismatch Arrangements: Tax Policy and Compliance Issues*.
19) OECD（2014a）, p. 11.
20) *Ibid.*, p. 29.
21) OECD（2012）, pp. 11-12.
22) *Ibid.*, p. 15, p. 29.
23) OECD（2014a）, pp. 33-49.
24) *Ibid.*, pp. 47-48.
25) *Ibid.*, pp. 51-57.
26) 二重算入所得とは, 親会社と支払者の双方の法域で通常所得に算入される所得と定義されている。Cf. *Ibid.*, p. 53; PwC（2014）, "OECD Report on Action2 ─ Hybrid Mismatches," *Tax Policy Bulletin*, Oct. 10, p. 4.
27) 「行動2」報告書は, 仕組みアレンジメント（structured arrangement）について「アレンジメントの条項にハイブリッド・ミスマッチが織り込まれているもの」, あるいは「アレンジメントの事実と状況がハイブリッド・ミスマッチをもたらすように制度設計されていることを示しているもの」と定義している。Cf. OECD（2014a）, p. 67.
28) OECD（2014b）, *Public Discussion Draft, BEPS Action 2: Neutralise the Effects of Hybrid Mismatch Arrangements*（*Recommendations for Domestic Laws*）.

29) OECD (2014a), p. 64.
30) *Ibid.*, p. 65.
31) *Ibid.*, pp. 11-12. EY 税理士法人（2014）「OECD，待望の BEPS 行動計画に関する第一次提言を発表」『Japan tax alert』（10月2日），2ページ，も併せて参照。
32) 吉村政穂（2014）「BEPS 行動計画2：ハイブリッド・ミスマッチ取決めの効果否認について」21世紀政策研究所『グローバル時代における新たな国際租税制度のあり方』，48-50ページ，参照。
33) この点，居波邦泰も低課税国が数％程度の形式的な課税を行っているケースも国際的二重非課税に該当するものとしなければ，BEPS の取組みの有効性を大きく削ぐと強調している。居波邦泰（2014b）「税源浸食と利益移転（BEPS）に係る我が国の対応に関する考察（Ⅰ）」『税務大学校論叢』第79号，308-309ページ。
34) OECD (2014b), p. 38.
35) *Ibid.*, pp. 37-38.
36) OECD (2014a), p. 36.
37) 本庄資（2014）『国際課税における重要な課税原則の再検討』（上巻）日本租税研究協会，144ページ，参照。
38) 居波（2014a），336-337ページ。
39) 本庄（2014），100ページ。
40) たとえば，次の論考を参照。Kleinbard, E. D. (2011), "Stateless Income's Challenge to Tax Policy," *Tax Notes*, Sept. 5.; *do.* (2012), "Stateless Income's Challenge to Tax Policy, Part II," *Tax Notes*, Sept. 17.; Shaviro D. (2011), "The Rising Tax-Electivity of U. S. Corporate Residence," *Tax Law Review*, Vol. 64; Desai, M. A. and J. R. Hines Jr. (2003), "Evaluating International Tax Reform," *National Tax Journal*, Vol. 56, No. 3. また，本庄（2014）の「第1回 領土主義課税（Territorial Taxation）原則の再検討」なども参照。
41) 本庄（2014），274ページ。
42) OECD (2014a), p. 40.
43) 国際的二重非課税が生じた場合に領土主義課税方式をとる国が外国からの受取配当に「復活課税」を行うよう提起した居波の主張は，このことに対応している。居波（2014a），433，454ページ，参照。
44) Council of the European Union, "Parent-subsidiary directive: Council agrees to add anti-abuse clause against corporate tax avoidance," Press Release (9 December 2014) ST 15103/14.
45) 本庄（2014），48，128ページ。
46) 居波（2014a），337ページ。
47) この点，居波（2014a）が列挙している現行の国際課税原則の見直しに際して課題となる論点は大いに参考になる。居波（2014a），とくに第7章第1節，第8章第3節など参照。

7 討論　国際課税の新展開

〔討論参加者〕

　　安藤　實（静岡大学）／石村耕治（白鷗大学）／伊藤　悟（日本大学）／井上康一（弁護士）／岩本沙弓（大阪経済大学）／漆　さき（大阪経済大学）／金子友裕（東洋大学）／黒川　功（日本大学）／湖東京至（元静岡大学・税理士）／鶴田廣巳（関西大学）／中西良彦（税理士）／松井吉三（税理士）／望月　爾（立命館大学）

　　　　　　　開　　会

司会　お待ちいただきまして，ありがとうございます。では，シンポジウムの討論に入りたいと思います。初日3名，本日3名という合計6名の報告がございましたので，その報告順にまずさせていただいて，最後に全員に対する質問とさせていただきたいと思います。
　トップバッターは漆先生でしたので，漆先生に対する質問から始めていきたいと思います。湖東先生から漆先生に御質問が出ていますので，湖東先生，お願いします。

湖東（元静岡大学・税理士）　税理士の湖東でございます。漆先生に質問なのですが，先生のレジュメの4ページの上から8行目の⑤に，「情報技術の発展の結果として，国際事業活動における地理的制約の減少から，関税及び非関税障壁は著しく減少」として，注14に，コックフィールド（Cockfield）先生の主張だというふうに書いておられます。非関税障壁というのは，付加価値税の輸出に対する免税，輸入に対する課税も非関税障壁だと思います。消費税・付加価値税は日本も増税をしているし，その他の国にも高い税率の付加価値税がありますので，非関税障壁が減少しているというふうに私は考えていなかったのですが，これに対するコメントがありましたら教えてください。

漆（大阪経済大学）　ありがとうございます。まず，3－2の1個目の黒ポツの矢印は，①から⑤をまとめて，こういう事情によって関税及び非関税障壁は減少しているということです。この報告は基本的に直接税を念頭に置いた報告なので，付加価値税に焦点を当てたものではありません。おっしゃるように，付加価値税が非関税障壁になり得るというのはそのとおりだと思います。ただ，これらの5

つの事情を総合して見ると，全体として，50年前に比べればだいぶ企業はグローバル化していますよね，なぜならこういう理由があるからですというような話です。なので，付加価値税が非関税障壁になり得るというのはそのとおりだと思うのですけれども，全体として障壁は減っているのではないかなと思っています。

湖東（元静岡大学・税理士） ありがとうございました。

司会 ありがとうございました。

漆先生にはもう1つ，武石先生から質問が出ております。ただ今会場にはおられないということですので，質問だけ読まさせていただきます。

「先生は今回，税法学の分野から御報告していただきましたが，周知のごとく，税法学は法的学問であり，正義を探求すべきものと推察しております。先生の御報告の中で，居住地課税が社会の変化によって困難に直面していると述べておられますが，これに対する居住地国課税への正義とは何であるか，先生の御見解をお聞かせ願えれば幸いです」という御質問なのですけれども，お答えいただけますでしょうか。

漆（大阪経済大学） 御指摘いただいている居住地国課税の正義とは何であるかということなのですが，居住地国課税によって達成したかった正義は何なのかと，そして今，達成できていないのではないかと私がいっているものを述べさせていただきます。本稿では2つ挙げていて，

1つ目に分配的正義，つまり累進課税による垂直的公平と，国内・国外所得に同様に課税するという意味の水平的公平の達成，それから2つ目に，世界の富を最も効率的に増加させる税制であろうというのが，居住地国課税が達成したかった正義，そして今，達成できなくなってきている正義と考えています。

鶴田先生の御報告のレジュメにちょっと載っていた国家間の公平という議論もありますけれども，それも居住地国課税が達成したかった正義のうちの1つともいえるのかもしれないとも思っていますが，私の報告の中では，分配的正義と世界にとって効率的な税制であろうということが，居住地国課税によって達成したかった正義ということになるのではないかと思っております。御質問の趣旨に沿う答えかどうかわからないのですけれども，ありがとうございます。

司会 ありがとうございます。

続きまして，石村先生に対する御質問です。石村先生にはお2人から出ております。まず湖東先生，お願いできますでしょうか。

湖東（元静岡大学・税理士） 税理士の湖東です。本質的な質問ではなくて申し訳ないのですが，流れの上から二重課税のことで御質問させていただきます。

石村先生のレジュメの7ページの上の囲みの中ですが，そこの消費課税のところでこのような記述があります。「消費地・仕向地（仕向地課税）原則の付加価

値税を採用する各国では，国内税法で輸出免税とすること（課税輸出売上に対するゼロ税率の適用）で，二重課税対応的調整をしている」と．

　二重課税排除のために，ゼロ税率を適用しなくても，国内法でいわゆる非課税ですね，仕入税額控除のできない非課税，税額還付のない非課税でも二重課税の排除は可能ではないかと思うのです．この点をお聞きしたいと思います．

　例えば，旧物品税では，非課税で，二重課税を排除したわけですので，ゼロ税率を採用しなくてもよいと思うのが私の考えです．本論から外れた質問で申し訳ありませんが，御所見をよろしくお願いします．

石村（白鷗大学）　湖東先生は，いわゆる「輸出免税」，つまり「ゼロ税率」の適用によって，上位10社くらいの大企業が，消費税率が8％になりましたから，軽く1兆円を超える消費税の還付を受けている点を問うているのだと思います．仰せのとおり，私も重い問題だと思います．ただ，だからといって，わが国独自で，租税政策としてゼロ税率を廃止するわけにはいかないのではないかと思います．なぜならば，ゼロ税率は，消費地（仕向地）課税主義の消費型の付加価値税の制度的特質として，組み込まれているからです．ただ，現行の消費税法では，輸出免税の適用において100％の税額を還付しております．この点，例えば，外国子会社からの受取配当金の益金不算入制度においては，本来は100％益金不算入とすべきところを，政策的に95％に制限しております．こうした例を参考に，輸出免税についても，わが国の消費税法内で，例えば50％まで認めるとか限度額を設けるのも，政策的には可能ではないかと思います．

　わが国では，消費型の付加価値税制（VAT）である消費税において，「ゼロ税率」を，「輸出免税（zero-rate for exporting）」という名称を使うことで，輸出取引だけに採用しています．これに対して，諸外国，とりわけイギリス法系の諸国の消費型の付加価値税制（VAT）である物品サービス税制（GST）においては，生活必需品やサービスに対しても「ゼロ税率」を採用しています．一般に，この場合のゼロ税率を，「輸出免税」と区別するために「国内ゼロ税率（domestic zero-rate）」と呼びます．このように，逆進性対策として，「ゼロ税率」を採用し，「非課税（exemption）」措置は採用していません．なぜならば，「非課税」措置では，事業者が課税仕入れにかかる税額を前段階控除することができないからです．

　例えば，オーストラリアやカナダでは，ある個人が消費することにより社会全体が便益を受ける「価値財や価値サービス（merit goods and services）」に対しては消費課税の対象とすべきではないとの考え方に基づき，「ゼロ税率」を採用しています．つまり，「ゼロ税率」の採用は，

必ずしも逆進対策を理由にしているわけではありません。いずれにしろ,「非課税」措置は採用していません。これは,生活必需品とか,医療費とか,大学の授業料とかに,「非課税」措置を採用すると,事業者は課税仕入れにかかった消費税額を前段階控除ができなくなることに配慮するためです。これに対して「ゼロ税率」を採用すると,事業者は前段階控除ができますから。

大企業に対する輸出免税が不公平だというのは理解できます。だからといって,「ゼロ税率」を全面的に廃止してしまうと,価値財や価値サービスにあたる生活必需品や医療サービスなどに「ゼロ税率」を採用することができなくなってしまいます。したがって,「ゼロ税率」の採用については,「輸出免税」の場合と「国内ゼロ税率」の場合とを分けて考えたほうがよいのではないかと思います。

現在,わが国の消費税率引上げにおける逆進性対策の議論において,財務省は,生活必需品やサービスに対する「ゼロ税率」の採用を完全に封印しています。ゼロ税率の採用は,輸出免税の例からもわかるように,多額の消費税額の還付,「税収減」につながるからです。生活必需品やサービスに対する「国内ゼロ税率」の採用はあり得ないとして議論をさせない方針を貫いているのです。そのかわりに逆進対策には「軽減税率」,「非課税」の採用より道はないとの方向へ世論誘導をしているわけです。こうした当局の世論誘導的な考えを無批判に鵜呑みにし,安易に「消費税率の引き上げを容認し,逆進性対策には軽減税率の採用がよく似合う」という趣旨の政策を打ち出している政党もあります。しかし,グローバルに見ると,オーストラリアとかカナダのように,逆進対策に「軽減税率」を採用せずに,消費者だけでなく事業者にもやさしい「ゼロ税率」を採用している諸国も少なくありません。

消費税率引き上げ論議において,日本医師会は,当初,社会保険適用医療サービス(以下,単に「医療サービス」といいます。)に対し,現行の「非課税」措置に換えて,前段階控除ができる「ゼロ税率」の採用を求める動きを強めていました。しかし,いつの間にか,「軽減税率」の採用を求めるトーンに代わっています。これは,財務省が巨額の消費税収減につながる逆進対策としての「ゼロ税率」採用を完全に封印していることへの現実的な対応の動きととれます。また,事業者である開業医や医療機関にとっては,医療サービスが,現行の前段階控除のできない「非課税」措置から前段階控除のできる措置へ転換できるのであれば,あえて「ゼロ税率」の転換でなくとも,前段階控除のできる「軽減税率」への転換でもいいわけです。

財務省は,消費税の10%への引上げにあたり,軽減税率を8%に設定する構えです。これでは,医療サービスの消費者である患者はたまったものではありま

せん。これまで医療サービスは非課税であったことから患者は消費税負担がなかったものが、いきなり医療費に加え、別途8％の税負担を強いられることになるからです。やはり、この種のサービスに対しては、事業者にも消費者である患者にもやさしい「ゼロ税率」を採用すべきだと思います。

ですから、御質問のあった点に戻りますが、輸出免税は不公平税制の象徴のような存在であるとの指摘はよくわかります。しかし、だからといって、「ゼロ税率」制度を全面的に廃止するのでは、逆進性対策目的での活用もできなくなってしまいます。したがって、輸出免税は認めるものの、税額還付額は50％までに制限するとかで、「ゼロ税率」の政策的な縮減、運用をはかるのが妥当ではないかと思います。

司会 続きまして、石村先生に中西先生から質問が出ておりますので、中西先生、お願いいたします。

中西（税理士） 税理士の中西と申します。よろしくお願いいたします。

石村先生の御報告で、いわゆる国際的電子商取引に対する消費税ないし付加価値課税の問題を取り上げておられて、この中で、域外から域内へ入ってくるものに関しては2通りあるわけだと思います。B to CとB to Bがありまして、基本的に石村先生のお話は一貫してB to Cの話だけに絞っておられます。話をB to Bまで入れると混乱するということはよくわかります。その上で、B to Bについては一切触れられていないので、B to Bについて御質問するのはいかがなものかとは思うのですが、よく御存じだと思いますけれども、ECVATの指令、それから今年出たOECDのレポートでも、基本的にはB to Bに関してはリバースチャージを採用するという考えを取り入れています。

あと、今年の6月に財務省が、政府税制調査会の国際課税小委員会、それから政府税調そのものにも、日本においてもB to Cに関して国外事業者登録制度を入れる、さらにB to Bに関してはリバースチャージを入れるということを提案しています。このあたりについてどのようにお考えかということが1点。

もう1つは、さらに敷衍すると、日本の財務省の提案はかなり問題があると私は思います。なぜかというと、要するにリバースチャージというのは、100の国外からの電子的課税仕入れがあったときに、100の課税売上げを事業者が立てるというやり方です。ですから、課税売上げが、要するに取引がそれしかなければそれでおしまい、ゼロで申告するということになるわけですけれども、日本の財務省の提案は、課税売上割合95％以上の事業者はリバースチャージをしなくてもいいという提案をしているわけで、逆にいうと、95％を切る人は、どうなるかわかりませんけれども、申告しろということになります。逆に、それは、課税売

上割合は増えますから，納税者は有利ですよね。このような財務省の提案についてどのようにお考えかという点と，リバースチャージの本質的な問題についてどのようにお考えかということについて，よろしくお願いいたします。

石村（白鷗大学）　まず1つは，日本の場合は帳簿等による税額控除方式をとっているという問題が1つあります。タックスインボイス，いわゆる税額票交付方式にわが国が今後移行するのかどうなのかという問題が1つあると思うのです。タックスインボイス方式に移行しますと，B to Cについては事業者登録制度，B to Bについてはリバースチャージということも正確に可能ではないかと考えるのですけれども，現時点では，これが10％に引き上げられて，税額票交付方式に移行するのかどうなのか，その辺がはっきりしないということもありますから，この論文ではB to Cについてはあまり触れないでおりました。そういうことでございます。

　もちろん，95％とか，その議論はあるのですけれども，税額票交付方式，タックスインボイス方式に移行しても，簡易課税制度とか，そういうものは残るのかどうなのかちょっとわかりません。現在の方式，つまり帳簿方式を基本として考えた場合と，海外の事業者がタックスインボイスの方式をとっている場合を考えた場合の整合性をどのように捉えていったらいいのかということについては十分な究明がなされていない面があるのです。ですから，その辺について，純粋にリバースチャージというものを議論していいのかどうなのかというところは私にもよくわからないところがあります。

中西（税理士）　今のお話を敷衍しますと，現在，帳簿及び請求書等の保存を要件とされているけれども，帳簿方式と呼んでいます。いわゆるインボイスの所持を条件とするEU等の場合との違いというと，要は義務者番号がないだけ，極論してしまえば，それだけではないか。そんなに単純ではありませんけれどもね。税率の問題とかいろいろありますけれども。でも，逆に，今の石村先生のお話を敷衍してしまうと，日本の消費税制，現在やっている税務執行の実態はインチキでうそだという話になるし，そうすると，まして，消費税，付加価値税自体はフィクションですけれども，フィクションの上に成り立つ輸出免税，ゼロ税率，戻し税，私はゼロ税率でいいと思いますけれども，こんなものは完全な政府の補助金だという理屈にもちろんなると思うのです。

　そういうことではなくて，例えば，帳簿方式をもとにしていますから，要するに，インボイスを使っていれば，自分で自分に対する売上のインボイスと自分に対する課税仕入れのインボイスを発行する，そういうことですよね。

石村（白鷗大学）　海外事業者が関係してきますから，その場合にどのように考えたらいいかという問題はありますよね。

中西（税理士） おっしゃるとおりなのです。だから，それをいえば，そもそも基本的にアマゾンはB to Cだと思いますけれども，グーグルなんてB to Bではないですか。

石村（白鷗大学） ものによりますけれどもね。

中西（税理士） ものによりますけれども，かなりの部分。

石村（白鷗大学） 事業者に提供している場合はそうですし，最終消費者に提供している場合は必ずしもそうではないですから。

中西（税理士） 逆にいうと，要するに，リバースチャージという考え方が出てくるそもそもの根源は，VATシステムにおける請求権としての仕入税額控除権を認めているからリバースチャージという発想が出てきて，課税売上げと同額の課税仕入れを立てるなんていうフィクションが出てくる。フィクションなのだけれども，このフィクションを入れることによって，要するに，順次に最終消費に税が転嫁されて，負担をするのは最終消費者ないしは最終消費だというフィクションが成り立つから。サイエンス・フィクションとは私は呼びたくないですけれども，フィクションの上につくり上げられたのがリバースチャージではないかと私は思うのです。

　逆にいうと，もし日本でリバースチャージを基本的に入れるということになったとき，私が思っているのは，95%ルールを適用するなんていうのは面倒くさいからだという理由だとしても，それはそれでもいいのです。ただ，そうすると，リバースチャージを認めるというのであればいわゆる消費税法30条の位置づけに関して根本的な議論をし直す必要が出てくるのだと私は考えています。付加価値税としての消費税においても請求権としての仕入税額控除権を認めないと論理の一貫性に欠けると考えるのです。

石村（白鷗大学） わかりました。ありがとうございました。

司会 それでは，続きまして，井上先生の御報告に対して4点ほど質問が出ております。

　まず，税理士の湖東先生から，インバウンドの課税関係を踏まえて，内国法人が米国法人から得る貸付利息についての課税関係についての質問が出ております。

湖東（元静岡大学・税理士） たびたびすみません，税理士の湖東です。簡単な質問で恐縮です。

　井上先生，インバウンドの利子課税関係を大変詳しく御説明いただきまして，よくわかりました。私は逆に，内国法人が米国法人に対して貸付金の利息をもらっている場合ですね，つまりアウトバウンド取引になるのですが，この場合に，課税関係は，今はたぶん米国は10%の源泉徴収で，日本で外国税額を控除しているという単純なやり方でいいと思うのですが，これは今後変化があるのでしょうか。

井上（弁護士） 御質問ありがとうございます。先ほど昼食の時間に，漆先生と，居住地国課税と領土主義課税の意義について話をしていました。この話は，鶴田先生の御発表ともかかわりがあるのですけれども，私自身は，日本の場合はまだ居住地国課税の原則を維持していると思っています。確かに海外子会社からの配当の95％は益金不算入になりましたが，内国法人が直接稼得するそれ以外の所得については，海外支店の所得を含めて，全て日本で課税するからです。日本は，海外子会社からの配当は免税扱いするという点で，いわば修正した居住地国課税をとっているのだと思っています。

したがって，御質問されました内国法人が米国法人から得る利子は，結局，内国法人が日本で課税を受ける全世界所得に含まれるわけであって，日本で，実効税率（約36％）で課税をされることになります。他方，現行の日米租税条約の下では，金融機関の貸付金等の利子などの特定の利子を除き，10％の税率で米国において源泉徴収されることになると思われます。そのように米国で源泉徴収された外国税額について，日本で，外国税額控除の適用を受けるという形で，国際的な二重課税が排除されることになります。

最近の動きとしては，2013年1月に現行日米租税条約を改正する議定書が署名されたことを挙げることができます。この改正議定書は，日本の国会では承認されましたが，米国議会がまだ承認していないようですので，未だ発効はしていません。改正議定書によると，利子についても源泉地国で免税という原則が採用されていますので，それが新しい動きといえると思います。

短い質問に対して長い回答で恐縮ですが，さらに1点だけ補足しておきます。内国法人が受け取る利子と配当とを比較すると，海外子会社からの利子は全額益金に算入されますが，海外子会社から受け取る配当の95％は益金に算入されません。これがBEPSの話とちょっとかかわってくるのですけれども，たしかオーストラリアの優先配当は，税引き後の利益から払う普通の配当とは異なり，オーストラリアで損金算入ができるようです。このようにオーストラリアで損金算入できる優先配当について，日本の海外子会社からの配当益金不算入制度の適用をそのまま認めてしまうと，まさにハイブリッドミスマッチの話になります。オーストラリアでは損金に算入されて，日本では益金に算入されないという形で，納税者は二重非課税のメリットを受けられるからです。現行制度ではこのようなことが可能なようですが，BEPSにおける勧告に従い，平成27年度税制改正でたぶん塞がれることになると思います。

司会 それでは，続きまして，日本大学法学部の伊藤先生より3つほど質問が出ております。順番にお願いします。

伊藤（日本大学） 日本大学法学部の伊藤です。

非常に広いところの質問かもしれませんが，条約等を結ぶと，それによって，二国間等によってそれぞれ条約ごとに特恵等が設けられたりする場合に，いわゆるトリーティー・ショッピングの問題が発生するといわれているのですけれども，それについての御意見がもしありましたら，お願いいたします。

井上（弁護士） 御質問ありがとうございます。まず，トリーティー・ショッピングについて具体的に説明します。例えばきのうの例でいいますと，わが国と台湾との間には租税条約がないので，台湾の会社が日本の会社に対して金銭の貸付けをするとか，知的財産のライセンスをするとか，あるいは日本に子会社を設けて配当を得ることを考えた場合，国内税法に従い，これらの支払は，日本で全て20.42％の税率で源泉徴収課税を受けることになります。ところが，直接台湾からではなくて，例えば米国の法人を経由して貸付けをする，ライセンスをする，子会社からの配当を得る形にして，しかも現行日米租税条約がそのまま無条件で適用になるとしましょう。そうすると，利子については，日本での源泉税率が10％に軽減され，ライセンス料や配当については，日本での源泉税がゼロになります。

それを許してしまうと，まさにトリーティー・ショッピングが起こってしまいます。それはよろしくないということで，日米租税条約の中に特典の制限という条項を設けて手当てしています。つまり，米国において日米租税条約の恩典を受ける実体のある企業に対してのみ同条約の恩典を与えるという形の制限を加えているわけで，一定の要件を満たさない場合には，結局，同条約の適用が受けられなくなります。これもBEPSの話と連なるのですけれども，トリーティー・ショッピングをどうやって防止するかということも1つの論点になっています。私が理解しているところでは，いわば米国型の特典制限という形でトリーティー・ショッピングを防止していくのか，それとも，条約の適用を主目的とする場合には，その適用を否定するということで防止していくのかという，どうも2つの立場があるようです。後者の，主目的かどうかというのは，基準として極めて曖昧であり，納税者の予測可能性と法的安定性の観点から問題であるという批判があるようです。BEPSでの議論が今後どうなっていくかはわかりませんが，個人的には前者の特典制限条項による防止策のほうがよいのではないかと思っています。

伊藤（日本大学） ありがとうございました。

次の質問として，鶴田先生の報告あるいは基調報告でもありましたが，租税競争という形で法人税率が下がっていく，日本も下げようかという動きがあるわけですが，それによって，タックスヘイブン上の問題としてトリガー税率の問題があると思うのですが，このトリガー税率

と，法人税率の引上げというのがどのようにいくかなと。どういう御意見をお持ちかなというのをお伺いしたいと思います。

井上（弁護士） 御質問ありがとうございます。それほど立法経緯に詳しいわけではないのですが，私の理解ですと，もともとタックスヘイブン対策税制上のトリガー税率というのは25％で，その時代が長く続いていたようです。その背景には，当時の日本の実効税率が約50％だから，それを2で割って25％にしたのだという話があったようです。その後，だんだん日本の実効税率が下がってきて40％を切るようになったところで，トリガー税率を20％に下げました。今の実効税率が約36％になっており，安倍政権のもとでは，さらに30％を切る，20％台にするのだという方向で動いているのが昨今の情勢です。

そのため，さらにトリガー税率も下げたほうがよいのではないかという議論があります。他方で，世界を見渡すと，本当のタックスヘイブンを除き，20％というトリガー税率を維持したまま，タックスヘイブン対策税制の対象になるところはそれほど多くはないという印象を持っています。イギリスが20％に下げるとか，タイとかベトナムが20％以下にするという動きがあるようですので，そういう意味では，実効税率20％以下の国は数的にはまだまだあるのかもしれません。しかし，個人的には，トリガー税率を引き下げるよりは，適用除外要件をより客観化することによって，適用除外でタックスヘイブン税制の適用を免れる形にしたほうがよいのではないかと思っています。結論として，トリガー税率をさらに下げる必要は必ずしもないというのが現在の私の考えです。

伊藤（日本大学） ありがとうございます。

最後の質問ですが，二国間租税条約という形で個別に，多国間ではありませんので，どうしてもそれぞれの国と国との間で不公平といいますか，条約の内容が若干異なってくるということもあり得るとは思うのです。そうすると，対外国との租税条約間における公平の問題というのは実現されるべきなのか，それとも，実現しなくても，それぞれ外交あるいは政治的な判断で，日本が屈するところはしようがない，日本が高く出ていける国に対してはそれなりに特権を与えないでどんどん課税しようというようにすべきなのか，それとも，対外国に関しても公平な条約締結あるいは同じ内容での条約締結をすべきかという問題があると思うのです。現実にはたぶん，異なる条約が締結されているとは思うのですけれども，その辺に関してどうお考えでしょうか。

井上（弁護士） まさにおっしゃるとおりで，OECDモデル条約を基本としているとはいいながらも，実際の租税条約には，かなりばらつきがあるというのが実感です。特に先進国と発展途上国との間

の租税条約というのは，国連モデル条約をベースにしているということも影響していると思いますが，先進国間の租税条約と比較し，相違点が大きいと思います。二国間条約による租税条約のネットワークの構築という現在の条約締結の実務を前提とすると，このように条約間にばらつきがあることはいたし方ないことかもしれません。その反面，これもBEPSの議論とかかわってくるのですけれども，グローバルに展開する多国籍企業においては，特典の制限の要件を満たしながら，さらに有利な租税条約の適用を目指すことが可能であると考えられます。つまり，租税条約にばらつきがあると，このような多国籍企業は，実体をつくりながら，より有利な条約の適用を受けることができると思われます。したがって，行き過ぎたタックスプランニングに対しては，今提言がされているとおり，多国間条約で二国間条約を直すというような形で，条約の穴を塞ぐ試みがたぶん有効ではないかと個人的には思っています。

司会 続きまして，税務会計の金子先生に対しまして3名の方から質問が出ております。

まず，湖東先生，お願いいたします。

湖東（元静岡大学・税理士） 私ばかりで恐縮です。湖東です。

金子先生のレジュメの最後のページですが，参考文献の上に「むすびにかえて」というところがございます。その「むすびにかえて」のところには，「税収確保のために根拠なく課税ベースを拡大することは，資本への課税を行うことにつながる。これにより資本（原資には課税しないことにより，資本主義的拡大再生産を保障する）…」とあります。これは金子宏先生の文章の引用だと思うのですが，今，法人事業税の外形標準課税の拡大の中で，中小企業への適用拡大が検討されています。つまり，法人税減税の財源として，法人事業税の付加価値割を中小企業にも適用することが検討されています。

その中で，現行法人事業税は外形標準課税として付加価値割と資本割という2つを持っています。このうちの資本割のほうですね，まさに資本金に課税をするというこのシステムは，いわゆる労働集約型の企業に対する外形標準としての付加価値割，労働集約型中小企業に多いのですが，中小の人件費課税との公平性を担保するために資本集約的な大企業に対して資本割を課すという趣旨で設けられていると思うのですが，資本割をなくすという方向に，税調のほうでは動いていると聞いています。つまり，資本に課税をしないという方向に動いていると思われます。私はむしろ資本割の課税を強化する，資本割にはさまざまな軽減措置がありますが，これをやめて，資本金そのものに課税するべきだと考えていますが，金子宏先生の考えではなくて，報告者の金子先生の御意見を頂戴したいと思って，質問しました。よろしくお願いし

ます。

金子（東洋大学） 御質問ありがとうございます。

　恐らく質問としては，実は2点あって，1点は拡大再生産の是非を念頭に置かれているのかなと思うのですが，こちらについては，この後，別の方からの質問でもあるようなので，そこでまとめて回答させていただきたいと思います。その上で，恐らく主たる質問であろう外形標準課税についての御質問に回答させていただきたいと思います。

　回答としては，今回，私の立場としては税務会計という立場で，特に，タイトルでも課税所得というところの検討対象から来ておりますので，その観点からいくと，資本割については無差別である，回答できないというのが答えになるはずです。ただ，この答えで終わってしまうと報告者としての責任を果たしているとは思えませんので，ちょっと報告の範囲を外れて，私なりの私見という形で述べさせていただきたいと思います。

　今，無差別と述べたのは，所得というものを課税するという観点から考えると，外形標準課税というものが所得に該当するかどうかという点を考えて，外形標準課税を何課税という分類にするか。所得か資産か消費かといったときに，その本質からすると，企業の何らかの財産に対して課税する資産課税に近い性格かと思います。ですから，資産課税の課税の仕方に関して，所得の概念から回答することはできないだろうというのが，先ほど申した見解です。

　ただ，これでもまだ回答としては質問者の趣旨には足りていないと思いますので，もう少し具体的に，資本割というものに関しての見解を述べてくれということだと思います。これについては，資本割に関しては，所得課税という観点からいくと，先ほどいったように，本来ここを所得で概念するべきではないでしょうけれども，当然，所得というものを，報告の最後でも述べさせていただいたような，原資には課税をしないというところに特質があるものと捉えた場合，資本割というものは，元手ともうけというものに分けるとしたら，元手のほうに該当するものになりますので，今後，同等の活動ができなくなる，税金の分だけ縮小した生産活動をしなければいけなくなる可能性がある。その点でいけば，資本割は妥当ではないのではないかと考える次第です。

　こちらで回答としてよろしいでしょうか。

湖東（元静岡大学・税理士） はい。ありがとうございました。

石村（白鷗大学） ちょっといいですか。たぶん，外形標準課税といっているから，外形という意味では，付加価値割と資本割とか，そういうものがあるのだけれども，本来の所得型の付加価値税の場合は，付加価値割の部分だけなのですよね。だから，日本の所得型の付加価値税なのに，

外形標準課税という名称を使って，外形標準の一要素として資本金を入れていますから，それを本来の所得型の付加価値税として戻すという意味で，資本割をとってしまうという案なのかもしれないなと感じます。

以上です。申し訳ございません。

司会 では，続きまして，黒川先生より質問が来ております。では，黒川先生，お願いいたします。

黒川（日本大学） 日本大学法学部の黒川でございます。最後のまとめの部分で，金子先生が採用しておられる，原資，すなわち資本を課税の対象から外すということが，拡大再生産の維持につながると。これは所得税の根本思想ですけれども，これをそのまま採用するということには疑問を持たれないのでしょうかというのが私の質問でございます。根本の意識では湖東先生のところとかなりダブっているなと思ったのですが。

つまり，資本といっても，その相手方といいますか，それは，要は期末純資産ですよね。これが翌期に全て生産活動に投入されて生産財に転化するという前提は，実社会ではほとんど起こっていない。むしろ，巨大な資本を抱えているところは，そのほとんどが，生産活動ではなくマネーゲームのほうに流れて，実際には社会の生産活動に役立っていかない。してみると，課税上保護する，課税対象から外すということの論理的正当性は成り立っていない部分があるのではないかという疑問を私は持っているのです。

そこで，結局，そういう点を考慮しますと，過去に蓄積されてきた巨大な余剰といいますか富が自動的に課税の対象から外されるという意味では，今日，一番公平といわれている所得税であっても，それは資本主義税制としての限界を最初から備えている。こういう点までスコープに入れた場合，結局，先生のお考えはどのようになる可能性があるのかなと。現時点では，今，社会で採用されている所得税の前提をそのまま踏襲されているように思いますけれども，こういう意地悪な質問を加えられたときに先生の御見解はどうなるのか，簡単にお聞かせいただきたいと思います。

金子（東洋大学） 御質問ありがとうございます。回答に先立ちまして，たぶん，言葉に反応されている先生もいらっしゃると思いますので，個人的にはノンポリというか，あまりイデオロギカルな議論は好まない，中立的に議論をしたいというタイプなので，ここで書いてある言葉の趣旨としては，先ほど述べましたように，元手には課税をしない，元手ともうけとを分けたときの元手というものを大事にして，その元手から増えた部分がもうけなのだ，それが所得なのだと考えています。もっといえば，所得課税の対象となる課税所得の基礎は，その増加分でなければならない。逆に，増加分であるから，元手を残したままで次なる活動ができる。あえて生産といわなくても，次

なる活動ができるというような考えがあると思います。一応こういったことを基礎と思っています。

その観点から，御指摘のように，資本というか原資というかはわかりませんけれども，拡大再生産の維持という前提をそのまま強いてよいのかという質問について，私は，今言ったように，所得課税の基礎としてはそういう考えがあるだろうと思います。ただ，恐らくここで，報告ではいっていなかったのですけれども，付言しなければいけないのは，活動を継続することが目的になるわけですから，単にノミナルなものでいいのか，1万円が資本だから，1万円だけ残して残りはという話でいいのか，が問題になります。例えば物価が上昇しているときには，場合によっては物価の変動を考慮した資本概念等を採用する必要がある。そういったものは考えざるを得ないのではないかと思います。

その上で，回答として求められているのは，要はマネーゲームの部分は，所得を構成しないわけではない，所得は構成すると思うのですけれども，これをどういう取り扱いにするのかという問題なのではないかと思います。そして所得は，もうけの部分なので，生産活動から出てくるか，マネーゲームから出てくるかを問わず，元手から増える増加分を課税の対象とすることに所得課税のある種の意義があるのでしょう。その上で，例えばマネーゲームに関しては，もうけとしての質が違うということだったら，高税率を賦課するとか，そのような政策的な対処が起こることはあり得ると思いますが，課税所得であるかどうか，所得課税のもととなる数値として扱うかどうかということに関しては，増えた分ということであることに違いはないと思います。

その上で，ちょっと私，実はわからなかったので，報告者から質問するのは失礼で申し訳ないのですが，私の手元のメモだと，「資本主義税制の論理として相対的評価をしておく必要」とあるのですが，ここでいう相対的評価というのが，どういうニュアンスのものか教えていただけると回答しやすいのですが，よろしいでしょうか。

黒川（日本大学） 確かに，新たに稼得した富に対する課税という点では包括的であり，その議論からすると総合累進課税，その枠内では，その限界の中ではあるけれども公平が保たれる。そういう限界がある。例えば，巨大な実現利益が所得概念の中に流れ込んでくる，そうすると，これまでの観念でいうと，原資に対する課税が始まるのではないかということもあるのですが，逆にいいますと，巨大な含み益を抱えているような納税者というのは，確実にそうとはいいませんが，多くの場合，過去に大きな富を蓄積して，それが課税から逃れられている，課税対象になっていない，大きな担税力を抱えている納税者である確率が高いということですから，ただ単純に，これは困った

という評価でいいのでしょうかという疑問が質問者にあったわけですね。

　それと、これはむしろ隣の隣に座っていらっしゃる石村先生あたりにお答えいただきたいと思うのですが、アメリカだと、たしかトヨタが5年間法人税を1円も払っていなかったといって、世間が啞然としたというようなニュースがありましたけれども、アメリカだったら、サーキットブレーカーがあって、特例措置を使い切ってゼロにまではできない、だいたいミニマムタックスがあるのですが、その計算の中でも、本当にこの会社が生産のために必要なものを具体的、個別的に計算して税負担を決めていくようなスタイルがたしかあったと思うのです。アメリカのように、資本主義が一番発達しているところで、逆に矛盾が限界までいったときに、それを修正する制度が出てくる。

　報告者の先生からいいますと、例えば個別の引当金のように、必要なものを控除していくという制度であればわかるのですが、前期末に持っていった金額は全部課税対象外だという点について、ただちにそれを所与の前提として採用すべきものかどうかという点については、私には疑問が残ったということでございます。

石村（白鷗大学）　黒川先生からの「内部留保に対する課税のあり方」などに関する質問は、多岐にわたっています。ここでは、法人の「内部留保税」(tax on corporate reserves)、「二重課税」の問題に傾斜する形でお答えします。内部留保税あるいは内部留保金課税とは、いったん課税を受けた税引き後の所得にもう一度課税することにつながります。ですから「二重課税」ではないかとされるわけです。

　理論的には、内部留保は、企業が運転資金（working capital）を、金融機関からの借入、社債の発行、増資などの「外部資金」、「他人資本」ではなく、「内部資金」、「自己資金」を活用する方が合理的との理由から是認されます。これに対して、こうした運転資金は、「他人資本」によるべきであり、配当されずに運転資金に回されずに合理的限度を超えて企業内に留保された額に対して留保金課税をすべきであるとする考え方があります。ちなみに、わが国では、中小法人（特定同族会社）に限定して、留保金課税を行っています（法人税法67条）。

　留保金課税制度を精査する場合に参考となるのは、アメリカ連邦法人税上の「留保金課税制度（AET＝Accumulated Earning Tax）」です（内国歳入法典／IRC　531条～537条）。アメリカは、法人実在説（separate taxable entity theory）に基づき法人を独立した納税主体（independent taxpaying entity）として課税をすることになっています。したがって、法人にも、超過累進課税（15％～39％）で課税しています。

　こうした法人課税の仕組みのもと、AET（留保金課税）は、課税庁（内国歳

入庁/IRS）が，法人が「事業のための合理的必要性（reasonable business needs）」がないのにもかかわらず，配当をせずに法定許容限度額を超える税引き後所得を留保していると判断する場合に行われます。課税庁は，法人が配当せずに留保する税引き後所得のうち25万ドルの基礎控除額を超え，社内に留保された金額を課税の繰延べであると推認し，39.6%（個人所得税の最高税率）で，その法人に追加的に賦課課税できることになっています。AETは，閉鎖会社（同族会社）か公開会社かを問わずに適用されます（詳しくは，拙論「法人留保金課税制度の日米比較」白鷗大学法科大学院紀要7号〔2013年12月〕参照）。

わが国は，「大企業には減税，中小企業や個人には増税」といった租税政策の流れの真っただ中にあります。そして，現実の各種租税政策の是非が問われた場合，あるときは法人擬制説，別のときには法人実在説と，都合よく持ち出されている感じがします。同族会社だけをターゲットに留保金課税を実施する理論的な根拠は，不透明ですが，同族会社は租税回避傾向が強いことを理由としているようです。しかし，大企業の巨額の租税回避的な内部留保に大きな疑問符がついている現在，「課税の公平」を考えれば，むしろ，こうした大企業にこそ内部留保課税を行うべきではないかと思います。

司会 では，金子先生お願いいたします。

金子（東洋大学） もう御回答いただい

ているようなのですが金子宏先生がどのように書いているか，そこはいいかげんなのかそうではないのかは別として，ただ，先ほども話にありましたけれども，要するに二重課税になるだろうと思います。前期末のものというのは，本当のもとの元手の部分，出だしのお金がどこから出てきたかというのはまた別の問題があると思います。別の所得で稼いできたものなら，既に所得が課税されているべきだろうとか。そういう形で出てきた原資の部分からの増加分を所得として課税するという原理自体は否定されるべきものではないでしょう。

マネーゲームの部分も，先ほど神学論争という話でありましたけれども，所得課税というものの他の税に対するアドバンテージを考えたときに，経済活動に対して，その点では比較的同等の活動を続け得るであろう。これはマネーゲームかもしれませんけれども，マネーゲームであったとしても続け得るであろう。経済全体がどうするかというのはまた別の観点が必要だと思います。ただ，少なくとも税制の特質として，所得課税というのは，その点では消費資産に対してある種のアドバンテージがある。その理由としてはここなのだろうという指摘だと御理解いただけると，本日の報告の趣旨が少しは伝わるのかなと思っております。

黒川（日本大学） さらっと前提として受け入れて流してしまうのではなくて，一応，研究，検討の対象でもあるのだと

いう点が話の中で明らかになっただけで十分満足でございます。ありがとうございました。

司会 続きまして，金子先生に武石先生から質問が出ておりますが，武石先生は会場におられないようですので，私のほうで読み上げさせていただきまして，御回答をいただきたいと思います。

「金子先生は，BEPS問題について，「現行税制の隙間や抜け穴をついて，より有利な課税措置を受けられる場所に人為的に利益を移転する企業の税務計画戦略に，国際的に合意し，協調した上，対応をとる上で欠かせない要素となると考えています」と，OECD事務総長の発言に言及している。先生は，BEPS問題を「政治化」と述べているが，国際的に合意・協調の名のもとに，学問的に説明がつかない決着が，これからOECDでなされるとしたならば，これは許容できるものではないと思われます。このことを是正するための先生の御見解をお聞かせいただければと思います。」

以上です。金子先生，よろしくお願いいたします。

金子（東洋大学） BEPS問題の政治化という言葉を使っていますので，恐らく出てくるであろう質問だと思っていました。何をもって論理というのかは難しいところですけれども，論理的ではない，学問的に取り扱いが難しいような決着が起こる可能性はあり得ると思います。これは許容できるものではないというのは，御指摘のとおりかもしれません。ただ，国際協調の名のもとにそういうことが行われてきたことも，恐らく探すといくらでも出てくるところだと思います。

いいか悪いかといったら，当然，異論のないところに，やむを得ずとはいえ，何か協調するということはあまりいいことではないだろうというのは単純にいえる。回答するとしたらたぶんこういう回答になるのでしょうけれども，1つだけ付言させていただくと，ただ，学問的に証明がつかないという表現を使われた質問になっていますので，説明がつかないという場合に2つのパターンを考えております。

1つは，まさに非論理的な決着，どこかのわがままみたいな話で，誰かが得をするだけで，理屈も根拠もなく，力ずくでというような決着が出るとしたら，まさに論理的ではないかもしれません。ただ，その場合は，ほかの国が本当に協調するのかというのは，若干疑問があります。よほど圧倒的に強い存在があって，そこに引きずられるように決着がつく場合，独裁状態の内政のような場合がこういうことかと思いますけれども，国際的な議論の中でこういう決着がつくことはあまり多くないだろうと思います。

ただ，もう1つ考えられるのが，学問的に説明がつかないといったときに，複数の理論が混ざってしまう。日本では従来，収益費用アプローチというような考え方をとったのに，海外では別の考え方

をとっている。それが混ざってしまう。そうすると，ある部分はA，ある部分はBというような形で，学問的に全体像を説明できない，無矛盾な形態ではなく，矛盾だらけの決着ということがあると思います。ただ，この場合は，その解釈あるいは取り扱い，あるいはその濃淡というところで，各国がある種の歩み寄りをして，その全体像の構築を，たぶん，一本の学問的な説明はできないという状態にはなるのですが，その部分部分をある種ピースミール的に取り入れ，各国が，各国の利益の中で，譲れる部分，譲れない部分を交渉して，妥結する，妥協していくということが起こり得るのだろう。恐らく，後者の解決の場合においては，許容し得ないとは限らずに，まさにそれが政治の産物となるのかなと考えております。

司会の先生，これでよろしいでしょうか。

司会 はい。ありがとうございました。

では，これで税務会計の金子先生への質問を終わります。

続きまして，鶴田先生への御質問ということなのですが，静岡大学の安藤先生から，グローバル化した企業から見て国家とは何かと。これは，思うには，今，BEPSの議論ということで，鶴田先生にまず代表してお答えいただきたいのですが，安藤先生からは，報告者全員，今回のテーマに共通するということで，全員からコメントをいただきたいという形になっています。安藤先生，御質問をよろしくお願いいたします。

安藤（静岡大学） 今おっしゃられたとおりです。グローバル化した企業から見て国家とは何でしょうか。諸先生は，別にグローバル企業の当事者ではありませんが，なったつもりでお答えいただければと思います。

司会 それでは，鶴田先生，よろしくお願いいたします。

鶴田（関西大学） グローバル化した企業から見て国家とは何かということですが，財政学の対象というのは，まさに国家でもあり，また国家の経済活動でもあるわけです。我々が租税論を勉強したときに，島恭彦先生の『財政学概論』が最初のテキストなのですけれども，島先生のすぐれていた点は，租税論における資本と労働の対立という視点を明確にされていた点であろうと思います。これが我々が今も受け継いでいる視点ですけれども，そのすぐれている点は，租税負担をめぐって社会の中で起こるさまざまな負担転嫁闘争を資本と労働の階級対立の中で捉えた点にあると思います。しかも普通，負担とか帰着という議論をする場合には，経済的過程の問題としてだけ議論をされることが多いわけですけれども，実際には行政的あるいは政治的な転嫁闘争とのほうがむしろメインかもしれないという発想で捉えられているわけですね。そういう意味で，租税負担の転嫁をめぐって資本と労働とが対立する。もちろん，

いろいろな諸階層の利害がそこに錯綜してきますから，税制改正の過程は非常に複雑な様相を呈するわけですけれども，基本的な対立関係は現在でも変わりはないだろうと思うのです。

EUの報告書の中でも，資本の国際化，グローバル化が進む中で，税負担が次第に資本から労働へと転嫁されつつあるという報告書も出ているわけですが，そういう点から見ますと，国の財政のバランスシートで考えると，資本は絶えず，費用については社会化をするけれども，利益，便益のほうは私化あるいは個別化をするというのが，基本的な傾向といっていいかと思うわけです。つまり，社会に対して費用を押しつけるにもかかわらず，その費用の負担はしない。他方で，利益が出てきた場合にはそれを最大限自分のものにするというのが基本的傾向といえるだろうと思うのです。これは国内だけで，閉鎖経済で考えてみても同じで，バランスシート上は，絶えず資本は，費用については社会に押しつけ，利益は自分のものにするというのが基本的傾向です。したがって，いわばどんなに民主国家になっても，絶えず基礎過程では，税負担の転嫁をめぐって資本と労働の間で，資本はできるだけ負担を逃れて，労働に転嫁しようとする傾向が強まってくる。そういう意味では，国家というのは資本が費用を社会に押しつけ，その利益をみずからのものにするというプロセスを遂行する場というのでしょうか，舞台という

のでしょうか，そういうものとして捉えられるのではないか。

そういう点で，さらに今，これが国内的な閉鎖経済のレベルだけではなくて，まさにグローバル化した舞台で進みつつあるのが現状ではないかと思うわけです。ですから，この過程が進めば進むほど，いわば租税回避が進んで，資本所得，企業課税の負担がどんどん軽減され，あるいは最後には負担をしない。そのツケは結局労働に回る以外ないわけです。税負担が労働に回るだけではなくて，ミシガン大学のAvi-Yonah先生が指摘をされているように福祉国家そのものの基盤が租税競争の中で崩壊しかねないおそれがある。まさに資本は，グローバル化すればするほど，各国のいわば便益，公共サービスにフリーライドする一方，にもかかわらず利益は全部自分の手に入れていくというプロセスが今進行中だと思うわけです。そのためにさまざまなタックスプランニングの手段が駆使されている。

資本と労働の対抗関係が今やグローバル化した時代に入っているということで，それをどうするかとなると，結局，最終的には世界的規模での，ワールド・タックス・オーガニゼーションのような機構が必要になるのではないか。昔，IMFの財政局担当の理事であったヴィト・タンジーがワールド・タックス・オーガニゼーションに関する論文を発表していますし，ほかにもそうした主題を扱った学術論文が多く出されています。あるいはま

たフィンランドの経済学者であるパトメキもトービン税の考えを発展させてその国際的な調整と管理の機関を設立することを提唱しました。いずれにしてもそういう時代を迎えている。

　国家とは何かといった場合，いろいろな議論があり得ると思いますが，ここではとりあえず資本の自己利益を追求する舞台になっており，国家のほうもグローバル企業の競争力を支援するために税財政政策の間でさまざまな優遇措置を提供している点に特徴があるのではないかと捉えておきたいと思います。以上です。

司会　安藤先生，これは各先生方に伺っていくような形で進行してよろしいでしょうか。

安藤（静岡大学）　できれば。

司会　ちょっとイレギュラーな形になりますけれども，漆先生，よろしくお願いいたします。

漆（大阪経済大学）　答えるのが難しい質問なのですが，私は，課税管轄がなぜ税を課してもいいのかといった研究をしていたので，グローバル企業から見たときに，今，国家というのが，これだけの税金を払ってもいいと思える存在なのかは疑問に思っています。特に，法人，グローバル企業ということで縛ると，さらに，これは利益追求的な考え方でいくと，国家から受け取る利益って何だろう，財産権を保護してくれることなのか，インフラを使ってもいいことなのかと，いろいろあることはあると思うのですけれども，特にたくさん税金を課されることについて，企業側が納得できる理由はそんなに多くないのかもしれないというふうにも少し思っています。

　実際に，今ちょっと持っていないのですけれども，カナダの学者さんの中には，「有害な税の競争」のレポートのときには，先進国の各国が非難する側だったけれども，それが今となっては，みんなこぞって税率を下げていると。それはタックスヘイブンだとますます顕著ですけれども，タックスヘイブンは，ペーパーカンパニーとして，所在だけそこに置くことを許可するだけの国なので，そういう国に対してはほとんど税金を払わない，もしくはものすごく少ない税しか払わない。それは，逆説的な考え方ですけれども，企業から見て，国家から受けているものが，それだけのペイでしかないからだというようなことをおっしゃっている方がいました。

　先ほど，鶴田先生が，福祉国家は崩壊していくのだというようなこともおっしゃっていましたけれども，そのように考えていくと，特にグローバル企業から見ると，一国家というのは，特に何の思い入れもインパクトもたぶんないわけですね。例えば，トヨタにとって，日本というのが大事な国で，ホームカントリーだというのはあるかもしれないですけれども，そういう心情的な思い入れを除いては，経済的な，市場が大きい小さいとかはあるかもしれないですけれども，どこ

143

の国にならどのくらい税を払って納得できるのかというのが，結構難しくなっているかなと思います。

なので，グローバル企業から見て国家とは何かといわれるとちょっと難しいのですけれども，現状では，企業から見て，税というのは，広い意味でのコストであって，そのコストはできるだけ削減したいし，削減しない理由はないと思っているのではないかと思います。

最初にいただいた帰属主義についての質問が，やっと何の話かわかったので，時間があったら答えさせていただきたいのですけれども，後のほうがいいですか。

司会 はい。一通り終わったところでお願いいたします。では次に井上先生，お願いいたします。

井上（弁護士） 欧米の多国籍企業を考えますと，税引き後の利益をいかに最大化するかに大いなる関心があるわけで，それは最終的には，株主の利益を最大化して，それに伴って利益に連動した報酬を経営陣が得るところを目指しているように思われます。このような企業の観点からすると，その目的に奉仕する税制や制度，インフラを用意するところはどこですかという形で国家を選別するということになるのでしょう。そうすると，鶴田先生がいわれたようなフリーライドの話がやはり深刻な問題として起こってくるように思います。

司会 では次に金子先生，お願いいたします。

金子（東洋大学） グローバル化した企業から見た国家とは何でしょうかと聞かれると，質問者の方がおっしゃっていたように，なったつもりで答えるしかないなと。なったつもりで答えるとすると，恐らく規制機関または規制だろうと思います。税も含めて，取引のルーリングも含めて，そういう規制をするのが国家というふうに企業は見ているのではないかと思います。

ただ，これだと答えとして不十分かと思いますので，私なりの考えをいいますと，国家というのは基本的に国民の利益の集合のようなもの，それゆえにコストの負担は国民がしなければいけないというような位置づけであろう。恐らくここはいろいろな御意見があると思いますが，相当単純化していますので，そこは御了承ください。そう考えたときに，グローバル化した企業と国家の関係として，「から見た」ではなくて，関係として捉えると，小さい国家に対して，より大きいサイズの企業というようなものが生じてしまう。その場合，2つの視点が必要になって，国家をまたいだ存在というものが，例えばA国とB国に同時に人が存在する，トヨタというのが日本とアメリカに同時に存在するというふうに見るのか，日本にトヨタAさんがいる，アメリカにトヨタBさんがいるという形で，企業の中でも，例えばセグメントなり何なりで，実際，法的には同一人格だとしても，概念的には別人格として，それぞれ

の国民と見るのか。こういう2つの見方ができ得るのだろうなと。

　恐らく，課税を考えるときには，そのどちらをとるかによって，主体が決まらないと，特に所得に関しては決まらない傾向がありますから，そういう点で，グローバル化した企業というのをお化けのように，2つの国にまたげるのか，あるいはまたげないで，擬似的に2人の人がいるというような見方をするのかというのが大事になるのかなと考えております。

岩本（大阪経済大学）　私は，税制の専門家というよりも，グローバル企業に身を置いてきた経歴が長いものですから，実務経験から申し上げますと，グローバル化した企業は国家に対してどう思っているか。なるべく自分の都合のいいルールをメークしてくれたらいいなと思っているはずだと思います。

　私が実務をしておりました為替の取引で，1998年にアジア通貨危機というのがございまして，そのとき，投機筋，ジョージ・ソロスに代表される人たちですけれども，アジアの弱い国の通貨をめちゃめちゃ売り込むということをしておりました。その中で，マハティールさんという方だけが，首相でしたけれども，彼が唯一，こういうことをしてはいけないのだということを激しくいいまして，マレーシアだけは規制をしっかりして，そのときに2つの反応がございました。

　1つは，ヘッジファンドを代表して，ソロスがそうですけれども，自由主義なのだから何でも好き勝手なことをしてもいいはずなのに，どうしてマハティールはああいうことをいうのだという人たちがいっぱいいました。そういう人たちが2000年代を通じて非常に強力になっていったわけです。もう1つは，非常に健全な考え方をして，確かにそうだよねと，国家は誰のものなのか，お金は誰のものなのかというところまで突き詰めて考えれば，たかが一介のヘッジファンドが好き勝手にしていいことはないという考え方もございまして，やがて十数年たちましたけれども，世界経済はこれだけ疲弊をしているのが実態でございます。

　そう思うと，国家の本来の役割というのは，しっかり規制をつくる，それから再分配の機能をしっかり構築するというのが重要な部分だと思うのですけれども，まことに残念ながら，現状は，先生がおっしゃっていたように，資本から労働に税負担をいかに移転するかということに執心しているのが現在の国家，特に先進国だろうと思います。ここの部分を改正できるのは，実は税制の専門家の皆様，先生方だと思いますので，方向が間違っているのではないかというような声を上げていくことが，正常な状態に近づけていくのではないかなと個人的には考えております。

司会　今の報告のところとは関連しないですけれども，日本大学の伊藤先生からの御質問で，帰属主義の課税の問題ということについてですが，もしかしたらこ

れは井上先生と漆先生にかかわってくるようなテーマではないかと思うのです。これは平成26年度税制改正の帰属主義ということについて，それをどう評価するかという御質問でしょうか。

伊藤（日本大学） 日本大学法学部の伊藤です。帰属主義への変更が予定されているわけで，それによって，漆さんの報告における居住地課税等の問題と絡めて，どういう御意見をお持ちかなというところが質問で，単純な質問だったのです。

漆（大阪経済大学） すみません，何か混乱してしまって。PEの話ですね。日本が総合課税をしていたのが，帰属主義にPEについて変わるということですけれども，ある方の論文で，世界的なコンセンサスとして，1920年代のときから，アクティブインカムはソースで，パッシブはレジデンスで課税したいというのが世界的なコンセンサスだったのだと。PEというのは，何がアクティブビジネスインカムを構成するのかを定義しているのだということをおっしゃっている方がいました。

今，帰属主義に変わるとなると，日本で課税できるものが，国内源泉かどうかではなくて，PEに帰属するかどうかに大きく依存するようになってくるということだと思うのですけれども，これはすごく大まかにいうと，源泉地国に対して，PEへの縛りがきつくなるということだと思うのです。

鶴田先生の報告レジュメの7ページに，源泉地国課税も，これは優遇措置とは違いますけれども，次第に縮小と書いてありました。なので，源泉地国に対しても，居住地国が，国外所得免除方式を採用することによって，居住地国としての課税権を一部放棄するような形になっていると思うのですけれども，源泉地国課税についても，ある意味で縛りはきつくなるのかもしれないなと思いました。日本の個別の制度についての問題ではないので，かなりざっくりとした感想で申しわけないのですが。

御質問ありがとうございました。すみません，混乱させてしまいまして。ありがとうございます。

司会 この点，昨日の井上先生の御報告のところでも冒頭で触れられていました。ただし，現状は現行法の適用のところでお話しするということだったのですが，租税条約に関して非常に重要な論点ですので，井上先生にコメントいただければと思います。

井上（弁護士） もう御存じの方は多いと思いますが，最初に，帰属主義の意味について改めて確認しておきましょう。外国法人によるインバウンドの取引を前提としたときに，これまで日本は総合主義を採用していました。総合主義の下では，外国法人の支店PEが国内にあると，支店PEへの帰属の有無を問わず，国内源泉所得であれば，全て法人税課税の対象となります。それを帰属主義に変えたということは，PEに帰属するものだけ

に法人税課税をするのを原則とすることを意味します。極めて大まかにいうと，PEに帰属しない国内源泉所得，すなわち外国法人の本店が日本で直接取引をしたときに，日本で発生する利子，配当，使用料等の国内源泉所得については，源泉徴収税だけで課税関係を終了させ，法人税課税の対象としないというのが，帰属主義への転換の意味です。

日本が現在締結している租税条約は全部帰属主義をとっておりますので，国際的な潮流からいったら総合主義というのは時代遅れではないかと長くいわれておりました。それをようやく平成26年度税制改正で変えたということです。ただし，細かい話をすると，帰属主義にも2つあることに注意しなければなりません。それは，従来型の帰属主義とAOA（Authorized OECD Approach）を前提とした帰属主義の2つです。どちらを国内税法は採用したかというと，AOAを前提とした帰属主義を採用しました。

ところが，租税条約の方は，AOAを採用する前の，従来型の帰属主義を採用しているものがほとんどでして，唯一の例外は新日英租税条約です。そうすると，そこでまたミスマッチが起こります。すなわち，従来型の租税条約を締結しているときは，AOA型の帰属主義をとっている国内税法を書き換える場合があるということになると思われます。

司会 恐らくこれは国際課税原則ということで，鶴田先生も先ほどお名前が挙がっていたと思うのですけれども，もしコメントがあれば，お願いしたいのですが。

鶴田（関西大学） 今指摘されたように，要するにこれはいわばPEに関連する原則の変更だけにかかわる問題であって，PE問題は確かに今回のBEPSでも非常に重要な論点にはなっていますが，国際課税ルール全体にかかわる原則の変更ではないわけですね。その辺を何か誤解されていると，ちょっと混乱が起こるのではないかと思います。

私が今日問題にしましたのは，PEの総合主義から帰属主義への変更という問題ではなくて，要するに，今までの居住地主義を発展させる方向でいくのか，それともテリトリアル方式でいくのかという，大きな国際課税原則の類型があって，両方とも純粋のいわば全世界課税主義でもないし，領土主義に徹しているわけでもないわけですね。どこの国も，どちらかというと全世界所得課税主義に傾いている国，どちらかというとテリトリアル方式に傾いている国，こういうまだら模様の，ハイブリッド型の課税制度が混在していて，その隙間を狙って，ループホールがあるので，タックスプランニングがやりやすくなっている。

そこをどうするかということが今迫られているのではないかということで，一体どっちの方向に今度行くのかとなると，私としては，どちらかというと，クラインバードの主張する，発生ベースという，国内でも難しいことが国際間でできるの

か，非常に国難ですけれども，理念型としては，そういう発生ベースで全世界所得を捕捉する課税という方向が，一つの目指すべき方向として，理念型としてあり得るのではないかということを提起したわけです。

ただ，その点はまだ非常に抽象論のレベルですから，増井良啓先生が，そこは多国籍企業の選択可能性とのバランスで考えないとうまくいかないのではないかと指摘されているのは，当面の対応ということでいえばそのとおりではないかとも思います。

ですから，これは今後まだしばらく続く論争でもあり，また現実の政策的対応の違いにもなってくるのではないかと思います。

司会 それでは，続きまして岩本先生に松井先生から質問が来ております。松井先生，よろしくお願いいたします。

松井（税理士） 税理士の松井でございます。今回は，衝撃的な御報告ありがとうございました。すごく参考になりました。まだまだしゃべり足りなかったのではないかと思って，その分もうちょっとしゃべっていただきたいなと思って，質問させていただきました。

アメリカで消費税が導入されない理由についてありましたけれども，戦時利得を捕捉するものとして，好ましくないという議論が第1次世界大戦，第2次世界大戦のときにあったと思うのです。実は，アメリカで連邦消費税（売上税）の議論というのはたぶん1920年ぐらいから始まっていたと思うのですけれども，先ほどいわれたように，割とアメリカというのは，税制は透明で，民主主義の国ですから，軍備でもうける企業に課税しないで，消費税（売上税）を課税してどうするのだという議論がたぶん，議会であったと思うのです。今でもアメリカは常に戦争しているのですけれども，後のところで，高所得者資産格差の問題をスライドで説明されなかったのですけれども，その部分を含めて，そういう議論はされているのですかという質問です。

岩本（大阪経済大学） 御質問を頂戴いたしまして，まことにありがとうございました。

最初に結論から申し上げますと，御質問の部分ですが，第2次世界大戦直後のことに関してなので，私が今回集めたデータの中には，残念ながら該当する資料はございませんでした。今手元にあるのが1960年代の後半から70年代あたりまでのものを，ニクソン大統領図書館というところとメリーランド大学の財務省関連資料ということで集めてきまして，私の個人的な話で恐縮ですが，今，ドキュメントとしては7,000枚ぐらい手元にございまして，逐一読み込んでいるような作業をしている状態です。

ただ，今回，付加価値税，消費税増税の時期と非常に重なっておりましたので，何とかこの消費税の問題だけは問題提起ができないかなと思いまして，最初に付

加価値税，消費税に関する部分から，今，文献を読んでいる次第でございまして，今後，読み進めていく中で，先生が御質問に思ったことも出てくるかと思います。もし機会を頂戴できるのであれば，また今後の発表のとき，あるいは論文として発表させていただきたいと思っております。

それから，今のアメリカですけれども，オバマ政権は比較的格差是正の方向に重点を置いておりまして，なかなか日本国内では伝わりにくいのですけれども，やはり中間層を復活させる，中間層になるべく所得をあげようということをしておりますので，そういった中で，例えば先ほど申し上げましたフランスのトマ・ピケティという経済学者は，実に4月の段階でアメリカに渡りまして，ルー財務長官としっかり話し合いをしているとか，経済顧問の担当者といろいろ話をしているというのを聞きましたので，格差是正のための税制は一体どうしたらいいのかというところを，現在のオバマ政権はかなり深刻にというか，真剣に話していると思います。

ところが，アメリカの大統領は2期8年までということで，彼の任期は2016年で終わってしまいます。その後に今の流れが継続するのかどうかというのが非常に疑問な点で，この間の中間選挙も共和党のほうが優勢でしたので，共和党ということになると，より企業寄りの政策を展開することになりますと，せっかく格差是正に動き出してきた税制ですとか方向性が，ちょっと2017年以降は変更になるのかなと。昨日の発表でも，やはり2016年を意識して，税源浸食と利益移転のアクションプランなども進められているというお話もありましたが，さもありなんだなと思った次第です。

個人的には，ここ2年で格差是正の動きがぐっと進んでくれればいいなと考えております。ありがとうございました。

司会 質問用紙でいただいた質問は以上になります。

まだ時間もありますので，会場のほうから今の回答に関する質問ですとか，発表に対する質問とかがありましたら，ぜひ御質問をお願いいたします。よろしくお願いいたします。

いかがでしょうか。ございませんか。

司会 フロアのほうから御質問がないということですと，まだお時間としましては40分ぐらいございますので，せっかく報告者の方々にいらっしゃっていただいて，恐らく報告時間の中で無理やり押し込めて御報告いただいた方々も結構いらっしゃったと思いますので，これも司会の裁量で，もし御意見があればということなのですけれども，それぞれの先生方のところで，これは触れておきたかったのですけれども時間の関係上割愛した，あるいは省略したというようなこと，補足等がございましたら，漆先生から5分程度ずつ，それぞれの御報告を踏まえまして，コメントというか補足をお願いできればと思います。よろしくお願いします。

漆（大阪経済大学） 私は，自分の報告は，結構予定どおりの時間で，やりたいことは全部言い切って終わったと思っているので，そんなに補足するところもないのですけれども，お昼休みに井上先生とお話しさせていただいたときに，先ほど井上先生もちょっとおっしゃっていましたけれども，日本は居住地国課税ではないのですかというふうにいわれて。それもそうなのですよね。ハイブリッドというふうにいいましたけれども。

私は鶴田先生と同じ資料を参照しているかわからないのですけれども，鶴田先生の資料の7ページ目，私の資料だと何ページ目ですかね，OECDでもほとんどの国が―私のは「過半数」とぼんやり書いていますけれども―領土主義課税方式によっていると書いてあるのです。でも，井上先生に御指摘いただいたように，居住者が直接稼得した国外所得については，確かに居住地で課税している。そうしたら，それは居住地国課税，全世界所得主義なのではないかといわれると，それも確かにそうなのです。

なので，ハイブリッド，ハイブリッドといっていますけれども，この全世界所得課税方式，領土主義課税方式，それぞれいろいろなところで全世界所得課税方式の特徴を持っている点と領土主義課税方式の特徴を持っている点が各国いろいろある。だからハイブリッドといわれているのですけれども，その明確な境目というのは結構わかりにくいなというか，

私は，日本が国外所得免除方式を導入したときに，外国の文献では，日本はハイブリッド・エグゼンプションだ，イギリスもハイブリッド・エグゼンプションだというふうな参照のされ方をどこでもされているので，そのまま書いてしまっていますけれども，明確に両極が全世界所得課税，領土主義課税とあったときに，ではどこから先がハイブリッド領土主義，どこから先がハイブリッド・ワールドワイドなのかというのは確かに結構難しいなと思いまして，もうちょっとそのあたりも緻密に考えるべきだったかなと。

だからこそ，鶴田先生が引用なさっている増井先生のコメントは私も拝読したことがありまして，増井先生は修正の度合いという言葉の使い方をなさっていて，だから私もレジュメのほうでは「修正を強める流れ」というふうに書いているのですけれども，どっちがどっちというのは難しい話だなということを，先ほど，お昼休みに思いました。

あとは，そんなにすごく言いたいことがあるわけではないので，石村先生にバトンタッチします。そんな感じで。石村先生は言いたいことがきっとたくさんあると思うので。

石村（白鷗大学） 今の若い人は，そういう感じで，いつも高齢者をいじめて，大学でも大変なのです。

アメリカは「連邦国家」です。わが国のような中央集権的な「単一国家」とは異なります。先ほどの岩本先生の報告に

異論があるわけではないのですが，アメリカの場合，わが国の地方税法のような連邦のモデル税法典もありません。州間，地方団体間でも"競い合うこと"を重視するアメリカでは，各州や地方団体の税制はまちまちです。まさに「税のるつぼ」状態です。"1つにまとめ上げられることを好まない"アメリカにおいて，連邦レベルでの新税の導入は，容易ではない壮大なジョブなわけです。

もちろん，アメリカの大学の紀要などに目を通してみますと，連邦レベルでの付加価値税（VAT），一般消費税を導入してはどうかとの議論はあります。しかし，現実には，現在諸州や地方団体が導入している売上税（sales tax）をどうするか，つまり，①州や②地方団体の売上税に加え，③連邦段階での消費税を導入した場合，3段階の消費課税をどう調整するかが難題です。オバマが再選された大統領選挙時に，当初共和党側の大統領候補にノミネートされ後に降りた人で，連邦レベルでの一般消費税の導入を選挙公約に挙げた人がいました。しかし，彼の主張はアバウトで，現実味が乏しいと見られました。

アメリカでも，州レベルでは，ミシシッピ州やルイジアナ州のように，多段階累積排除型の一般消費税，VATを導入しているところもあります。言い換えますと，すべての州が，単段階型の小売上税（retail sales tax）を導入しているわけではありません。

また，現在，45州及び首都のワシントン特別区域，さらには，これらの州に所在する7,400を超える地方団体が小売上税を導入しています。ところが，アラスカ，デラウエア，モンタナ，ニューハンプシャー，オレゴンといった州では，売上税を導入していません。これらの州では州の所得税を中心に財源を確保しています。ですから，アメリカではVAT，一般消費税を採用していないと断言することでは誤解を招きかねません。軽軽には論じられないのではないかと思います。

さらに，アメリカでは，所得・消費・資産といった課税ベースの組合せ（タックスミックス）に，あまり厳格なルールが敷かれておりません。一応，連邦は「所得」，州は「消費」，そして地方団体は「資産」というアバウトなすみ分けはあります。また，連邦・州・地方団体間の税源配分（レベニュー・シェアリング）の仕組みも，ジョンソン大統領時代に時限措置として実施されたことはあるものの，恒久的に設けられてはいません。わが国のように，できるだけ税源を国が独占し，あとは地方には交付税的な仕組みで財源配分を行えばよいとする考え方は受け入れられないようです。

いずれにしろ，私は，アメリカで付加価値税，一般消費税が導入されていない的確な理由を，断片的な史実，アーカイブスから「これだ」と断定するのは難しいのではないかと思います。むしろ，導入できない現行の課税ベース配分環境や

《設例1》
　中国に本店を有し，日本国内に何らの拠点を有しない中国法人C社が，内国法人J社に金銭を貸し付けた。J社がC社に対して支払う利子100に対して日本でどのように課税されるか。J社が借り入れた資金をもっぱら国外で使用するかどうかによって，日本における課税関係は変わってくるか。

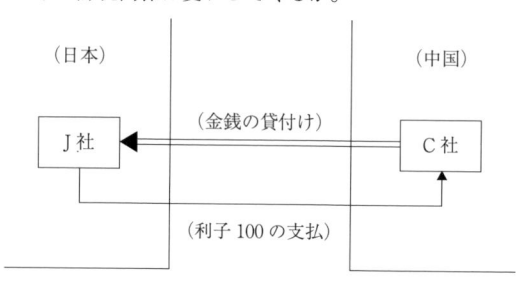

（日本）　　　　　　　　　　　　（中国）

J社　　←（金銭の貸付け）　　　　C社

　　　　（利子100の支払）

【国内税法の下での課税関係と日中租税条約の下での課税関係の比較】

貸手 (債権者)	借手 (債務者)	貸付金の 使用地	国内税法上の 源泉地規定と課税関係	日中租税条約上の 源泉地規定と課税関係
外国法人	内国法人	日本国内	国内源泉 源泉徴収課税（20.42％）	国内源泉 源泉徴収課税（10％）
		日本国外	国外源泉 課税なし	国内源泉 源泉徴収課税（10％）

導入のための政策論議を精査するほうが大事ではないかと思います。

井上（弁護士）　私は，時間配分がまずくてPEの話ができなかったので，そこを少し補足しておきたいと思います。まずは，下記の設例1をご覧ください。

　設例1は，貸手が外国法人，借手が内国法人で，外国法人は日本に何も拠点がないということが前提です。この場合，外国法人が内国法人から支払を受ける貸付金の利子の源泉地は，貸付金の使用地によって区別するという使用地主義を採用するのが国内税法の考え方です。すなわち，国内税法の下では，日本国内で使用している貸付金に対応する利子の部分が国内源泉所得になるのに対して，日本国外で使用している貸付金に対応する利子の部分については国内源泉所得に該当せず，日本で課税されないことになります。ところが，日中租税条約の適用があると，貸付金の使用地が国内であるか国外であるかを問わず，いずれの利子も国

7 討論 国際課税の新展開

《設例2》
　中国に本店を有する中国法人C社が、日本国内に在庫保有代理人を置いた上で、内国法人J社に対し、棚卸資産を売却している。J社がC社に対して支払う売買代金について、C社は日本でどのように課税されるか。

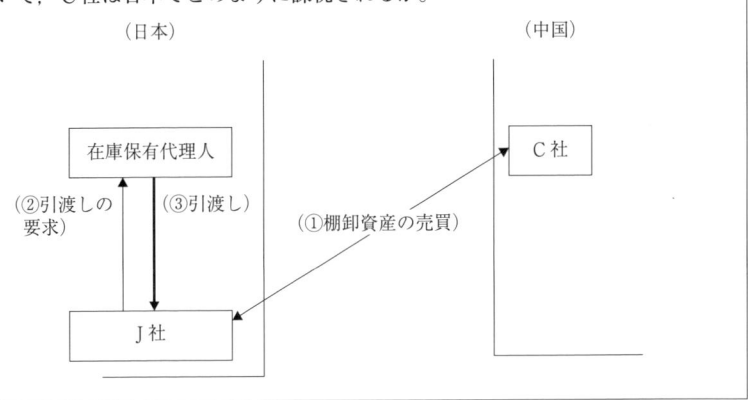

（日本）　　　　　　　　　　　　（中国）

在庫保有代理人　　　　　　　　　C社

（②引渡しの要求）　（③引渡し）　（①棚卸資産の売買）

J社

内源泉所得に該当することになります。特に下記の課税関係の比較表の一番下の欄を見ていただきたいのですが、貸付金が日本国外で使用される場合に、その利子は、国内税法の下では課税されなかったはずであるのに、日中租税条約の適用があると10％の税率で源泉徴収課税を受けることになります。これでは、日中租税条約の適用があることでかえって納税者の課税負担が重くなるが、それでよいかという問題があります。

　租税条約が一般に国際的な二重課税の調整を主目的とし、源泉地国での課税を減免していることから考えると、このような事態は、租税条約の趣旨に反するのではないかという意味で、プリザベーションの原則（国内税法上の租税の減免措置又は納税者にとって有利な国内税法上の規定の適用は、租税条約の締結によって損なわれないという原則）への違反の有無が問題になります。この点については、昨日お話ししましたとおり、所得税法に162条がありまして、それで租税条約に異なる源泉規定があれば、国内税法の源泉規定を書き換えるといっています。したがって、源泉ルールに関する限り、国内税法で解決済みであるといえます。

　それに対して、租税条約上のPEと国内税法上のPEの優先関係に関しては特に国内税法に規定がありません。PEについても、国内税法と租税条約との間にギャップが生じている場合があるので、解釈上の問題が生じます。一見、PEがなければ課税がないのだから、PEがな

153

《設例3》

中国に本店を有する中国法人C社が，日本国内に在庫保有代理人を置いた上で，内国法人J社に対し，棚卸資産を売却するとともに，金銭を貸し付けた。貸付契約の締結自体は，C社とJ社が直接行ったが，貸付金の提供，元利金の受取りは，全て在庫保有代理人を通じて行った。C社の棚卸資産の売却及び金銭の貸付けによる収支が，X事業年度及びX＋1事業年度において以下のとおりであった場合に，日本での課税関係はどうなるか。

なお，法人税率を25.5％とし，地方税を含めた実効税率を36％と仮定する。

事業年度	科目	益金	損金	(純)所得	合計
X事業年度	棚卸資産の売買	1,000	920	80	
	利子	100	80	20	100
X＋1事業年度	棚卸資産の売買	700	820	▲120	
	利子	100	80	20	▲100

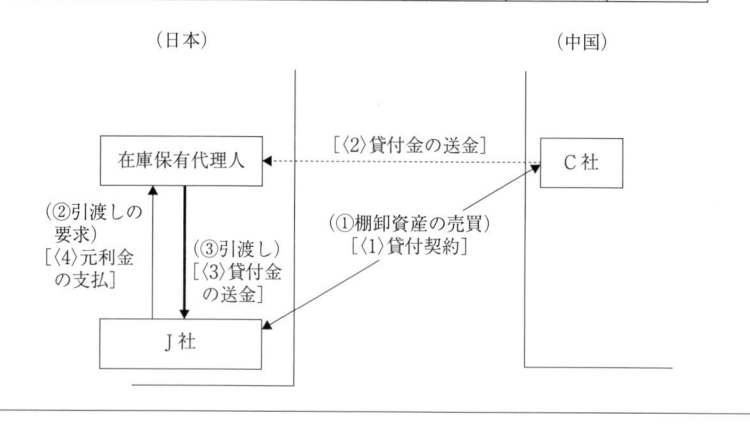

いほうが有利ではないかと思われるかもしれませんが，必ずしもそうとは限らないことをお話ししておきたいと思います。

それでは，まず設例2をご覧ください。

日本の国内税法の代理人PEというのは3種類に区分されていまして，常習代理人，注文取得代理人と在庫保有代理人の3つです。ところが，日中租税条約の代理人PEの定義には，常習代理人と注文取得代理人は入っていますが，在庫保有代理人は入っていません。このような国内税法と日中租税条約のギャップをどのように解決するかが解釈上問題となります。具体的に見ていきましょう。

設例2では、C社はJ社に棚卸資産を直接売買しているわけですが、C社は日本国内に在庫保有代理人を置いていて、J社の要求に応じて、在庫保有代理人が棚卸資産を引き渡すという形態の取引を行っています。そのときに、棚卸資産の売買代金について、日本で課税されますかというのがここでの問題です。これは、いわゆる事業所得ですから、C社が日本にPEを有していれば日本で課税されますが、PEがなければ日本で課税はされないということになります。国内税法は在庫保有代理人も代理人PEだといっておりますので、設例2の場合、C社は、棚卸資産の売買につき、日本で法人税の課税を受けますし、住民税の課税も受けることになります。

ところが、日中租税条約では、代理人PEの中に注文取得代理人と常習代理人は入っているのに対し、在庫保有代理人は入っていません。このため、単純に日中租税条約の優先適用を認めると、設例2の在庫保有代理人は、代理人PEとは認められないという結論になります。そうすると、「PEなければ課税なし」の原則どおり、C社は棚卸資産の売買に係る所得につき日本で課税されません。この場合は、日中租税条約の優先適用があるという結論は、納税者であるC社にとって有利ですから、プリザベーションの原則に照らしても、何も問題はないということになると思われます。

さらに、今の設例を少し変更して、設例3を考えてみることにします。

設例3は、やはりC社がJ社に対し棚卸資産の売買をし、C社が日本に在庫保有代理人を置いているケースです。C社は、単に棚卸資産の売買を行うだけでなく、J社に対し貸付けをしていて、利子の支払を受けることを想定しています。さらに、X事業年度は、棚卸資産の売買もプラス、利子についてもプラスであるのに対し、X+1事業年度は、棚卸資産の売買はマイナスで、利子についてはやはりプラスであったときに、どうなるかということを検討します。国内税法の定めによると、在庫保有代理人も代理人PEに含まれますから、両事業年度ともに法人税課税を受けます。そうすると、課税関係は、以下の表のとおりになります（C社が所轄税務署長から、所得税法180条1項3号に定める免除証明書の交付を受けており、それをJ社に提示することによって、利子にかかる源泉徴収を

【国内に代理人PEを有するC社の事業所得及び貸付金の利子に対する国内税法の下での課税関係のまとめ―利子に係る源泉徴収税を免除された場合】

事業年度	課税所得	法人税額（25.5%）	日本での税額（36%）
X事業年度	100	25.5	36
X+1事業年度	▲100	0	0

免除されることを前提とします)。
　X事業年度は、法人税だけ考えますと25.5、住民税も含めて考えるとトータルの日本での税額は36になります。これに対し、X+1事業年度はマイナスの所得ですから、日本での税額はゼロです。

　ところが、日中租税条約が適用になると、C社は日本にPEを有しないということになるので、そのときには、日本での課税関係は、以下の表のようになります。

【国内にPEを有しないC社の事業所得及び貸付金の利子に対する日中租税条約の下での課税関係のまとめ】

事業年度	科目	益金	損金	(純)所得	課税関係	日本での税額
X事業年度	棚卸資産の売買	1,000	920	80	課税なし	
	利子	100	80	20	源泉徴収課税	10
X+1事業年度	棚卸資産の売買	700	820	▲120	課税なし	
	利子	100	80	20	源泉徴収課税	10

　C社は、日本国内にPEを有しませんから、棚卸資産の売買については課税されないのですが、反面、利子については10%の税率でグロスの所得について源泉徴収課税がなされます。そうすると、X+1事業年度だけ比べると、国内税法だけが適用がある場合には、ゼロであったC社の日本での課税負担が、日中租税条約の適用があると、10になり、条約の適用のあるほうがC社にとってかえって不利になります。

　このように、日本にPEがあるということで、外国法人の日本における課税が有利となる場合と不利になる場合が分かれるケースがあることに御留意ください。そのように有利不利が場合によって分かれるときに、納税者の選択を許すかどうかという問題があります。この点については、どうもアメリカでは、つまみ食いするのは許されないけれども、統一的な形であれば選択が可能なようです。これに対し、日本の場合には、それを可能にする規定がありませんし、有利か不利かによって条約の適用を分けること自体が条約の適用をめぐる解釈論として妥当ではないという批判が考えられます。このため、日本においては、有利・不利を問わず、PEについては条約上のPEの規定が優先すべきであると個人的には考えています。

司会　ありがとうございました。
　それでは、金子先生、お願いします。
金子(東洋大学)　私は報告で、5分遅れで始まって、5分遅れで終わったつもりなので、50分ぴったりを使ったつもりでおります。その点では、一応予定どおりのものは話したつもりなのですが、せっかく時間をいただきましたので、皆

さんもう御存じの話，あるいは御理解いただけるだろうと思って省略してしまったところを少し丁寧に説明したいと思います。

今日の報告の後半の所得の話に関しては，御批判を含めて比較的御理解いただきやすかったと思うのですが，前半の制度的な流れに関して，伝わりにくいのかなと思うので，そのあたりの話をさせていただきたいと思います。

今回取り上げたのは，BEPSも今議論の途中ですし，今後どうなるかわからない，動向を見守りましょうと書きました。ある種，何も論ずることなく，いいかげんな表現をしているわけです。それではやはり報告としてよくないと思いましたので，1つの示唆として会計との平仄というものを示しました。なぜそういう思考回路をとったかといいますと，制度とか，OECDのこういう話し合いもそうだと思うのですけれども，1つの完全な理論ででき上がるということはまず往々にしてあり得なくて，いろいろな勢力，いろいろな意見，いろいろな圧力等が加味されて，ある種複合的な形でできてしまうということはしようがないのだと思います。

恐らく会計基準もそういうものの1つで，会計基準をつかまえて，この部分は全体から見てちょっといびつだからおかしいと批判するのは非常に簡単だと思います。ただ，ある種の業界の問題であったりとか，制度的な問題等を考えると，

1つの理論だけでつくり上げるのが難しく，やむを得ずゆがんでしまうところが存在する。

研究者の立場からすると，ゆがんでいるからだめだというのは，簡単なのでというだけではなくて無意味なので，その指摘自体はあまり重要性がない。ただ，どこが理論で説明ができて，どこがゆがんでいる，あるいはどこに別の理論が入っているかということをきちんと見きわめて，その整合性がとれる可能性があるのか，整合性がとれないとしたら，その要因は何なのかというのを明らかにしていくことに意味があるのだろうと思っております。

そういう観点で，今回は，国際的な情勢，特にわかりやすいところでヨーロッパとアメリカを比較したわけですが，そういったものを比較する中で，それぞれの思惑あるいは論理というものがあります。会計的にいえば資産負債アプローチと収益費用アプローチみたいなもので，実際，対立関係ではないと思うのですけれども，対立的に捉えると理解がしやすいと思いましたので，そういったもの等を例に出しながら報告させていただいたという次第です。

あわせて，ある種の補足として，質問等には挙がらなかったのですが，自分の自覚として持っているものとしては，実は，日本を中心にしてヨーロッパ，アメリカを比較した，表等でもそういう形のものをいくつか並べたつもりですが，恐

らくこの議論では欠けている要素が多々残っている。特に大きいものに関しては，いわゆる第三国の存在が入っていない。中国，BRICs関係の発言あるいは影響力を考慮しなくていいのかということです。

当然，今回の報告は過去の証拠に基づいて，多少なりとも自分なりに根拠立てて説明がしたかった関係で，中国の急激な発展という問題もあって，過去の資料の中で，なかなか中国の発言というものが，制度になったとか，そういう話に関しては強く出てこないところがあります。

例えばIFRS等で考えていきますと，明確な形としてのものは意見のあるところですけれども，中国はIFRS導入をしているといわれています。ただ，私は中国語が読めないので，中国の方と話してということですが，中身は，実はピュアなIFRSと随分違う翻訳をしているのだそうです。これは翻訳したものであるといいながら，中身が変わってしまうというような国策をとっている国というところも1つの特徴として出てくると思います。

そういったようなものが，BEPS等を含めてIFRSのわが国の導入，あるいはIFRSはまだつくっている途中というところがありますから，どういう形でできあがるか，ムービングターゲットなところも残っていますので，そういった部分が今後どう進んでいくかというものを検討するに対して前半の制度の比較を行ったつもりです。

司会 ありがとうございました。

それでは，鶴田先生，お願いします。

鶴田（関西大学） 私の問題意識としては，財政学の分野，特に租税論の分野ですけれども，御承知のように，1970年代末以降租税論の流れに大きな変化があるといわれているわけですね。それまで，所得税が最良の税だという，グードさんの古典的名著もあったり，包括的所得概念に基づく法人税がそれとペアになって，一応，1つの租税体系の中の根幹をなす形で整理がされてきたと思います。ところが，70年代末ぐらいから大きく変わってきたのは，御存じのミード報告が支出税という考え方を打ち出してくるわけですけれども，それだけでなく，最近，マーリーズ報告書が出されまして，最適課税論を中心とする理論的な整理が行われているわけです。この理論は非常に抽象度の高い租税論なのですけれども，少なくとも経済学の流れをくむ財政学者の間では，その最適課税論が，ある意味で今，主流派となっているといってよいかと思います。そういう中で，はたしてどのような租税理論を発展させる必要があるのか。

私は依然として包括的所得税論の立場から，租税理論と租税政策のあり方を考えたいと思っているわけですが，経済学の分野では抽象度が高く，現実の租税政策や税制の具体的な指針となり得るのだろうかと疑問に感じざるを得ない潮流が影響力を持っていることもまた現実なの

です。

　現に，昨日の報告にもありましたけれども，マーリーズ報告で出されてきている法人税改革のパターンというのは8つぐらいの種類があって，昨日，ACEとかCBITという議論がありましたけれども，それ以外に，今，最適課税論者が一番有力視しているのは，完全仕向地ベースのキャッシュフロー税とか，VATタイプの仕向地ベースキャッシュフロー税というものでして，このような抽象的な議論がはたして実際の法人税改革につながるのかどうか，また一般に理解できるような税制になるのかどうか，その実行可能性には大きな疑問を感じます。

　私はこんな荒唐無稽な法人税改革の方向は実現するはずもないだろうと思っているのですが，ところが，経済学者の間ではキャッシュフロー税に対する支持が強いのです。そういう流れの中から法人税改革がいろいろ打ち出されてくるわけで，いわば税率の引下げの議論なども，ある意味で全てそういう議論の流れの中から出てくるという面があるわけです。

　私は，グローバル時代における資本所得課税という場合には，企業課税，法人課税だけではなくて，個人のレベルでの所得課税も視野に入れる必要があると考えています。個人レベル課税のところで公平課税の基準というのが出てきて，法人課税のところは効率基準というのが従来からいわれてきたわけですが，効率基準だけではいかないので，最終的に公平基準に基づいて，いわば法人課税がそれを補完することによって，グローバルな規模で公平な税制をどう実現するか，どういう税制が望ましいのかということを考えていかなければならないのではないかと考えているわけです。

　そういう中で，今回の報告もそういう公平な税制というのを世界的な規模で実現するためには一体どういう改革方向が必要なのか，それが従来の国際課税原則にどういう見直しを迫ってくるのかを検討する手がかりを得たいということで着手したのですが，あまりにも課題が大き過ぎて，なかなか全体像をすぐにつかむことができていないのが現状です。たぶんBEPSのこの15項目のアクションプラン全部の領域について精通するのはなかなか難しい課題で，多くの研究者の共同作業が必要ではないかと思います。

　いずれにしても，今回の私のご報告のねらいとしては，所得税を今捨象しておくとすると，法人税のあり方としてどういう改革を目指すのかということを念頭に置いています。その際，例えばバードさんというカナダの財政学者がいるのですけれども，この方はシャウプさんのお弟子さんで，カナダでは非常に信頼の高い財政学者なのですけれども，バードさんが，最近改めて法人課税論のサーベイ論文を書いていまして，これを見ると，法人に対する課税の根拠を彼は，望ましい，必要である，便宜であるという3つの側面，基準からも整理しています。

最終的には，結局，利潤型法人税が望ましいというのが結論で，いろいろな細かい議論をやっていますが，ここでは省かざるを得ませんが，いろいろな荒唐無稽な法人税改革論が出てくるけれども，最後はやはり利潤型法人税が正解ではないかという結論になっているのです。そういう意味で，やはり法人税改革の本道に戻って，きちんとした改革方向を目指すことが改めて必要ではないか。そういう意味で，私はマーリーズ報告を検討した際に，法人税改革の方向性として，バードさんが提起するような利潤型法人税の方向をどう具体化していくか。そして，BEPSの中で，国際課税ルールとの整合性を保ちながら，どういう改革論を提起するかということを考えていきたい。そのための１つのステップとして今回BEPSの問題に取り組んでみたわけです。

司会 では岩本先生，お願いします。

岩本（大阪経済大学） 先ほど石村先生から御指摘をいただきまして，ありがとうございました。確かに，本当におっしゃるように私の言葉足らずで，連邦レベルでの消費税，付加価値税は採用していませんよという一言をつけ加える必要があったなというふうに今自戒しております。

先生がおっしゃっていたように，タックスミックスが存在するということは承知していますし，あるいはミシシッピ州やルイジアナ州のように，VATのパターンを使っているというのも存じておりますが，アメリカは50州あるわけで，そのうちの２州だけがVATを使っているということであれば，むしろVATを使っているほうが例外的かなと私自身は考えております。

それから，2000年だったと思うのですけれども，WTOに中国を提訴しておりまして，それはやはりVATに絡むリベートが気に食わないということを今でもいっております。そうすると，今の段階でアメリカが連邦レベルでVATを採用すると，そこの整合性がとれなくなるということが出てくるかと思います。

それから，現在と照らし合わせて考える必要があるのではないかという御指摘ですけれども，実は2008年，2009年ぐらいからサブプライム危機とかリーマンショックというのがありまして，2010年の段階でアメリカの財政赤字はかなり深刻になってしまった。そのときに，財源がないということで，オバマさんがぽろっと，CNNのインタビュー番組だったと思うのですけれども，アメリカも付加価値税を導入しようかなということをちらっといったことがあったのです。そうしましたら，翌日に，ガイトナーさんという，当時の財務長官ですけれども，即刻否定をしまして，アメリカはそういう意図は全くないということをいいました。

それから，48時間以内だったと思いますけれども，ギブス大統領報道官という方が記者会見で，VATというのは大

統領が提案したものでも、また検討中のものでもないというようなことを財務長官、大統領報道官が即座に全否定したという、このスピードの速さから察するに、連邦レベルにおけるVATの導入というのは現在のアメリカも考えていないのではないかなと。もちろん、VATを採用したいという議論は活発に、何度も何度もアメリカの国内で出てきているというのはもちろん存じておりますけれども、連邦政府レベルの判断としては、今の段階では考えていないというふうに考えるのが妥当かなと思っております。

それから、先ほどの御質問で、ちょっと私のレジュメで飛ばしたところが最後にあったかと思うので、2～3分で御説明をできればと思います。

それは、トマ・ピケティの『21世紀の資本』という中で彼が言っていたメインのところなのですけれども、今までの経済学の主流派の人たちというのは、放っておけば格差というのは経済成長とともに縮んでいくのだ、格差は是正されるのだ、だから市場はほったらかしにしたままでいい、自由主義経済をとことんまで突き詰めていけばいい、富める者が富めば、したたり落ちるように、トリクルダウン説というので、下々の者まで富みが行き渡るはずだということをいっていたのです。

その前提になっているアイデアとしては、クズネッツというアメリカの経済学者がいまして、彼の場合は、1913年～1948年の間だけ、この期間だけを取り上げまして、この表というのは、アメリカにおけるトップ10の富裕層がどれくらいのアメリカの国富をシェアしているかという図表でございます。一番ひどかったのが1920年の後半あたりなのですけれども、アメリカのトップ10の富裕層がアメリカの国富の5割ぐらいを占めてしまっている。それが1913年～1948年でぐっと格差が縮まっていった。30％台ぐらいまで低下したので、ここの部分を取り上げて、格差は是正するのだ、自然にほったらかしにすればいいのだといっていたのですけれども、今現在は、再び過去の最高値を上抜いてくるぐらいアメリカは格差が広がってしまっているという状況です。

トマ・ピケティがいっていたのは、クズネッツが取り出したのは、任意で縮まった瞬間だけ、極めて例外的なところを取り上げて、市場は放っておけば大丈夫だといっているのですけれども、もっと長いタームで、300年ですとか、あるいは30カ国ぐらいのデータも同じような形をしているのですけれども、広いデータを取り出せば、任意の場所、わざわざ格差が是正したところだけを取り上げて、格差は放っておけば何とかなるのだという発想はおかしいではないかというのを彼はいったわけです。

では、ここはなんで格差が是正されたかといいますと、1940年ですので、戦争のときに全て崩壊してしまったことによ

って，富める者も富めない者も全て財産がなくなってしまったので，一からのスタートになったという，ただそれだけだったということなので，戦争とカオスがもたらした偶然を，格差是正するのだという理由にしてはいけない，格差は放っておけばどんどん拡大してしまうので，世界的な資産所得への累進課税，特に富裕層に対する累進的な課税というものを今から考えていく必要があるのではないでしょうかというのが彼の主張ということになっております。

司会 岩本先生，ありがとうございました。

ちょうど3時半ということで，質疑の時間は終わりました。特に追加等，フロア等から御発言がなければ，これにてシンポジウムの質疑を終わらせていただきたいと思いますが，最後に御報告の先生方に拍手をよろしくお願いいたします。（拍手）

ありがとうございました。

II 一般報告

2014年11月8日　第26回大会（於　中央大学）

ドイツ Organschaft(連結納税制度)の最近の改正

長谷川　一　弘
(税理士)

I　はじめに

2013年2月20日の企業税法ライヒ変更法（UntStReisekÄndG）[1]によって，法人税の Organschaft（機関会社関係）制度を規定する法人税法第14条と第17条が改正された。この改正により当該条文は，ドイツ国内にその業務指揮機関を有しまた欧州連合加盟国ないしヨーロッパ経済圏条約締約国に住所を有する機関会社，という新条文となった。旧条文では，機関会社はドイツ国内に業務指揮機関と住所を有していなければならなかった。[2] この度の法人税 Organschaft 制度改正により機関会社が業務指揮機関をドイツ国内に置き，またその機関会社の住所を欧州連合諸国（以下国外）ないしヨーロッパ経済圏条約締約国（以下国外）に置くことが可能となった。

しかしながら，欧州連合諸国とヨーロッパ経済圏条約締約国に住所を置く機関会社の貸借対照表の利益算定方法について，その機関会社が住所を定めた国の法律や制度ないし慣行と衝突するため新たな制度を創出ないし模造しなければならない。つまり，Organschaft 制度のドイツ国外への拡張は，あくまで機関会社の進出地域での個別的対応が必要とされると考えられる。そのため，外国に住所を有する機関会社がドイツ本国の機関の担手に利益移転をするための貸借対照表の適正な利益計算を確保する必要が生じる。すなわち，本来ならば機関会社から機関の担手に移転される損益はドイツ商法典に準拠した商事貸借対照表上の損益をもって算定されなければならない。さらに，機関会社から機関の担手に帰算される所得はドイツ法人税に規定された所得金額でなければならない。他方，ドイツ国内における機関の担手から欧州連合加盟国とヨーロッ

パ経済圏条約締約国に住所地がある機関会社に対する適正な損失補填金額は，ドイツ株式法に規定された金額でなければならない。しかし，実際の運用にあっては進出地域ごとに機関会社の移転利益算定方法に違いが生じ，結果として帰算所得に相違が生じる危険性を孕んでいる。

リスボン条約は 2009 年 12 月 1 日に発効した。この条約は，さらなる「EU 域内の財・人・サービス・資本の自由な移動を保障」する法的枠組みであると考える。しかし，直接税たる法人税にあっては，EU 加盟国ごと独立した異なる企業課税システムが併存している[3]。このような EU の状況のもと，本稿においてはこの度のドイツ Organschaft 制度の改正点を確認し，ドイツ国境を越えた Organschaft 制度の問題点を明確にする。

II　Marks & Spencer 判決とその影響

Hofer は，改正前の Organschaft について次のように述べている。「Organschaft とは，『租税学説によれば，多くの法律上独立した企業の経済的な統一体である』。しかし，その経済的統一体は領土の境界で止まるのである。機関会社に係る二重の国内関連条件と株式法第 291 条第 1 項にいう利益移転契約の必要条件は，国境を越えた機関会社関係を不可能にする[4]」。

今回の Organschaft の改定前にあって，事業損失の国境を越えた移転の禁止が EC 条約の基本的自由 (Grundfreiheiten) に違反するかどうかという論題は，イギリスの税制度であるグループレリーフ損失 (loss relief) について争いとなった Marks & Spencer 事件に対する欧州裁判所の判決のテーマであった[5]。Marks & Spencer 事件に対する欧州裁判所の判決後にあっても，Frotscher は Organschaft 制度がドイツ国内でのみ有効であることについて次のように述べていた。「子会社 (Tochtergesellschaft) が損失を計上したならば，機関会社関係 (Organshaft) は，損失精算 (損失差引) をもって機関集団に相当な税務上の利点をもたらすことになる。国内に居所を有する子会社の損失は，機関集団内の他の会社の利益と機関会社関係をもって差引勘定されるが，EC 域内に居所を有する子会社の損失は差引勘定されない[6]」。

しかし，Marks & Spencer の事件に対して欧州裁判所は次のように判決を

下した。「連結納税制度において仮に国外で発生した損失について国内で課税所得計算に際して考慮されないとしても必ずしも EC 法に違反するわけではない。しかし，発生した損失が国外で課税所得計算上利用可能性がない場合には国内で考慮されねばならない[7]」。このことは，原則としてイギリス group relief のように外国会社によって生じた損失に関して，租税上の利益の優先は原則として EC 理念である設立の自由に制限をもうける。すなわち，国家の税収確保が設立の自由に優先することになる。しかし，発生した損失が国外で課税所得計算上利用可能性がない場合には国内で考慮されねばならないとされた。

しかし，Frotscher は，当時この判決のドイツへの影響について次のように述べていた。「もし非居住子会社の事業損失が最終的にもはや利用され得ないならば，その時に国境越えた損失調整が少なくとも可能とされねばならないということを，欧州裁判所はイギリスの法規に関して判決を下した。この判決のドイツ法への転用については次のことが考慮されねばならない。それは常に差別的取扱い（Diskriminierung）（自由の原則の制限）[8]が存在しなければならないということである。ドイツ Organschaft 規定は利益移転契約を前提条件として要求する。この契約は，外国子会社と締結することができない。ヨーロッパ法が国境を越えた損失の転用をドイツ連邦共和国に強制させるということが今のところありそうにない[9]」。Marks & Spencer の事例における欧州裁判所の判決はイギリスの group relief だけに関係している。また，その判決において，欧州裁判所は設立の自由に関わる他のヨーロッパのグループ課税制度の遵守に関して一般的な意見書を作成することはなかった。それにもかかわらず，この欧州裁判所の判決は欧州連合法と国家規定の将来的な解釈のための先例法規となった。欧州連合法がただちに効力を発揮するという事実と，また欧州連合法の優位性のため，ドイツの税務行政と財政裁判所は欧州裁判所による解釈を尊重することを余儀なくされた[10]。

Ⅲ　改正 Organschaft 制度

Ⅱ節で述べた状況にあったドイツ Organschaft 制度は，2013 年 2 月 20 日に改正がなされた。その変更内容は，以下のようである[11]。

1　機関会社の適用条件の変更（第14条第1項第1段）
2　機関の担手の条件変更（第14条第1項第1段第2号）
3　不完全な利益移転の訂正（第14条第1項第1段第3号）
4　損失利用の制限（第14条第1項第1段第5号）
5　一体的な課税査定手続きと分離した課税査定手続きの採用（第14条第5項）（2014年1月1日から適用開始）
6　有限会社の場合での損失引受の合意の明確化（第17条第2段第2号）

まず，新法人税法第14条について確認する。次に変更項目について順次検討する。

1　改正ドイツ法人税法第14条

条文の下線部分は，改正された箇所である。
「機関会社としての株式会社又は株式合資会社
(1) <u>内国に業務指揮機関を有し，また欧州連合加盟国ないしヨーロッパ経済圏条約（EWR-Abkommens）締約国に住所を有するヨーロッパ会社（Europäische Gesellschaft），</u>株式会社または株式合資会社（機関会社（Organgesellschaft））が，株式法第291条第1項にいう利益移転契約により，そのすべての利益をただ一つの他の営利企業に移転する義務を負っているときは，次に掲げる前提条件が満たされている場合で，本法第16条に別段の定めがない限り，機関会社の所得は当該企業の担手（機関の担手（Organträger））に帰算されなければならない。
1．機関の担手は，機関会社に占める持分に帰する議決権の過半数が当該機関の担手に帰属している程度に応じて，機関会社の事業年度の開始から継続して，機関会社に資本参加していなければならない（財務上の編入）。すべての媒介会社への資本参加が議決権の過半数に達しているときは，間接的な資本参加が考慮されなければならない。
2．機関の担手は，自然人または法人税の免除されていない法人，人的結合体もしくは財団でなければならない。所得税法第15条第1項第1段第1号にいう活動を営むときは，<u>所得税法第15条第1項第1段第2号</u>にいう

人的会社もまた，機関の担手となることができる。上記1．にいう前提は，人的会社それ自体との関係において満たされなければならない。上記1．にいう機関会社への資本参加，または機関会社に間接的な資本参加する場合に上記1．にいう媒介会社への資本参加は，機関会社関係（Organschaft）にある全期間を通して継続して租税通則法の第12条にいう機関の担手の国内事業所に帰属されねばならない。機関の担手が，一つまたはそれ以上の人的会社（Personengesellschaften）を介して間接的に機関会社に出資参加するならば，前文の内容が意味に即して適用される。機関会社の所得は，機関会社に対する上記1．にいう資本参加を，または機関会社への間接的な資本参加の場合に媒介会社に対する上記1．にいう資本参加を帰属させねばならない機関の担手の国内事業所に，帰算されねばならない。この国内事業所に帰算される所得収入（Einkünfte）が国内税法に従っても適用される条約のいずれに従っても国内課税の二重課税の回避を必要とする場合だけ，上述した国内事業所は存在が必要とされる。

3．利益移転契約は，少なくとも5年間にわたって締結され，かつ，当該適用期間のすべてにおいて履行されなければならない。重大な事由により解約告知が正当と認められるときは，解約告知による期限前の契約解除は可能である。機関会社の事業年度中の一定時点における利益移転契約の解約告知または破棄は，当該事業年度の開始時点にまで遡及効を有する。利益移転契約は，移転利益または補塡損失が不完全な貸借対照表計上項目が計上されている年度決算書に基づいているならば，以下に述べる条件が充足される場合に限り，実施が許される。

a) 年度決算書が有効に確定されること，

b) 正規の商人の相当注意義務のもとで年度決算書を作成する場合，不完全性は承認されることがないこと，そして

c) 税務当局により指摘された誤りは，遅くとも誤りの指摘の時点後の直近に作成された機関会社と機関の担手の年度決算表を修正しなければならない，また問題となる誤りが商事貸借対照表で訂正される限りでは，利益は対応して移転され，損失は対応して補塡される。

上記b)の前提は，商法上の年度決算書に包含されている年度決算にまたはコンツェルン決算書に限定されない確認の付記がある場合商法典第322条3項が有効となるか，もしくは年度決算書の作成について包括的評価を伴う税理士または経済監査士の年度決算の任意監査ないしその証明書をもって満たされる。
 4．機関会社は，法定準備金を除いて年度剰余額を，それが商人の合理的な判断に照らして経済的に理由づけられる限りにおいてのみ，利益準備金（商法典第272条第3項）に繰入れることができる。
 5．機関の担手または機関会社のマイナス所得収入が諸外国において機関の担手，機関会社または他の人格の課税に対応する課税の枠組において考慮される場合には，その機関の担手または機関会社のマイナス所得は内国課税にあっては対象外となる。
機関会社の所得は，機関会社の事業年度が終了し，かつ利益移転契約が効力を生じている暦年に，初めて機関の担手に帰算されねばならない。
 (2) 第1項は，これを生命保険会社ないし疫病保険会社である機関会社に，適用することはできない。
 (3) その原因が機関会社関係成立以前の期間に発生している過大移転は，機関の担手に対する機関会社の利益処分とみなす。その原因が機関会社関係以前の期間に発生している過小移転は，機関の担手による機関会社への投資として扱わなければならない。第1文にいう過大移転と第2文にいう過小移転は，機関会社の事業年度が終了した時点において行われることとする。法人税法第13条第3項第1文にいう部分価額計上額（Teilwertansatz）は，機関会社関係成立以前の時期に算入されねばならない。
 (4) 機関会社関係にある時期に原因を有する過大移転と過小移転は，機関会社の引受資本に対する機関の担手の資本参加の関係に相応している金額の大きさで特別な借方または貸方の調整項目を設定しなければならない。機関会社への資本参加の譲渡時点で，特別な調整項目は取り崩しされねばならない。そのことを通して機関の担手の所得は増加ないし減少する。所得税法第3条第40号，第3c条第2項また法人税法第8b条が適用されね

ばならない。人的会社または自然人，機関会社に対する資本参加の秘密出資（die verdechte Einlage der Beteiligung），そして機関会社の解散に向かう機関会社の組織変更を，特別に，譲渡と同列に置く。機関の担手に移転された利益が税務貸借対照表利益と相違するとき，またこの相違が機関会社関係にある時期に惹起しているとき，第1文にいう過大移転または過小移転が特別に生じている。

(5) 機関の担手に帰算される機関会社の所得と，その所得と結びついている別の課税標準は，機関の担手と機関会社とに分離され，それから一体として課税査定される。第1文による課税査定は，機関の担手と機関会社の所得に課税するために義務づけられる。第1文と第2文は，機関の担手の税額に算入される機関会社により履行される税額に対応している。この課税査定について権限をもつのは，機関会社の所得に課税する権限を有している当該税務署（Finanzamt）である。第1文と第3文により別々に分けられる課税査定と一体化された課税査定のための申告は，機関会社の法人税申告書と結びつけられている」。[12]

2 Organschaft 制度における機関会社の適用条件の変更（第14条第1項第1段）

2013年改正により，法人税法第14条の書き出しは次のように変更された。「内国に業務指揮機関を有し，また欧州連合加盟国ないしヨーロッパ経済圏条約締約国に住所を有するヨーロッパ会社，株式会社または株式合資会社（機関会社）」。[13][14] 旧法の書き出しは次のようであった。「内国に業務指揮機関および住所を有するヨーロッパ会社，株式会社または株式合資会社（機関会社）」。[15] この変更内容について Stangl/Winter は次のように述べている。「旧条文では二重の国内関連が必須であった。すなわち，機関会社はその指揮管理所在地のほかに，その定款所在地もまたドイツ国内にあらねばならなかった。すなわち以前は，外国の権利の担手自身の本店指揮管理が国内にあっても，また外国の権利の担手がドイツ国内で完全に納税義務を負っているときであった場合でも，外国の権利の担手が有している Organschaft は機関会社として最初から排除され

ていた[16]」。しかし，改正により Organschaft 制度は新たな展開が可能となった。Stangl/Winter は次のように述べている。「欧州連合ないしヨーロッパ経済圏会社（EU-/EWR-Gesellschaften）への Organschaft の適用領域の拡大は，新しい形成選択権をもたらした。それで，Organschaft の前提として，実際に，他の欧州連合加盟国ないしヨーロッパ経済圏加盟国において，定款に規定された住所に会社を作り出すことが可能となった[17]」。

3 機関の担手に対する条件変更（第14条第1項第1段第2号）

2013年改正により法人税法第14条第1項第1段第2号の書き出しは，次のように変更された。「機関の担手は，自然人または法人税を免除されていない法人，人的結合体もしくは財団でなければならない」。旧法の書き出しは次のようであった。「機関の担手は，無制限納税義務を負う自然人または内国に営業指揮を有する第1条にいう納税義務を免除されていない法人，人的結合体もしくは財団でなければならない[18]」。すなわち，法人の機関の担手は内国に業務指揮を有するという条件が削除された。

機関の担手が機関会社に直接ないし間接的に出資する場合，その出資は機関の担手の租税通則法（AO）第12条に規定する国内事業所に帰属しなければならないとされた。租税通則法12条は事業所を次のように規定している。「第12条—事業所（Betriebsstätte） 事業所とは，企業活動の用に供する各固定的な業務施設又は設備をいう。特に次に掲げるものを事業所とみなす。1業務指揮機関の所在地，2支店，3事業所，4製造所及び作業所…省略…[19]」また，機関会社の所得は前に述べた機関の担手の国内事業所に帰算されねばならない。すなわち，機関の担手の国内事業所は，国内課税の二重課税の回避を必要とする場合にのみ重要になる。

4 不完全な利益移転の訂正（第14条第1項第1段第3号）

Stangl/Winter は，ドイツ国外に設立が可能となった機関会社とドイツ国内の機関の担手との利益移転契約について次のような疑念を抱いている。「Organschaft の中心的な前提条件は，法人税法第14条第1項第1段によれば，

機関会社との株式法第291条の意味での利益移転契約の締結である。この度の改正により利益移転契約には次のような問題が立ちはだかっている。それは，①そのような国境を越える利益移転契約は締結されるかどうか，またいかにして締結されうるのかということである。②そのような国境を越える契約は，株式法第291条第1項の意味の利益移転契約として資格付与可能かどうか。③欧州連合とヨーロッパ経済圏資本会社が締結した契約によって，この資本会社はその全ての利益の移転の義務を負わされるのかどうか。④どのような形式上の前提条件が，ドイツ側サイドに立って契約を満たさなければならないか。⑤ドイツ国内で運営されている欧州連合ないしヨーロッパ経済圏の会社は，どのような法律に従って利益移転ないし損失補塡の計上目的のために貸借対照表を作成しなければならないか」。[20]

　今回の改定は，機関会社と機関の担手との不完全な利益移転を排除するために，新条文に次のことを定めた。(1)商法上の年度決算書が有効に確定されていること。(2)決算書作成時点において相当の注意義務履行による不完全の排除。その前提は，商法上の年度決算書に限定のない確認の付記があること，または税理士か経済監査士かの任意監査あるいはその証明書があること。(3)遅くとも税務当局による指摘後に直近で作成される機関会社と機関の担手の両者の修正商事貸借対照表上の差異が修正調整され，追加移転ないし損失補塡されていること。

5　損失利用の制限（第14条第1項第1段第5号）

　この改正は，前述したMarks & Spencer判決に関連づけられると考えられる。すなわち，ドイツにおける損失二重計上禁止ルールの対象範囲が拡大され，連結納税グループ内の機関の担手または機関会社のいずれに対しても適用されることとなった。新規定によれば，ドイツで同じ連結納税グループに所属する機関の担手または機関会社の損失が，ドイツ国外の税制上で，その機関の担手，機関会社または他の者により使用することができる場合には，当該損失のドイツにおける損金算入が認められない。

　Stangl/Winterはこの新条文の広範な解釈について次のように述べている。

「機関会社関係の（制限的）国際化を背景にして法律の立案者は，今や法規定を拡大することを支持することになる。もっともその条文の内容はとても広範に理解され，そしてその規定は著しい解釈問題と結び付けられる。例えば，新規定の文面から国内に住所と業務指揮機関の場所を有する国内の無制限法人納税義務のある機関の担手が，機関会社関係と全く関わりをもたない外国の事業所で生じた損失を取り込むという解釈もまたなされうる[21]」。

6 一体的な課税査定手続きと分離した課税査定手続きの採用（第14条第5項）（2014年1月1日から適用）

Stangl/Winter は，この新条文の該当項目による Organschaft 制度の課税上の取扱について，次のように述べている。「これまで機関会社の課税と機関の担手の課税のあいだには，手続上法的な結びつきが存在していなかった。機関会社の帰算されるべき所得の課税については，機関の担手の段階で専ら機関の担手の所轄税務署長が決定していたにちがいない。子会社たる人的会社である機関会社の場合にあって，機関会社の課税に対してなされた課税根拠の決定通知は，これまで機関の担手の課税に対して拘束効力が問題視されていた。このような不十分なやり方での法律上の結びつきで，著しい複雑性に対して法律の保護の観点のもとで法律適用が遂行されてきた。法律の立案者は法人税法第14条第5項をもってこのような不十分な状態に対処する。そのようなことで，立案者は法人税法上の Organschaft に対して特別の確認手続きを導入した[22]」。

7 改定ドイツ法人税法第17条

条文の下線部分は，改正された箇所である。
「機関会社たる他の資本会社
(1)内国に業務指揮機関を有し，また欧州連合の加盟国ないしヨーロッパ経済圏条約締約国に住所を有する本法第14条第1項第1段に掲げられた資本会社以外のものが，本法第14条にいう他の企業に対して，その全ての利益を移転する義務を事実上負う場合には，本法第14条乃至第16条が準用される。この他の前提条件は，以下に掲げる通りである。

1．利益移転は，株式法第301条に記された金額を超過しないこと，その上，
2．損失引受は，株式法第302条の規定への参照指示を通して，その都度有効なその指示文言で約定されること」。[23]

8 有限会社の場合の損失引受の合意（法人税法第17条第2段第2号）

Stangl/Winter は，旧当該条文が株式法の対象外である有限会社への株式法第302条の適応に対して問題点が生じていたことを指摘する。「機関会社が有限会社の場合に，これまでの法人税法第17条第2段第2号に関して株式法第302条の規定に対応する損失引受の要求された取り決めは，過去において財政裁判の度重なる論争の対象であった。連邦財政裁判所は絶え間ない裁判でこの必要条件を非常に形式主義的に解釈してきた。税務行政当局は対応する利益移転契約の条項を厳密に運用するためこの連邦財政裁判所の考え方をベースとして用いた。このことが実務において重大な不確実性をもたらした」[24]。

Stangl/Winter は，機関の担手と機関会社の損失引受契約の明確化を主張する。「税務上の要求を満たすために今までは多数の様々な様式によることが可能であったのにひきかえ，新規定の法人税法第17条第2段第2号は可能な限り契約上の定式化の様式範囲を狭めた。損失引受は株式法第302条への「参照指示」を通してなされ，またこの参照指示は株式法第302条の「その条文のその都度有効なその指示文言」を引き合いに出さねばならない。結果において，これに伴って狭小化と（推定上の）明確な限界線引きを通して疑わしい場合を防止する厳格化が重要であり，そのことをもって法的安定性を高めなければならない」[25]。

さらに Stangl/Winter は，海外の機関会社からの利益移転について次のように問題点を述べている。「法人税法第17条第2段第1号の付記規定による利益移転の最高限度に関していえば，多分少なくとも法定安定性の原則から外国会社に対しても顧慮しなければならないであろう。その際，外国で作成された貸借対照表のどの項目が株式法第301条に対応していないままで移転されているかについて，ドイツ法との比較の枠で確認されねばならない」[26]。さらに，ドイツ株式法第302条に対しては，もし海外所在地の商法に準拠する海外機関会社

の貸借対照表損失がドイツと違って算定されるならば，事実上の損失補塡の実施に対して要求されるものが不明確となる。[27]

Ⅳ （モデル）利益移転契約

上記新法人税法第17条は，損益移転契約書における株式法第302条の損失引受条項の引用を義務づけている。例えば，ドイツ有限会社が支配会社である場合，有限会社であるにもかかわらず，ドイツ株式法第302条を引用した損失利用に関する条項を含む利益移転契約の締結が要求される。しかし，その記載方法が不明確なところもあり，ドイツ有限会社が支配会社となる場合の連結納税制度の成立要件に疑いが生じることも考えられた。今回の改正の主な点として，有限会社が支配会社である場合のドイツ株式法第302条の損失引受条項の記載方法につき，明確化がなされた。[28]以下にモデル利益移転契約を掲載する。

「　　　　　　　　　利益移転契約
商号　T有限会社，Musterstadt（以下「T有限会社」という）と，
商号　M有限会社，Musterstadt（以下「M有限会社」という）の間で契約する。

第1条　利益移転
1　T有限会社は，当該契約第2条の方法をもって2013年6月1日から全ての利益をM有限会社に移転する義務を負う。それゆえT有限会社にあっては，下記第2項の規定によりT社自体の損益は発生しない。とりわけ，T有限会社の資本金の支払は一切認められない。
2　T有限会社は，任意準備金の引当が商法上許され，かつこの引当が商人の合理的判断を必要とする限り，M有限会社の同意をもって年度剰余額の一部だけを任意準備金に引当計上することができる。

第2条　利益算定
1　T有限会社の損益は，商法上の規定を基準として法人税法に適用されるその時々の規定を遵守して算定されねばならない。
2　その際，株式法第300条第1号，同第301条の規定が対応して遵守されねばならない。

第3条　損失引受

M有限会社は，契約期間中に発生したT有限会社の全ての年度欠損額が契約期間中組入れられた利益準備金の取崩で補償されない限り，このT有限会社の損失額を株式法第302条の規定に照らして，この第302条の現行文言で補償することを義務づけられている。

第4条　契約期間とその終了

1　この契約は無期限で締結される。
2　この契約は通常5年経過以前に解約できない。5年経過後，この契約は6ヶ月間の猶予期限の遵守のもとT有限会社の毎年度末に解約を告知することができる。解約告知は書面で実施されねばならない。
3　重大な理由がある場合，この契約は解約告知の猶予の遵守なしに，いつでも解約告知されうる。重大な理由とは，とりわけ契約当事者の破産，重過失の契約違反または故意の契約違反ならびに詐欺または他の法律違反行為の場合である。また，第三者に対するT有限会社の会社持分ないし議決権の過半数の売却や譲渡も重大な理由と見なされる。

第5条　終末規定

1　この契約の変更と補足は，法律により他の形式を命じられない限り，書面ですることが必要とされる。
2　もしこの契約の若干の規定が全部または部分的に無効とされ又はされたとしても，このことによって，それ以外の有効な規定の効力は影響されることがない。契約当事者は効力のある規定をもって効力のない規定を補充する。当事者は，このことをもって効力の及ばない規定の経済上の目的を法律上有効とする。

Musterstadt，2013年6月1日

T有限会社　　　　　　　　　　　　　　　　　M有限会社　　　　29)」

V　海外機関会社の貸借対照表作成基準

Stangl/Winterは，海外に住所を有する機関会社がドイツ国内の機関の担手との利益移転契約に伴う移転利益額の算定方法について次のように述べている。

「一方において，利益移転契約によると，機関会社は法人税法第17条第1項に従い自己の「全ての利益」を移転する義務を負わなければならない。他方，株式法第301条の最高限度額は，法人税法第17条第2項第1号に従って顧慮されねばならない。ゆえに年度剰余額は，損失繰越高，法定準備金に強制的に積み立てられる金額，ならびに商法典第268条第8項により配当禁止額の分だけ減少させなければならない。いかなる金額がそれに対応して移転されるべきかについては，ドイツの会社にあっては商法典に順拠して作成された商事貸借対照表に従うことになる[30]」。

しかし，住所が海外にある機関会社の場合どのような基準に基づいた貸借対照表が作成されなければならないか，不明確である。Stangl/Winterは，この点次のように述べている。「いかなる金額がそれに対応して移転されるべきかについては，外国の資本会社への適用においてその資本会社の会社定款に従っており，ドイツ商法典の貸借対照表に従っていないという点で問題を投げかけている。しかも，ドイツに指揮所在地があり住所が海外にある会社がドイツ商法典第238条に基づく帳簿記帳義務があるかどうか，それゆえにその外国会社が外国の貸借対照表のほかにドイツ商法典に基づくそのような貸借対照表をも作成しなければならないかどうか，について定まっていない。そのことについては，記帳義務を公法上の義務すなわちドイツの指揮所在地で拘束される義務とみなすか，記帳義務を欧州連合ないしヨーロッパ経済圏領域で会社の海外創立所在地で最低限必要な基準である会社法上の義務とみなすかのいずれかで決定がなされる。しかし，この問いは，結果として未決定のままである。そうとはいえ，法人税法第17条にいう利益移転契約はドイツ商法典に基づく損益計算書を要求しているのであるから，もし外国の機関会社が住所を有するその国で記帳義務がないとするならば，その場合このような損益計算書は少なくともこの計算書自体の根拠が追求されねばならない[31]」。すなわち，海外に住所を有する機関会社がドイツ国内の機関の担手に移転すべき利益の算定は，この機関会社の所在地の商法が基準となる[32]。

さらに，Stangl/Winterは，商事貸借対照表と税務貸借対照表の関係について次のように述べている。「しかし，そのうえドイツの会社の場合，移転され

るべき利益の算定については，税務貸借対照表ではなく商事貸借対照表を考慮に入れる。利益移転契約の実施において税務貸借対照表と比較して過小移転となる場合であっても，会社法が基準としてみなされる。常に税務貸借対照表と商事貸借対照表とで価値評価が乖離する場合，一致した契約が事情によっては実施されえないに違いないということは必然的な帰結である。このことを外国の機関会社に転用する場合，移転義務の範囲にあっては，会社法上許容された金額だけが重要でありうる。この許容された金額は，国際的な衝突法（Kollisionsrecht）に従って外国会社定款によって決まる[33]」。この点 Stangl/Winter は，外国機関会社との利益移転契約の内容による有効性を承認している。「法的に有効な形態で，その他の要求を契約により文章表現することに成功するならば，欧州連合ないしヨーロッパ経済圏の会社と締結した契約は，それに応じた株式法第 291 条の意味での利益移転契約となることができる[34]」。しかし，この海外機関会社が締結する利益移転契約の実態は，その機関会社の海外所在地の法律，慣行等の違いにより，ドイツ国内の機関会社が締結しているドイツ株式法上の利益移転契約と比較して移転金額の妥当性が問題になる可能性があると考えられる。

VI まとめ

　この度の改正の主点は，第一に EU 域内とヨーロッパ経済圏条約締約国へのドイツ Organschaft 制度の限定的な進出である。すなわち，Organschaft を構成する機関会社がドイツ国境を越えて EU 域内とヨーロッパ経済圏条約締約国で活動を可能にするための法律の整備であると考えられる。第二は，機関会社の適用範囲拡大に伴う課税所得の適正化の確保であると考えられる。つまり，ドイツ国内で従来実施されていた法人税 Organschaft 制度の機関会社が，ドイツ国境を越えて EU 域内とヨーロッパ経済圏条約締約国で運営され現地の法律と衝突する場合であっても，従来と同様な適正な制度運営を確保することを目指していると考えられる。

　欧州連合におけるドイツ法人税法の Organschaft 制度について，ドイツでは Marks & Spencer 事件以後，欧州連合域内とヨーロッパ経済圏条約締約国に

対応するために法人税Organschaftの改定が課題となっていた。この度の法人税Organschaft改正により，欧州連合における居住の自由，設立の自由という理念のもとOrganschaft制度はそれに対応してドイツ国内から欧州連合加盟国ないしヨーロッパ経済圏条約締約国に国境を越えて機関会社が進出することが可能となった。しかし，Organschaft制度のドイツ国外への拡張は，あくまで機関会社の進出地域での個別的対応が必要になると考えられる。なぜならば，この拡張はドイツ固有の制度であるOrganschaft制度の基本的構造になんら変更を加えることがなかったので，海外機関会社との取引において実務上さまざまなOrganschaft適応上の衝突ないし不透明性を拡張させたのである。具体的には，ドイツ株式法に基づく利益移転契約が国境を越えて現地の機関会社と締結されるにあたり，現地にドイツと同じ利益移転契約制度がないため現地の法律と衝突するからである。すなわち，機関会社の進出地域ごとにドイツ株式法第291条に規定された利益移転契約というものを創出する必要があるからである。この創出された契約というものは，ドイツ株式法上の利益移転契約の模造（Nachbildung）にすぎない。[35]

このため，海外機関会社が進出国で新たに創設ないし模造された利益移転契約というものによる損益ないし所得の妥当性を検討するために，この度の改正により利益移転契約のための機関会社関係における各々の年度決算書の完全性のための検証条件が規定されたと考えられる。そしてさらに，改正法は利益移転のための年度決算書の妥当性確保のために，機関会社関係における商事貸借対照表に対して包括的評価を伴う経済監査士と税理士の任意監査ないしその証明書の要求を可能にした。また，改正法は法人税の計算のため機関の担手と機関会社の適正な課税所得の算定をするために，法人税法の機関会社と機関の担手の所得移転を明確にする各々のOrganschaft専用税務申告書の記入作成を法律条文として明確に定め，税務署にその各々に対する調査権限を明確に規定した。このことは，まさにドイツOrganschaft制度が国境を越えることによる税制度の不安定性を回避するための法律改正であると考えられる。

さらに，2012年2月のドイツ連立政権から公表された「企業課税のさらなる近代化と簡素化への12項目」で2016年には現行の連結納税制度である

Organschaft 制度を別の制度に置き換えることを予定しているようである[36]。この点については，今後の研究課題とする。

注
1) Das Gesetz zur Änderung und Vereinfachung der Unternehmensbesteuerung und des steuerlichen Reisekostenrechts vom 20.2.2013 (BGBl. I 2013, 285).
2) Stangl/Winter, *Organschaft2013/2014*, Verlag C. H. Beck, München 2014, S. 51.
3) 池田良一『欧州ビジネスのためのEU税制』税務経理協会，平成25年1月，11ページ。
4) Hofer, A., *Grenzüberschreitende Verlustverrechnung bei der Organschaft*, Bremen/Hamburg, Salzwasser-Verlag, 2007, S. 1.
5) Frotscher, *Internationales Steuerrecht*, 3. Auflage, Verlag C. H. Beck, München, 2009, S. 197. 上田廣美「マークス　アンド　スペンサー事件―グループ企業の損失相殺と「開業の自由」―」『貿易と関税』2006年10月, Vol. 54No. 10, 83ページ。
6) Frotscher, *Körperschaftsteuer*, München, C. H. Beck, 2004, S. 147.
7) 森本滋『企業結合法の総合的研究』商事法務，2009年，401ページ。
8) 池田良一，前掲書，245ページ。
9) Frotscher, *Internationales Steuerrecht*, a. a. O., S. 198.
10) Marc P. Scheunemann, "Consequence of the Marks & Spencer Decision for Cross-Border Group Taxation in Germany", *The European Union and Group Relief*, BNA International Inc., 2006, Washinton, D. C., U. S. A., p. 30.
11) Stangl/Winter, a. a. O., S. 2.
12) Beck-Texte, *Körperschaftsteuerrecht*, 25. Auflage2014, München Deutscher Taschenbuch, S., 28-31.
13) Amtliches Handbuch, *Abgabenordnung* (*AO1977*), C. H. Beck, Nördlingen, 2006, S., 14. 「第10条―業務指揮機関（*Geschäftsleitung*）業務指揮機関とは，業務上の最高経営指揮管理の中心地をいう」。
14) Ebd., S. 14.「第11条―住所（Sitz）法人，人的結合，財団は，法律，定款，規約，寄付行為またはこれらに類するものにより定められる場所（Ort）にその住所を有する」。
15) Beck-Texte, *Körperschaftsteuerrecht*, 22. Auflage2011, München Deutscher Taschenbuch, S., 29.
16) Stangl/Winter, a. a. O., S. 51.
17) Ebd., S. 51.
18) Beck-Texte, *Körperschaftsteuerrecht*, 22. Auflage2011, a. a. O., S. 29.
19) Amtliches Handbuch, *Abgabenordnung* (*AO1977*), a. a. O., S. 14.
20) Stangl/Winter, a. a. O., S. 53-54.
21) Ebd., S. 6-7.
22) Ebd., S. 8.
23) Beck-Texte, *Körperschaftsteuerrecht*, 25. Auflage2014, a. a. O., S. 32.
24) Stangl/Winter, a. a. O., S. 10.

25) Ebd., S. 10-11.
26) Ebd., S. 59.
27) Streck, *KStG*, Kommentar 8. Auflage, C. H. BECK, 2014, S. 535.
28) KMPG, *German Business Bulletin*, Vol. 82., May 2013, 2-3 ページ。
29) Schumacher, *Die Organschaft im Steuerrecht*, 2. Auflage, Erich Schmidt Verlag, Berlin 2014, S. 74-75.
30) Stangl/Winter, a. a. O., S. 57. 利益移転契約の利益が商法上の貸借対照表利益であることについては，次の文献を参照。長谷川一弘『ドイツ税務貸借対照論』森山書店，2009年，158，171 ページ参照。
31) Ebd., S. 58.
32) Streck, a. a. O., S. 535.
33) Ebd., S. 58-59.
34) Ebd., S. 54.
35) Ebd., S. 54.
36) 東良徳一「ドイツ結合組織体課税制度改訂への決意表明の背景」『大阪産業大学経営論集』第14巻1号，2012年10月，14ページ。

法人株式控除制度にみる英国の配当所得課税における新たな展開

酒 井 翔 子
(嘉悦大学経営経済学部専任講師)

I　はじめに

2010年に英国初の連立内閣であるキャメロン (D. Cameron) 保守・自民連立内閣が発足した。キャメロン政権下において注目すべきは1978年の『直接税の構築および改革』(*The Structure and Reform of Direct Taxation*：以下,『ミード報告』(Meade Report) と称す) の後継として抜本的税制改革論を展開した『税の設計のための重要論点』(*Dimensions of Tax Design*)・『税の設計』(*Tax by Design*：以下, 両者を総称して『マーリーズ・レビュー』(Mirrlees Review) と称す) が公表されたことである。『マーリーズ・レビュー』では, 近年の国際的経済環境の変化を踏まえて, 最適課税論のもと, 課税ベースから個別の税目まで包括的に検討されている。ここで, 最適課税論とは, 労働・資本・土地等の生産要素について, それぞれの供給の価格弾力性が異なることを前提として, 課税による資源配分の効率性や所得分配の公平性等の調整を図りつつ, 望ましい課税のあり方を模索する議論をいう。『マーリーズ・レビュー』の法人税改革論では, 所得課税を中心とする課税ベースから消費課税を中心とする課税ベースへの転換を前提として, 配当課税制度に関する新しい方向性が提唱されている。本稿では, 英国における配当課税制度の変遷を辿るとともに,『マーリーズ・レビュー』の推奨する消費課税ベースの法人株式控除 (allowance for corporate equity：以下, ACEと略す) の特徴・有用性について概説を行う。

II　英国における配当課税制度の変遷

周知のとおり, 法人税の課税根拠をめぐる議論には, 主として, 「法人実在

説」と「法人擬制説」がある。「法人実在説」において，法人は株主等の投資家から独立した主体であり，担税力の有無も投資家等から切り離されて考えられる。法人と企業は別個の課税主体とみなされるため，法人に対する法人税と株主に対する所得税の二重課税については，配慮されることはない。他方，「法人擬制説」において，法人は株主の集合体であり，法人税は個人所得税の前払分であると考えられる。そのため，「法人擬制説」のもとでは，法人・個人間の二重課税が問題となる。

　1965年の法人税制導入当時，英国では，「法人実在説」の思考のもと，クラシカルシステムが採用されており，法人・株主への二重課税に対して配慮されることはなかった。[3] そのため，1973年の税制改正では，法人が稼得した利益を配当または留保する場合における税務上の差異を緩和するためクラシカルシステムからインピュテーション方式への転換が行われた。

　インピュテーション方式は，法人の租税債務の一部を株主に帰属させ（impute），その帰属させた金額を税額控除（tax credit）として株主の所得税から差し引くことにより，配当に係る二重課税を解消する方法である。[4] この方式は，法人税額の全額を株主に帰属させる「完全インピュテーション方式」と一部を株主に帰属させる「部分的インピュテーション方式」に大別される。英国では，「部分的インピュテーション方式」が採用され，独特な手法により二重課税の排除が行われる。すなわち英国法人が配当を行う際，支払配当金額の一部を予納法人税（advance corporation tax：以下，ACTと略す）として納付する義務が生じる。ここで注意を要することは，このACTが法人税の一部ではなく，個人の配当所得に対する課税の前取りとしてみなされることである。個人株主は，ACT金額を所得税額から控除することができ，法人株主が配当を受け取る場合には，配当支払法人の納付するACT額を自身の支払う法人税相当額から控除することにより，当該配当金額に係る二重課税が解消される。[5]

　このインピュテーション方式は，英国法人が英国の株主に対して支払う配当のみを対象としており，内国法人から外国株主への配当および外国法人から国内株主への配当に関しては，税額控除が認められない制度となっていた。欧州裁判所（European Court of Justice）によれば，英国のインピュテーション方式

は，英国国内投資を優遇し，EC 条約の要求する資金移動の自由に反するものである[6]。そのため，1997 年には，欧州裁判所の姿勢に協調を示す形でインピュテーション方式は廃止され，わが国と同様に，受取配当等の益金不算入方式が採用された[7]。

ところで，インピュテーション方式や受取配当等の益金不算入方式は，法人・個人間の二重課税排除，配当または内部留保する場合の課税の中立性に論点を置く。しかし，資金調達方法に着目すれば，借入れに係る支払利子は課税ベースから控除されるのに対して，株式による資金調達の場合には，借入れによる場合と同様の控除は認められない。そのため，税務上，株主資本（equity）によるよりも借入れ（debt）による資金調達の方が有利に扱われている印象が強かった。さらに，株主のキャピタルゲインに対する個人所得税は，キャピタルゲインの実現時まで繰り延べられることから，発生キャピタルゲインに対する実効税率は配当に対する個人所得税率よりも低く設定され，キャピタルゲインを留保した方が現物配当等の新株発行による資金調達よりも税務上優遇される。その結果，法人の経営方針が税法に歪められることが問題視されることとなり，資金調達に中立的な税制として，負債に付与される恩典（支払利子の控除）を廃止する方法と株式に対して負債と同様の恩典を与える方法が検討されてきた。

資金調達方法が株式であろうと負債に係る支払利子控除は認めず，全法人所得に課税を行う方法により，課税の公平性を保とうとする包括的事業所得税（comprehensive business income Tax：以下，CBIT と略す）は，前者に該当する[8]。

一方，負債に対する利息の控除をこれまでどおり認めると同時に，株式に係る「機会コスト」相当分の税額控除を認める ACE は後者に該当する。法人・個人間の二重課税に配慮した制度を従来型の配当課税とするならば，資金調達方法の別による課税不公平に注目した CBIT・ACE は，現代型の配当課税制度ともいえよう。

CBIT・ACE は，配当・利子の受取側の課税が免除され，資金調達に中立的である点で共通するが，CBIT が包括的所得課税の枠内で構築されているのに対し，ACE は，消費課税の一体系として論じられている[9]。

III　課税ベースに関する議論の展開

　課税ベースを所得から消費に移行する動きは、諸外国においても、長年にわたって議論されてきた[10]。その契機となったのが、1955年に英国のカルドアによって提案された「支出税」である。支出税は、変動する各年の所得ではなく、長期間に平均化された経済力たる消費支出、つまり、年間の所得額から純資産（貯蓄）の増加額を差し引いた額（消費者が年間の消費支出に充てる資金の額）を課税ベースとし、これに累進税率や人的控除の適用を行うものである。カルドアによる支出税は、インド・スリランカで導入されたが、実行の困難性から、短期間で廃止された[11]。

　支出税導入論の代表的な報告書には、1977年のアメリカにおける『基本的な税制改革のためのブループリント』（*Blueprints For Basic Tax Reform*）、スウェーデンにおいて、1976年に『累進支出課税への代替可能性』（*Progressive Expenditure Tax-an Alternative?*）という題目で公表された『ロディン報告』、1978年の『ミード報告』がある。こうした1970年代における支出税ルネサンスともいえる動きは、高齢化社会に伴う生涯生活設計（消費計画）の必要性と所得税における貯蓄への二重課税が生涯生活設計の阻害要因となっており、所得税制度の複雑化・不公平性への批判等、総合所得課税のもとで生じる様々の問題は、消費に課税することで回避できると考えられたことに起因する。

　すなわち、消費課税にシフトすることで、ある年度における消費の原資が勤労所得であろうと株式の売却益等の資本所得であろうと、所得税の場合に懸念される所得ごとの課税ベースの算定は問題とならない。

　たとえば、若年期に2,000万円の所得があるAとBのうち、①Aは若年期に全額消費する、②Bは若年期に所得の半分を貯蓄したと仮定する。利子率は10％であり、税率が20％の総合所得課税が施行されている場合、Aの税負担は、400（＝2,000×20％）万円となるが、Bは、貯蓄に回した分の利子に対して老年期に課税される。Bは可処分所得1,600（＝2,000－400）万円の半額800（＝1,600×1/2）万円を貯蓄した結果、老年期の利子80（＝800×10％）万円に対して20％の税率が課されるため、生涯を通じて見た場合に、BはAよりも16

（＝80×20％）万円多く所得税を納付することになる。

　次に，消費に課税する場合を考える。若年期に2,000万円を消費してしまうAの税負担は，400（＝2,000×20％）万円である。一方，Bは，若年期に200（＝1,000×20％）万円の税負担が生じ，老年期の貯蓄は10％の利子がつくので1,100（＝1,000×1.1）万円となる。結果的に，Bは，若年期に200万円，老年期に220（＝1,100×20％）万円の税負担が算出され，Bの負担額420（＝200＋220）万円がAの負担額を上回るように思われる。しかし，利子率10％に着目すれば，老年期の1.1円と若年期の1円は等価であるから，老年期の220万円は，若年期の200万円と同じであると解することができる。したがって，消費課税のもとでは，AとBの税負担は同一になる[12]。

　このように，消費を課税ベースとする支出税は，所得税より簡明，かつ，生涯所得の観点からも公平性を保つことができる。

　『ミード報告』では，上述のような個人段階における支出税化と法人段階におけるキャッシュフロー税化が提唱されている。法人税が所得課税であることに起因する問題は，キャッシュフロー課税に移行することで対処できるとの考えによる。

　具体的には，資金の流入・流出を実物取引，金融取引，資本取引に分け，さらに，それぞれの取引を源泉（inflows）と使途（outflows）に大別する。各取引の資金流入金額と資金流出金額との差額で課税ベースを算出する[13]。実物取引のみの源泉R（売上・資産売却）と使途R（経常費用・投資費用）の差額がRベースの課税ベースとなる。金融取引のみの源泉F（借入れ・金融資産の売却・受取利子）と使途F（借入金の返済・金融資産の取得・支払利子）の差額がFベースの課税ベースとなる。実物取引のみのRベースと実物・金融取引を合わせたR＋Fベースの2つの課税ベースがキャッシュフロー法人税の基本となる。Rベースのキャッシュフロー課税は，実物取引によるネットの流入金額であり，固定資産や棚卸資産の取得等，その効果が翌期以降におよぶ支出を資産として認識することなく，すべて即時費用化し，売上等の収益は現金主義で認識する。R＋Fベースのキャッシュフロー課税は，Rベースの課税ベースに，借入れ・貸付け，受取利息・支払利息等の金融取引を加え，より広範な課税ベースを想定し

たものである。[14]

　R＋Fベースのキャッシュフロー課税では、支払利子の損金算入を認める一方で、借入れ額は課税ベースに組み込まれるため、大きな投資に伴い、多額の借入れを行った場合でも、両者が相殺し合うため、課税ベースの変動は、Rベースの場合よりも小さくなる。[15]

　資本取引は、新株の発行・配当の受取りが資金流入金額Sを構成し、自社株の取得・配当の支払いが資金流出額Sとなる。資本取引の流入・流出差額を課税ベースとするSベース課税は、企業の流入総額と流出総額が等しいことからR＋Fベースと同じである。Rベースにせよ、R＋Fベースにせよ、キャッシュフロー法人税を採用すれば、償却資産に対する物価調整の必要がなくなるため、煩雑な物価調整会計を懸念する立場からも望ましい税として評価されている。[16]

　さらに、投資資産に係る取得原価は、即時費用計上できるため、価格変動による課税ベースの歪曲は回避される。有形固定資産の真の経済的償却率や資産再評価への配慮が必要なくなる点がキャッシュフロー課税の最大の利点である。したがって、たとえば、わが国法人税の課税ベースとなる「課税標準額」を算出する際、現在的価格の「益金」と有形固定資産の減価償却費のように、歴史的原価に基づき配分される費用を含む「損金」とを同一価格水準で比較・対応させることで生じる問題は、キャッシュフロー課税によって解消される。[17]

Ⅳ　法人株式控除制度の特徴

　『マーリーズ・レビュー』では、法人税のキャッシュフロー化を視野に入れた税制改革論が展開されている。ただし、厳密なキャッシュフロー課税ではなく、キャッシュフロー課税と同様の経済効果をもたらす税制が検討されており、消費課税の一体系の上に構築されるACEは、R＋Fベースのキャッシュフロー課税と「税等価」、すなわち、異なる制度でありながら、同一の経済効果をもたらす制度として注目されている。[18]

　ACEにおける課税ベースは、法人所得から借入れに係る支払利子と減価償却費を控除し、さらに自己資本（株式）部分についても株式の「機会コスト」

を控除することにより算出される。ここで，株式に係る「機会コスト」とは，ある資金を市場で運用する際に得られる平均的な利回りに相当し，投資家が企業に出資する際に求める最低限の利益に該当する。出資を受ける企業の側からすれば，投資家により最低限の支払いを迫られる「資金調達コスト」となる。借入れに係る利息の控除を認める一方で，「資金調達コスト」相当額の株式控除額を差し引くことにより，借入れ・株主資本における課税上の公平を目指すのがACEの特徴である。[19]

株式控除額は，平均的利回りとして設定された名目上の金利を「資金流入金額」から「資金流出金額」を差し引いて算出された前期末株主基金に乗じることで計算される。内部留保金額と株式発行額が株式基金に積み立てられる一方，減価償却は，株式基金から控除される。内部留保は課税所得に株式控除を加算して算出された企業収益から法人税額・支払配当の純額を差し引いた金額となる。

図1に示されるように，経済学において，企業利益は正常利潤と超過利潤に区分される。従来の法人税は，正常利潤と超過利潤の両方を課税対象としていた。投資に関わる「機会コスト」は，投資家から請求される最低金額であり，正常利潤に相当するため，ACEの導入により，超過利潤への課税が実現されることになる。さらに，この超過利潤に対する法人税の現在価値がR＋Fベー

図1　超過利潤・正常利潤から成る法人所得

現行の課税ベース			
超過利潤	正常利潤	減価償却	支払利子
法人所得		損金算入	

キャッシュフロー　現在価値

出所：鈴木将覚「法人税の実効税率」『マーリーズ・レビュー研究会報告書』財団法人企業活力研究所，平成22年，31頁，一部修正。

スのキャッシュフロー課税と一致する[20]。

投資支出に対して，借入金額が増加したとしても，その分，内部留保・株式による財源調達が減るため，次期に繰り越される株式基金が減少し，それに伴い株式控除額も少なくなるため，将来の課税額が増加することになる。したがって，ACE課税は借入金の影響を受けない。さらに，加速償却等により，特定の期の償却額が増額されたとしても，将来の株式基金の額を減じることで，過大償却効果の相殺が可能となるから，ACE課税は，減価償却に対しても中立的である[21]。

V　消費課税ベース選択の国際的な潮流

2005年にアメリカで公表された大統領税制諮問会議報告書では，現行所得課税を維持しつつ，簡素な所得税制を目指す「簡素な所得税案」(Simplified Income Tax Plan)，課税ベースを所得課税から消費課税に移行することにより，税制の簡素化を図る「成長と投資税制案」(Growth and Investment Tax Plan) が提案された。資本所得の低率分離課税，投資の即時償却を認める「成長と投資税制案」は，後述される二元的所得税の概念に影響を受けたフラットタックスを基礎とする。これは，Xタックスと呼ばれており，金融取引を課税ベースから除外し，Rベースの課税を行う。個人所得税の税率を15％，25％，30％の3段階に設定し，配当，キャピタルゲイン，利子等の資本所得には，15％の軽減税率を適用する。法人課税に関しては，設備投資の即時費用化，支払利子控除の廃止による利子課税を行い，金融取引についてもキャッシュフロー化を目指している[22]。

他方，OECDは，二元的所得税を「所得税体系から消費税体系への橋渡しの税制」と位置付けるとともに，先進各国の税制が二元的所得税に向かいつつあることを提唱している[23]。1990年代にスウェーデンで導入された二元的所得税制では，個人所得を賃金・給与等の「勤労所得」と利子・配当・キャピタルゲイン・不動産所得等の「金融・資本所得」とに分け，勤労所得には累進課税を課す一方，合算された金融・資本所得には，比例税率を課す。資本所得の税率は，法人税率・勤労所得の最低税率と同水準に設定され，資本所得における損

益通算や損失の繰越しが可能であるが，勤労所得と資本所得の損益通算は認められない。二元的所得税導入の背景としては，当時の資本所得に対する高率な課税が資本逃避をもたらしたこと，住宅投資を行った際の借入利子控除を利用して人為的な過大損失の創出により，税負担を軽減する租税回避行為が蔓延していたことが挙げられる。包括的所得課税がグローバルな経済に対応できなくなったことから，「緊急避難的」に考案・導入された。資本所得への課税を分離・低率にすることにより，「効率的な税制の構築」と「垂直的公平性の確保」の実現を目指したのである。[24]

ところで，わが国の所得税法（昭和40年法律第33号）は，シャウプ勧告以来の「包括的所得概念」に基づく「総合所得課税」を原則としているが，税制改正や租税特別措置法の制定に伴い，「分類所得課税」へと移行してきた経緯があり，所得区分に応じて課税所得の計算に大幅な差異が生じている。資本所得に関しては，「貯蓄から投資へ」という政策目標に合致させる形で，利子所得の源泉分離課税，少額配当の分離課税，株式譲渡益の申告分離課税等，勤労所得と分離して低率課税されている。こうした税制は，高齢化社会のもとで貯蓄・資本の効率的活用に資するものとして，世界的な潮流にも沿った税制として評価できる一方で，所得間における課税の中立性が歪められており，恣意的な所得区分の転換を引き起こす。問題は，わが国における二元的所得税が金融所得一体課税に限定して議論されている点であり，法人所得税を含む資本所得全体の課税のあり方は検討されていない。[25]

『マーリーズレビュー』では，ACE制度の適用により，資金調達に係る「課税の中立性」を保持する一方，個人所得税においては，二元的所得税（dual income tax）の導入が提案されている。英国型二元的所得税（UK dual income tax）は，個人所得を勤労所得と不労所得の2区分とし，支出型個人所得税（consumption-based personal tax）を念頭に，法人段階のACE制度と同様に，個人段階においても貯蓄性所得から正常利益（normal return）を控除する。支出型個人所得税は，個人の利子所得を課税対象外とし，株主に対しては，課税前の配当・キャピタルゲインから帰属正常利益（imputed normal return）の控除を認めることにより達成される。[26] これにより，法人・個人の事業形態の選択や

恣意的な所得転換に対処しようというのである。

このように，資本所得に対する正常利益の損金算入を認める ACE 制度と同様に，個人段階における資本所得に対しても，正常利益への課税を除外することにより，事業形態の選択に関する税法の介入を防ぐことができるとともに，二元的所得税を前提とする資本所得の低率分離課税により，所得転換の誘因に対応することが可能となる。

Ⅳ　法人株式控除制度の有用性と配当課税制度の方向性——むすびに代えて——

税制改革における国際的潮流としては，所得ベース課税から消費ベース課税への転換を視野に入れつつも，二元的所得税，Xタックス，ACE のように，実際に消費ベース課税へ移行した場合の弊害を懸念して，所得課税を中心とする現行の租税体系を維持しながら，前段階的な手法に留まっている。

ACE の主な特徴としては，企業の資金調達に対する課税の中立を図る制度であること，キャッシュフロー課税と税等価の経済効果をもたらすこと，超過利潤に限った課税を実現することが挙げられる。

資本所得課税に対して中立的である制度としては，ACE も CBIT も共通する。ただし，借入金に係る支払利息の控除を廃止し，利息控除前，減価償却後の法人所得に対して課税する CBIT は，資金投資に係る正常利益を課税対象に含めた上で負債または株式に対する課税の公平性を実現する。正常利潤・超過利潤の区別なく法人資本所得に対して，漏れのない課税を実行する CBIT は，超過利潤に限った課税を行う ACE に対し，法人税の課税ベースを引き上げる。[27]

閉鎖的経済では，株主資本に係る収益は法人段階で源泉課税される一方で，借入れにより生じた収益は個人レベルで課税されるべきであるという従来の見解からすれば，課税上の不合理を法人段階のみで解決する CBIT よりも，法人・個人の各段階において資本課税の問題に対処する ACE は評価され得る。[28] 開放経済では，法人税が企業の投資に影響するのに対し，個人所得税は個人の貯蓄に影響することから，法人課税と個人課税は別個に検討されるべきである。企業の投資促進に配慮した資本所得課税制度としても，インピュテーション方

式等，個人段階の調整よりも，法人段階で配当を自己資本調達コストとみなして正常収益分を非課税とする ACE が望ましい。[29]

また，純粋なキャッシュフロー課税によらずともキャッシュフロー課税と「税等価」な効果をもたらす ACE は，画期的で現実的な手法であった。企業は，その国の環境，経済情勢，租税制度等も含め，最も利益率の良い場所に立地を求める。たとえば，インフラ整備が整っている地域では，そうでない地域に比べて利益率が高まるように，超過利潤は，立地の優位性や経済特性に起因して創出され，企業が享受する行政サービスからの受益が反映されているため，転嫁もされにくい。その超過利潤に限った課税を可能にする ACE は，投資への歪みを是正し，真の受益と負担を一致させる応益原則の面からも望ましい制度といえる。[30]

翻って，2015（平成27）年度税制改正大綱において，わが国の法人税制は，法人実効税率の引き下げと課税ベースの拡大により，諸外国の租税競争に参戦する意向が示されている。法人税を負担する企業が全体の3割程度である現状に鑑み，法人税の負担を広く，薄く求めることにより，投資余力の増大や収益力改善に注力する成長志向の法人税改革が提言されている。しかし，この法人税改革論は，主として，大法人の実効税率引下げを意図した議論であり，所得金額800万円以下の中小法人を対象とする現行の軽減税率に関しては，厳しく見直す声も上がっている。[31]課税ベースの拡大に加え，軽減税率の見直しが行われれば，将来的に，中小法人の税負担は，増加されることになる。

対照的に，大法人の中には，現行の各種税額控除や租税特別措置法による特例，受取配当金の益金不算入，欠損金の繰越控除等により，中小法人の実効税率よりもはるかに低い税率負担となる法人もあり，応能負担の原則は破綻しつつある。たとえば，2008（平成20）年から2012（平成24）年の3月期5期通算で実効税負担率が最も低いみずほフィナンシャルグループにおける法人税等の額は，税引前純利益に対し，わずか0.02％の負担となっている。また，同社の2008（平成20）年から2013（平成25）年の3月期6期通算における受取配当金の額は，税引前純利益（1兆4000億円超）の約99％を占める。税引前純利益の10倍を超える受取配当金を収受する大法人もあり，これらに共通するのは，受

取配当等を含める税引前純利益が多額であるにもかかわらず，実際に納付する法人税の実効税負担率は著しく低いことである[32]。

　わが国の受取配当等の益金不算入は，シャウプ勧告に基づく法人擬制説のもとで，法人税は所得税の前取りとみなされ，法人・個人間の二重課税排除を目的として導入された。当該制度は，企業活動の多様化に伴い，改変が重ねられてきたが，大法人における所有と経営が分離傾向にあり，個人株主の持株比率がわずか20%前後となっている今日，もはや，大法人の利益が個人株主に帰着しているとは言い難い[33]。受取配当等益金不算入制度は，企業の実態に即した配当課税制度として機能しておらず，個人所得税・法人所得税の統合による配当所得への二重課税是正は，重視され得ない。

　上述の平成27年度税制改正大綱では，法人税の負担を広く，薄く求めることにより，成長志向の法人税改革が公言されたが，まずは，受取配当等の益金不算入をはじめ，その他特例による大法人優遇税制が，より厳格に見直され，実態に忠実な税制改革が必要である[34]。

　法人税率の引下げや消費税率の引上げ等，様々な議論が交錯しているわが国の租税制度は，諸外国の動きを注視しつつ，歪んだ税制を公平な税制へと再構築する絶好の岐路に至っている。国際競争力を意識した法人税率の引下げ・課税ベースの拡大による大法人税制と課税ベースの縮小・資金力の強化に配慮した中小法人税制という様に，法人規模や経済的実質に応じて，別個独立した税制の構築も提案され得る。

　とりわけ，中小法人に対しては，キャッシュフロー課税を視野に入れた改革も断行され得る。正常利潤を課税対象外とし，キャッシュフロー法人税と「税等価」なACEは，中小法人税制の簡素化および応能負担の原則の観点からも，有効な手段となり得よう。

注
1) Institute for Fiscal Studies, *Dimention of Tax Desigh: The Mirrlees Review*, Oxford University Press, 2010.
　　Institute for Fiscal Studies, *Tax by Design: The Mirrlees Review*, Oxford University Press, 2011.

『マーリーズ・レビュー』の法人課税・資本所得課税については，鶴田廣巳『グローバル時代の法人課税と資本所得課税—マーリーズ・レビューを中心に—』『政経研究』第42巻第3号，平成25年，65-106頁において，詳細に分析・検討されている。
2) なお，OECDの法人税改革論として，完全統合（full integration），インピュテーション制度，ACE制度，株主控除制度（allowance for shareholder equity tax system），包括事業所得課税（comprehensive business income Tax），源泉地ベース（origin-based）・仕向地ベース（destination-based）のキャッシュフロー法人税（cash-flow corporate tax）が挙げられている（OECD, *Fundamental Reform of Personal Income Tax No. 16*, 2007, pp. 85-117）。
3) 法人所得への課税が最初に行われたのは，1799年の所得税法創設から150年以上も経過した1947年のことである。軍備調達を主目的に開始された法人所得特別税は終戦後も定着し，法人自体への課税が正当化されるようになると，所得税から独立した法人所得課税が開始された。法人所得課税は1965年の税制改正において，本格的に法人税（corporation tax）が導入されるまで継続された（J. A. Kay and M. A. King, *The British Tax System Fifth Edition*, Oxford University Press, 1990, p. 164）。
4) *Ibid.*, p. 158.
5) Juliana Watterston, *Corporation Tax 2009/10*, Bloomsbury Professional, 2009, p. 468. ACT制度に関しては，酒井翔子「英国における配当課税制度の特徴」『租税実務研究』第1号，平成25年において詳述されている。
6) Michael J. Gretz and Alvin C. Warren, *Common Market Law Review*, "Divident taxation in Europe: When the ECJ makes tax policy", Kluwer Law International, 2007, pp. 1580-1584.
7) Keith M Gordon and Ximena Montes-Manzano, *Tiley and Collison's UK Tax Guide 2009-10 27th edition*, Lexis Nexis, 2009, pp. 1178 and 1225.

ドイツにおいても，1977年の税制改革以来採用されてきたインピュテーション方式が2002年に廃止された。これにより，法人税との二重課税排除措置として，半額所得課税方式が採用され，配当所得の半額のみが個人段階での課税対象とされた。2009年には，投資所得課税方式を導入し，配当所得の60％を課税所得とする措置が採られている。こうした一連の改正もインピュテーションの対象となるドイツ人投資家と当該制度の適用除外となるEU諸国居住投資家との中立性を保つ必要性から行われたものである（岩﨑政明「ドイツ企業税制・投資所得税制改革の分析—メルケル政権における企業競争力強化税制のねらい—」証券税制研究会編『金融所得課税の基本問題』平成20年，100-103頁）。
8) CBITは，1992年にアメリカ財務省の報告書である『個人及び法人税制度の統合，事業所得に対する一回課税』（*Integration of the Individual and Corporate Tax Systems, Taxing Business Income Once*）において提案され，CBITが課される事業体においては，支払利子の控除が認められないが，CBIT事業体から収受する利子所得および配当所得は，受取側がCBIT事業体であるか否かにかかわらず，課税対象から除外される。その際，配当免除勘定（excludable dividend account）を設け，配当に対する課税を法人段階で完結させた。個人がCBIT事業体に対して，投資あるいは貸付けを行う場合には，事業

体段階で支払利子未控除の課税標準が課税対象となり，事業体から支払われた利子・配当に関しては，個人株主段階で非課税となる。CBIT に関しては，岡村忠生「アメリカにおける包括的事業所得税構想について（資料）」『税法学』第509号，1993年1-27頁，馬場義久『所得課税の理論と政策』税務経理協会，平成10年，160-165頁を参考されたい。

9) 武田昌輔編著『企業課税の理論と課題〔第二版〕』税務経理協会，平成19年，276頁。

10) 課税ベースとしての「所得」，「所得型付加価値」，「消費型付加価値」，「キャッシュフロー」は，歴史的にも議論されてきた。所得課税は，1799年，ナポレオン戦争の戦費調達のため，英国で導入され，わが国においても，明治の近代国家形成とともに所得税制度は確立されていた。1987（明治20）年，個人所得のみを対象とした所得税が創設され，1899（明治32）年には，法人所得がその課税対象に含められている。1949（昭和24）年，シャウプ勧告が世界に先駆けて所得型付加価値税（事業税）の導入を試みる。1960年代後半から1970年代にかけて消費型付加価値税が西ヨーロッパで導入され，80年代から90年代にかけて，経済成長や資本貯蓄促進との関係からキャッシュフロー法人税に関する研究が盛んに行われている（戸谷裕之『日本型企業課税の分析と改革』中央経済社，平成6年，13頁）。

11) 1974年にアメリカのアンドリュースは，カルドアによる古典的支出税を改良した新しい「前納型支出税」を提案した。「前納型支出税」は，住宅購入等，本来課税ベースから外れる資産の増加を適格にしないことによって，課税対象に含める一方，住宅購入のための積立や借入返済の段階で課税するという方法である。

「前納型支出税」の詳細は，宮島洋『租税論の展開と日本の税制』日本評論社，1986年，33-35頁を参照されたい。

12) 宮島洋編著『消費課税の理論と課題』税務経理協会，平成15年，34-35頁。

13) J. E. Meade (ed.), *The Structure and Reform of Direct Taxation*, Institute for Fiscal Studies, 1978, pp. 230-245.

14) 田近栄治・油井雄二「法人税と課税の中立性」野口悠紀雄編著『税制改革の新設計』日本経済新聞社，1994年，105頁。

15) 同上書，106頁。

16) J. A. Kay and M. A. King, *op. cit.*, p.164.

17) 法人税の「課税標準額」算定方法に関する指摘は，菊谷正人『税制革命』税務経理協会，平成20年，59-60頁。

18) 具体的な設例は，田近栄治「日本の法人税をどう設計するか―課税ベースの選択と国際化への対応―」『フィナンシャル・レビュー』第102号，平成23年，114-115頁。

19) 酒井翔子「法人税の新たな展開〜英国の法人税制を参考にして〜」『嘉悦大学研究論集』第57巻第2号，2015年，72頁。

20) 鈴木将覚「法人税の実効税率」『マーリーズ・レビュー研究会報告書』財団法人企業活力研究所，平成22年，30-33頁。

21) 同上稿，34-35頁。

22) 関口 智「現代アメリカ租税論の展開―グローバル経済下の企業課税論―」『税制の新しい潮流と法人税』日本租税理論学会，2009年，29-35頁。

23) 森信茂樹「二元的所得税再考―公平と効率の両立に向けて」土居丈朗編『日本の税を

どう見直すか』日本経済新聞出版社，2010年，90頁。
24) 北欧諸国続き，オーストリアやベルギー，イタリア，オランダ，ギリシャ，ドイツにおいても二元的所得税を基本とする税制が導入されている（同上書，93頁）。
25) 同上書，94頁。
26) Institute for Fiscal Studies, *Dimensions of Tax Design*, Oxford University Press, 2010, p. 917.
27) Institute for Fiscal Studies, *Tax by Design*, Oxford University Press, 2011, p. 425.
28) *Ibid.*, p. 427.
29) Sorensen, Peter Brich, "Can Capital Income Taxes Survive? And Should They?" *CESifo Economic Studies*, Vol. 53 No. 2, 2007, pp. 172-228.
　　法人段階・個人段階による株式投資に対する課税に関しては，鈴木将覚「実効税率の引き下げに向けて」『マーリーズ・レビュー研究会報告書』財団法人企業活力研究所，平成22年において詳細に分析・検討されている。
30) 佐藤主光「法人税改革について—他税目を含む税収構造の見直しと経済成長を支える税制への転換」『租税研究』第778号，2014年，180-181頁。
31) 税制調査会『法人税の改革について（案）』平成26年，8頁，自由民主党・公明党『平成27年度税制改正大綱』平成26年，3頁。
　　実際には，2014（平成26）年度末まで採用されていた租税特別措置法における中小法人の軽減税率15％は，2016（平成28）年度末まで延長されることとなった。
32) 富岡幸雄『税金を払わない巨大企業』文春新書，2014年，43・63頁。
33) 日本経済新聞，2014年6月19日。
34) 2015（平成27）年度税制改正において，受取配当等の益金不算入制度は，保有目的に応じて区分された株式ごとに益金不算入割合の見直しが行われた。しかし，これは，課税ベース拡大のための一手段として行われたにすぎない。

滞納者の預金差押えと滞納処分の執行停止
―― 二つの勝利裁判を鑑定 ――

浦　野　広　明
（立正大学法学部客員教授）

1　序

　税務署，県税事務所，市役所税務課などが税の滞納者のわずかな預金を差し押さえる事態が全国的に発生している。問題なのは預金の原資が差押禁止財産であることである。
　差押えには制約がある。国税徴収法は，①衣服，寝具，家具，台所用品，畳や建具，②3月分の食糧や燃料，③農業・漁業に必要なもの，④給与・退職金の一定額，⑤社会保険制度に基づく年金等，を差押禁止財産としている。差押禁止財産について規定する他の法律は多種ある。例えば，介護保険法，健康保険法，雇用保険法，児童手当法などである。
　税務官署が生活に欠かせない預金まで差し押さえる根拠としているのは最高裁の「裁判例」（判決例）にすぎない。
　その裁判例は，金融機関が預金者に対する貸付金と預金者の預金（国民年金及び労災保険金が振り込まれたことによる残高）を相殺したことの可否をめぐるものである。裁判所は，「年金等の受給権は受給権者の預金口座に振り込まれて預金債権に転化したときは，差押禁止債権としての性格を失っていると解すべきである」と判断している（第1審＝釧路地裁北見支部，平成8年7月19日判決，控訴審＝札幌高裁，平成9年5月25日判決，上告審＝最高裁，平成10年2月10日第3小法廷判決）。
　この裁判例が滞納者へのむごい仕打ちへのもっともらしい理由づけとなっている。さらに預金差押裁判において，行政庁は「訴えの利益」を持ち出し，公権力の行使に関する不服の訴訟を却下させようとする。原告の裁判を受ける権

利（憲法第32条）を奪うとする。「訴えの利益」を持ち出す課税庁の主張は，国民の権利利益の救済を阻止するもので，行政不服審査法第1条第1項に反するばかりでなく，憲法第32条に反する。

私は，銀行預金に振り込まれた差押禁止財産の差押えは違法だとし取消しを求めた二つの裁判の鑑定を行った。

鑑定をした二つの裁判は，いずれも差押禁止財産収入を財源とする普通預金の差押えに係るものである。

二つの事件に共通するのは差押禁止財産収入を財源とする普通預金の差押えだという点である。私が鑑定した事項は，(1)本件差押えの対象となった預金債権が差押禁止財産に該当するのか，(2)本件差押処分は，差押禁止財産を差し押さえるものであり違法であるのか，(3)本件差押処分の取消訴訟には訴えの利益がないとする被告の主張を採用すべきなのか，についてである。二つの事件は勝利した。本報告は二つの裁判の鑑定書をつうじて，滞納処分の執行停止についての問題提起である。

2　滞納処分

納税者が租税を納期限までに完納しない場合，税務官署は，裁判所の手を借りずに自らの手で強制的に租税を徴収する。国税通則法（国税に関する基本事項やその他の通則的事項を定めた法律）は，納税者が納期限までに国税を完納しない場合，原則として納期限から50日以内に督促状により納付督促を行うこととしている（第37条）。税務官署が督促しても納付がなければ滞納処分に進む。国税徴収法（国税の徴収に関する基本法）は，「滞納者が督促を受け，その督促に係る国税をその督促状を発した日から起算して10日を経過した日までに完納しないとき」には財産を差し押さえる（第47条第1項第1号）。

滞納処分は，大きく分けて，差押え，換価（租税債権を強制的に実現するため差押財産を入札等によって公売），換価代金の配当（租税へ充当・他の債権者へ配当・滞納者へ残余金を交付）の3段階からなる。

差押えには制約がある。生活維持の保障，やすらかな精神的生活の保障，社会保障制度の維持など種々の理由から，法律上差押えを禁止されている財産が

ある。

　国税徴収法（75条～78条）は，特定の財産を差押禁止財産としているが（75条～78条），そのほか他の法律による禁止財産もある[1]。

3　預金差押えの裁判に関する鑑定

次は二つの裁判の概要である。

(1)　給料を財源とする普通預金の差押え

　群馬県T町に住むXさんは生活苦により町県民税や国民健康保険税を滞納していた。T町はXさんの給料約20万円が振り込まれた普通預金を差し押さえた（2008年）。

　Xさんは滞納処分（差押）の取り消しを求めて前橋地裁に提訴した（平成21年〈2009年〉滞納処分取消等請求事件）。

　本件差押えに係るXさん名義の預金は，G銀行T支店の普通預金である。通帳記載によれば，2008年（平成20年）5月7日現在の残高は1,661円であった。2008年（平成20年）5月23日に給与手取額19万8,289円が振り込まれ，08年5月23日の残高は19万9,950円となった。しかし，この残高はT町が差し押さえたため一瞬にしてゼロとなった。

(2)　児童手当を財源とする普通預金の差押え

　鳥取市に住むAさんは生活苦により県税を滞納していた。AさんのT銀行支店の普通預金残高は，2008年3月27日現在の残高は73円であった。2008年6月11日に，鳥取市から児童手当130,000円が振り込まれた結果，同日の残高は130,073円となった。しかし，この残高130,073円は，鳥取県が，Aさんの個人事業税及び自動車税滞納を理由に差し押さえたため，またたくまにゼロとなった。

　二つの事件に共通するのは差押禁止財産収入を財源とする普通預金の差押えに係る点である。筆者はこれらの裁判の鑑定の依頼を引き受けた。鑑定事項は，(1)本件差押えの対象となった預金債権が差押禁止財産に該当するのか，(2)本件

差押処分は，差押禁止財産を差し押さえるものであり違法であるのか，(3)本件差押処分の取消訴訟には訴えの利益がないとする被告の主張を採用すべきなのか，についてである。

(3) 裁判の結果
両裁判は次のように原告が勝利した。
① 給料を財源とする普通預金の差押え

東京高裁において2010年3月31日，(甲) Xと (乙) T町との間で和解が成立した。次は和解のあらましである。

第1条　甲と乙は，納税制度につき，その必要性及び納税者の生活実態の尊重が共に重要であることを相互に認識し，本件事件を円満解決することに合意する。

第2条　乙は，甲に対し，本件事件の解決金として金620,000円を支払うものとし，これを平成22年3月31日限り甲に直接交付する方法により支払う。

第3条　甲は，納税の重要性を認識のうえ，本和解の席において，前条の解決金の中から金321,441円を乙に納税する。

② 児童手当を財源とする普通預金の差押え

原告は，以下に述べる勝訴判決をかちとった。原告代理人は高橋真一弁護士ほか。裁判長裁判官は鳥取地方裁判所和久田斉氏，裁判官は，同遠藤浩太郎，桐谷康の各氏である。

ⅰ　裁判所の認定事実の概要

ア　原告（A氏）は，本件差押処分当時，妻及び5人の子供と同居，不動産業を営んでいた。原告は県税を滞納し，納税の督促を受けていた。

イ　県税の徴税吏員Nは，平成19年4月以降，原告の預金口座の取引履歴を把握した。

ウ　県税局は，平成20年2月4日，原告所有の自動車を差し押さえた。

エ　県税局は，徴収方針会議で平成20年6月11日に本件預金口座の差押えを組織決定した。

オ　本件預金債権は平成20年6月11日午前9時9分，全額が差し押さえられた。

カ　原告の妻は，平成20年6月11日午前9時30分ころ，子らの給食費や学資の支払のため預金を引き出そうとし，引き出せないことを知った。

ⅱ　裁判所の認定事実に対する検討の概要

ア　被告鳥取県は，平成20年6月11日に児童手当が振り込まれる可能性が高いことを認識しつつ，あえて児童手当の振込み時期に合わせて差押えをしたことが推認される。

イ　被告の主張する諸事情を考慮しても，自動車差押えがなされた時点において，原告は，差押えを解除できるほどの処分可能な財産を有しない苦しい経済状態となっていたことが推認される。

ウ　本件差押えに係る預金債権の原資のほとんどが児童手当によるものであったことを確実かつ容易に認識できたことが認められる。

ⅲ　裁判所の評価の概要

以上を総合すると，被告は，差押対象財産を選択するに当たって，実質的には，本件預金口座に振り込まれる本件児童手当を原資として租税の徴収をすることを意図し，その意図を実現したものと評価せざるを得ない。実質的には，差押禁止再建である児童手当債権の差押えがあったと同様の効果が生ずるものと評価するのが相当である。

そうすると，本件においては，本件差押処分を取り消さなければ，児童を養育する家庭の生活の安定，児童の健全育成及び資質の向上に資することを目的とする児童手当の趣旨（児童手当法1条）に反する事態を解消できず，正義に反するものといわざるを得ないから，本件差押処分は権限を濫用した違法なものと評価せざるを得ない。

ⅳ　裁判所の結論の概要

本件配当処分の取り消し請求については，とり消す。不当利得返還請求及び国家賠償請求については，被告に対して38万73円及びうち25万円〈浦野注380,073円－130,073円《差押えに係る本件預金債権》〉に対する平成20年6月1日から支払い済まで民法所定の年5分の割合による延滞損害金の支払いを認める。

鳥取地方裁判所は，差し押さえられた児童手当130,073円の返還だけではな

く，国家賠償請求についても25万円の精神的苦痛に対する慰謝料を認めた。

(4) 裁判の教訓
両裁判とも最高裁の預金債権転化論を否定した。鑑定で明らかに示したように最高裁の預金債権転化論は，その原資が何であるかを見ない誤った事実認定である。

4 鑑定書の紹介

次は給与差押え裁判についての鑑定書である。

【鑑定書】（2009〈平成21〉年8月21日）
群馬県前橋市高井町1丁目14番地15のO氏に対して群馬県T町町長が行った滞納処分について税法学上の見地から行った鑑定結果は以下のとおりである。

Ⅰ 鑑定事項
1 本件差押えの対象となった預金債権が差押禁止財産に該当するか。
2 本件差押処分は，差押禁止財産を差し押さえるものであり違法であるのか。
3 本件差押処分の取消訴訟には訴えの利益がないとする被告の主張を採用すべきなのか。

Ⅱ 鑑定主文
1 本件差押えの対象となった預金債権は差押禁止財産に該当する。
2 本件差押処分は，差押禁止財産を差し押さえるものであり違法である。
3 本件差押処分の取消訴訟には訴えの利益がないとする被告の主張は採用すべきでない。

Ⅲ 理 由
1 本件差押えの対象となった預金債権が差押禁止財産に該当することについて

(1) 本件差押処分に係る平成21年 (行ウ) 第2号滞納処分取消等請求事件の原告は，O氏，被告はT町である。被告は平成21年4月13日，前橋地方裁判所民事第1部合議係へ答弁書 (以下「答弁書」という) を提出した。被告は答弁書の6ページで次のように述べている。

「平成20年5月23日，地方税法第331条等に基づき，預金債権差押処分を行い，原告のG銀行に対する預金債権19万9950円及び約定利息金9円全額について本件差押処分をなし，国税徴収法第54条に基づき差押調書謄本 (甲1) を，同日，原告に対して送付した。また，被告は，同日，国税徴収法第67条に基づき第三債務者である群馬銀行から上記金19万9959円を取り立てて，これを被告に配当して同法第131条に基づき配当計算謄本 (甲2) を原告に対して送付するとともに，配当金額19万9959円を原告の平成15年度国民健康保険税 (第10期分〜第12期分)，平成15年度町県民税 (第1期分〜第4期分)，平成16年度国民健康保険税 (第1期，第3期〜第12期) 及び平成16年度町県民税 (第1期，第2期の一部) にそれぞれ充当した (甲3)。」

本件差押えに係るO氏名義の預金は，G銀行T支店の普通預金で口座番号が0333078である。この普通預金通帳の記載は下記のとおりである。

				〔単位：円〕
		(お支払金額)	(お預り金額)	(差引残高)
20年5月07日				1,661
20年5月23日	給与		198,289	199,950
20年5月23日		199,950		0

通帳記載によれば，平成20年5月07日現在の残高は1661円であった。平成20年5月23日に給与手取額19万8289円が振り込まれた結果，平成20年5月23日の残高は19万9950円となった。しかし，この残高は被告が差し押さえたため一瞬にしてゼロとなった。被告は答弁書8ページにおいて，「この差押禁止財産については，法律に掲げられた債権そのものであって，当該債権

が預金口座に振り込まれた場合には、預金者の金融機関に対する預金債権に転化するもの」であり、当該預金が差押禁止財産でないと述べる。

(2) 被告が述べる「預金債権に転化する」ということは複式簿記と密接な関わりがある。上記預金通帳の記載は銀行簿記を前提としたものである。銀行簿記は、銀行営業の会計を処理するための複式簿記法である。銀行の資産や負債は、銀行業務の過程における各種取引によって増減する。銀行簿記は、いろいろな取引によって受ける資産や負債の増加又は減少が、どれだけあったかを記録・計算・整理して、その結果を会計情報として明瞭に表示するための会計技法である。この記録・計算を実行する技法が複式簿記である。

簿記は貨幣金額による計算であるから、資産、負債又は資本の上に貨幣金額的な変動を記帳する。簿記上、記帳を要する事柄を取引（Transaction）という。複式簿記は、その名前の示すように、取引を二面的に把握すること、すなわち、ある勘定の借方と他の勘定の貸方に仕訳を行い同一の金額で記録する。

仕訳とは簿記記録の対象となる取引の二重性と各勘定科目の借方及び貸方の性格に即応して、ある取引についてどの勘定の借方とどの勘定の貸方にいくらの金額で記入するかを決定することをいう。上記、群馬銀行豊岡支店普通預金口座の平成20年5月23日の給与振込時における取引仕訳は次のようになる。

（銀行の仕訳）			
借方		貸方	
現金	¥198,289	預り金	¥198,289
（原告の仕訳）			
借方		貸方	
普通預金	¥198,289	給料収入	¥198,289

上記の取引仕訳は、平成20年5月23日、原告に給料が振り込まれた事実を示している。先に述べたように、簿記記録の対象となる取引は二重性がある。仕訳は、この二重性のある取引を各勘定科目の借方及び貸方の性格に即応して、ある取引についてどの勘定の借方とどの勘定の貸方にいくらの金額で記入するかを決定することをいう。

本件の事実認定においては、当該預金がどのような要因によって増加したかという取引の二重性（二面性）を見きわめることが最重要である。

上記原告の仕訳が示す一つの側面は普通預金の増加（借方）であり，もう一つの側面は給料収入（貸方）である。普通預金の増加には様々な要因がある。重要なのは普通預金の増加という表面（一つの側面）だけでなく，もう一つの側面である普通預金の増加をもたらした本質の究明を行うことである。
　被告が述べる「預金債権に転化する」論は，普通預金増加の一つの側面を見ているだけで，預金債権の本質を曖昧にしたものでとても合理的な事実認定といえない。当該預金増加（借方）の本質は給料（貸方）にほかならないのである。
　(3)　わが国は租税法律主義を採用している（憲法第30条，同第84条）。租税法律主義は地方税においては地方税法律主義（租税条例主義）となる（憲法第92条，同第94条）。つまり，租税の賦課・徴収手続は国民を代表する議会の制定する法律に基づかなければならない。憲法の下における「法律による行政」とは，行政権の行使が形式的に法規に基づくということを意味するものでなく，実質的に主権者たる国民の意志に基づき，かつ人権尊重を内容とするものでなければならないことを意味する。たとえ形式的に法規に従った行政であっても，実質的に国民の意志に反し人権をおびやかすものであれば，それはもはや憲法下の「法律による行政」とはいえない。
　日本国憲法の下においては，国民が主権者であり，政府が行う国政は国民によって信託されているにすぎない（憲法前文）。ここで保障される基本的人権は，行政権及び司法権はもちろん，立法権に対しても保障されたものである[2]。
　国税徴収法，地方税法，税条例などは生活に欠くことができない特定の財産を差押禁止財産としている。被告が生活に欠かせない預金まで差し押さえる根拠としている「預金債権に転化」しているということは一つの「判決例」にすぎない[3]。
　その裁判は，金融機関が預金者に対する貸付金と預金者の預金（国民年金及び労災保険金が振り込まれたことによる残高）を相殺したことの可否をめぐるものであった。裁判所は，「年金等の受給権は受給権者の預金口座に振り込まれて預金債権に転化したときは，差押禁止債権としての性格を失っていると解すべきである」と判断したのである（第1審＝釧路地裁北見支部，平成8年7月19日判決，控訴審＝札幌高裁，平成9年5月25日判決，上告審＝最高裁，平成10年2

月10日第3小法廷判決)。先に述べたように「預金債権に転化する」論は,預金債権の本質を曖昧にしたもので誤った事実認定である。

　日本国憲法第29条は財産権について,「財産権は,これを侵してはならない。財産権の内容は,公共の福祉に適合するやうに,法律でこれを定める。私有財産は,正当な補償の下に,これを公共のために用ひることができる。」と規定している。

　預金には資産家の預金もあれば庶民のわずかな預金もある。預金のうちでも庶民が生活資金として使用する預金(「生活存続用預金」)は,それを使用して人間が生存するために欠かせない財産権(憲法第29条)である。

　生活存続用預金は,憲法論的にいうと憲法第25条の生存権を原点とする生存権的財産(人権としての財産)である。

　生活存続預金は人間生存の基礎となるものであるから,生存権を保障するためには生活存続預金の権利もまた保障されねばならない。その意味で生活存続用預金については,憲法29条と憲法25条とが一体となった公共概念が中心となる。

　これに対して,国民の生存権を原点とする公共概念とは逆に,生存権をおびやかす公共概念がある。年金等の受給権は受給権者の預金口座に振り込まれ預金債権に転化したときは,差押禁止債権としての性格を失っていると解すべきことが公共的だとする意見である。先の判決例や被告の主張はその典型である。

　預金者の権利は,大きく分けて,預け入れる権利と払い戻して使用する権利がある。預金はそれを持っているだけでは意味がなく,払い戻して生活費に使用することによってはじめて人間にとって価値あるものとなる。そのような見地からいえば,預金は払い戻して生活費に使用する権利が重要なのである。

　被告が差し押さえた原告の普通預金残高は,2008年5月7日現在1,661円であった。同年5月23日に給料が198,289円振り込まれて残高が199,950円となった。しかし,給料が込まれた日に被告が残高のすべて199,950円を差し押さえたため残高はゼロとなった。

　生存権的財産である生活存続預金の差押えは,預金者がその預金を払い戻して生活費に使用する権利の侵害,つまり憲法25条及び憲法29条違反となる。

2　本件差押処分は，差押禁止財産の差押えであり違法であることについて

　税務官公署は納税者が納期限までに納税をしないと督促する（国税通則法37条）。督促しても納付されないときには，滞納処分に進む。滞納処分は，租税債権者である税務官公署が税金を強制的に取り立てる手続の総称である。滞納処分は，原則として，差押え，換価，配当の3段階からなる。国税の徴収手続のうち，特に滞納処分に関する手続を中心に規定しているのは国税徴収法である。個人の道府県民税や市町村民税の徴収及び滞納処分については国税徴収法に規定する例によることになっている（地方税法第48条第1項，同法第331条第6項等）。

　国税徴収法は給料を差押禁止財産としている（第76条第1項）。また，国税徴収法は納税者に一定の事由があるときに滞納処分の執行を停止して，最終的には納税義務を消滅させる「滞納処分の停止」という制度をおいている（第153条）。

　滞納処分の停止は，納税者に滞納処分の対象となる財産がないとき，滞納処分の執行によって滞納者の生活を著しく窮迫させるおそれがあるときに適用される。地方税法も国税と同様に滞納処分の停止規定をおいている。

　地方税法第15条の7は滞納処分の停止の要件等について次の規定をしている。

　　地方団体の長は，滞納者につき次の各号の一に該当する事実があると認めるときは，滞納処分の執行を停止することができる。一　滞納処分をすることができる財産がないとき。二　滞納処分をすることによってその生活を著しく窮迫させるおそれがあるとき。三　その所在及び滞納処分をすることができる財産がともに不明であるとき。2　地方団体の長は，前項の規定により滞納処分の執行を停止したときは，その旨を滞納者に通知しなければならない。3　地方団体の長は，第1項第2号の規定により滞納処分の執行を停止した場合において，その停止に係る地方団体の徴収金について差し押えた財産があるときは，その差押を解除しなければならない。4　第1項の規定により滞納処分の執行を停止した地方団体の徴収金を納付し，又は納入する義務は，その執行の停止が3年間継続したときは，消滅する。5　第1項第1号の規定により滞納処分の執行を停止した場合において，

その地方団体の徴収金が限定承認に係るものであるときその他その地方団体の徴収金を徴収することができないことが明らかであるときは，地方団体の長は，前項の規定にかかわらず，その地方団体の徴収金を納付し，又は納入する義務を直ちに消滅させることができる。

滞納処分の停止は税務署長の職権に基づくものであるが，滞納処分の停止をするかどうかは，税務署長のいわゆる裁量にゆだねられているのではない。つまり，地方税法第15条の7本文において「……することができる」とあるのは，するかどうかがいわゆる裁量にゆだねるという意味ではない。各号の要件を充足する事実があると認められる場合には，かならず滞納処分の停止をしなければならないという意味である。[4)]

原告は月給によって生計を維持している。原告の半年間の月給手取り受給額は，平成19年2月分が125,880円，同年3月分が254,310円，同年4月分が326,010円，同年5月分が169,196円，同年6月分が128,406円，同年7月分が160,062円である。半年間の手取り合計額は1,163,864円，月平均の手取額は193,977円である（甲第10号証の1から6）。同年7月に支払われた賞与の手取額は41,936円である（甲第10号証の7）。これら受給額はすべて生活費に費消される。被告の財産は差押え当時，軽自動車と普通預金だけである。被告の状況は，地方税法第15条の7第1項第1号の「滞納処分をすることができる財産がないとき」及び同条第2号の「滞納処分をすることによってその生活を著しく窮迫させるおそれがあるとき」に該当しており，被告は原告に対して滞納処分の執行停止処分をしなければならなかったのである。被告は滞納処分の執行停止処分をしない不作為の法を犯した上に差押禁止財産である給料の差押えを行うという二重の違法行為を行ったのである。

3　本件差押処分の取消訴訟には訴えの利益がないとする被告の主張は採用すべきでないとする点について

　国民が行政庁の処分を違法として争うためには，まず，大前提として適法に出訴しうるための原告適格性がなくてはならない。ここに，抗告訴訟における適法要件としての「訴えの利益」が問題となるのであり，かかる要件を欠くと

きには，いかに行政庁に不平不満をいだく者があっても，それらの不満は，「訴えの利益」がないとの理由によって，法的救済の対象から除外される。だから，この「訴えの利益」を狭く解するときには，国民は行政行為の司法審査を要求することができず，行政庁の処分に対し泣き寝入りするしかないことになる。

被告は，準備書面(1)において，「本件『滞納処分』は，差押処分後に取立がなされ，配当及び充当も完了し，滞納処分という一連の手続きが既に終了しているのであるから，いずれの処分も既に目的達成して消滅しているというべきであり，これらの取消しを求める法律上の利益（行政事件訴訟法第9条第1項）は存在しないというべきである。」「いずれにしても，原告の追加的変更された訴えにも訴訟要件である狭義の『訴えの利益』がないというべきである。」と述べる（3ページ以下）。

法律による行政ということを形式的にいうのなら，どのような専制国家においても法治主義はありうる。この形式的論理は，日本国憲法のもとでの法治主義を骨抜きにする。現行憲法の下での行政は，行政権の行使が形式的に法規に基づくということを意味するのではなく，それが実質的に主権者たる国民の意思に基づき，かつ人権尊重を内容とするものでなければならない。その根本的実質的観点を抜きにして，「滞納処分という一連の手続きが既に終了している」などと形式的に法規に従っているかどうかに問題を限定することは行政事件訴訟法上許されない。

ところで，行政事件訴訟法第9条第1項は原告適格について，「処分の取消しの訴え及び裁決の取消しの訴え（以下「取消訴訟」という。）は，当該処分又は裁決の取消しを求めるにつき法律上の利益を有する者（処分又は裁決の効果が期間の経過その他の理由によりなくなった後においてもなお処分又は裁決の取消しによって回復すべき法律上の利益を有する者を含む。）に限り，提起することができる。」と規定する。行政権の行使には二重の制約が制度上課せられている。その一つは，行政権の行使がそれに先立って制定されたところの法律に基づくものでなければならないという制約であり，他の一つは，その行使の適法性・違法性が事後に裁判所の司法審査に服さなければならないという制約である。本

件においては，上述した実質と形式の対応について深い検討が求められているのであり，原告が原告適格を有することはいうまでもない。

現憲法のもとでの法治主義は，国民の権利救済のために行政権を法でしばる点に核心的意義がある。行政権は法に拘束されるのであってその逆ではない。国民の権利保障という観点からいえば，国家法以前に，あるいは直接的に実定法に基づかずして，事実上社会生活上享受している利益もまた，行政権力の支配に対し十分に保護されねばならないのである。

元来，利益というものは，国家の承認を媒介として「法律的利益」「権利」に高められるものであるが，かかる国家の承認行為は，決して無から有を生ずるものではない。その意味では，権利は，国家＝行政庁の処分によって確認されたものである。この国家の承認行為をまたずして社会的に「存在するもの」を，権利の社会的実体として認めない考え方は，権利概念を，国民の側からでなく，国家権力の側から把握する無益な議論にほかならない。このような考え方は，常に事態の様相を上から眺めることに慣れているわが国の官僚の支配的な考え方として，官僚機構の存続とともに維持温存されている。被告は原告の請求に対し，判決をすることの必要性及びその実効性を一連の請求内容について吟味していない。被告が行政庁の違法行為に関して吟味もしないで，「訴えの利益」を持ち出し，原告が提訴した行政庁の公権力の行使に関する不服の訴訟を却下させようとすることは，原告の裁判を受ける権利（憲法第32条）を奪うものである。被告の主張は，国民の権利利益の救済を阻止するもので，行政不服審査法第1条第1項に反するばかりでなく，憲法第32条に反する。

憲法は第3章において，詳細な人権保障の規定をおいている。第11条において「基本的人権は，侵すことのできない永久の権利」と規定しているのは，人権宣言以来の人類の歴史の成果をうたうものである。また第12条で「自由及び権利は，国民の不断の努力によって，これを保持しなければならない」と規定し，第13条で「生命，自由及び幸福追求に対する国民の権利」は最大の尊重を必要とすると規定しているのは，自由と人権が長い期間にわたる世界諸国民のたえざる努力によってかちとったものであり，今後もそれを維持するためには国民の努力が必要であることを述べたものである。

憲法第 99 条は，天皇又は摂政及び国務大臣，国会議員，裁判官その他の公務員は憲法を尊重し擁護する義務を負うと定めている。もちろん地方公務員は，憲法に基づいて厳正に税務行政を行う義務がある（憲法 13 条，14 条，25 条，29 条，31 条，98 条，99 条等）。
　公務員は，下記に示す「職員の服務の宣誓に関する政令」による宣誓をして職務に従事しているのである。
　職員の服務の宣誓に関する政令（昭和 41・2・10 政 14，施行昭和 41・2・19〈附則〉）第 1 条（服務の宣誓）は，「①　新たに職員（非常勤職員及び臨時的職員を除く。以下同じ。）となった者は，任命権者又はその指定する職員の面前において別紙様式による宣誓書に署名して，任命権者に提出しなければならない。②　前項の規定による宣誓書の署名及び提出は，職員がその職務に従事する前にするものとする（第 2 項ただし書きを略す）。」と定めている。
　上記，職員の服務の宣誓に関する政令第 1 条第 1 項に規定する別紙様式による宣誓書の内容は次のとおりである。
「私は，国民全体の奉仕者として公共の利益のために勤務すべき責務を深く自覚し，日本国憲法を遵守し，並びに法令及び上司の職務上の命令に従い，不偏不党かつ公正に職務の遂行に当たることをかたく誓います。年月日　氏名」
　被告は公務員である。被告が行った差押えは，憲法に基づいて厳正に税務行政を行う公務員の義務（憲法 13 条，14 条，25 条，29 条，31 条，98 条，99 条等）に反している。
　「訴えの利益」の実態を法律以前の社会的経済的実体においてとらえるか，それとも法律的見地から把握された利益をさすのかという問題は，訴訟制度の目的を「権利保護」においてとらえるか，それとも「法秩序の実効性の保障」においてとらえるかという問題と深くかかわりあっている。
　地方税の滞納原因の多くは日本国憲法を原点とする応能負担原則（第 13 条，14 条，25 条，29 条）を考慮しない現行の地方税制のあり方にある。つまり，地方消費税，住民税の均等割，健康保険税（料），固定資産税，都市計画税などは応能負担原則を考慮していないのである。行政権力と国民との関係は権利義務関係であることは，相互の争いが，当事者のいずれからも独立した第三者，す

なわち司法裁判所によって解決されるべきであるという要請を，当然に前提とする。

　国民健康保険税（料）を滞納すると，市町村は保険証を取り上げる。保険証がないと，医療費負担は通常の3割ではなく全額支払いになる。国民健康保険税（料）の滞納者が全額の医療費を支払うことはおよそ不可能であり，滞納者は医者にもかかれない。市町村は，このような生活困窮滞納者の預金を差し押さえている。差押えについて争うとしても，訴えの利益がないとの理由で，市町村という一方の当事者の意思が強制されるなら，かかる関係は，法律関係とはいえない。したがって，行政法が「法」であるためには，行政権力と国民との関係は権利義務関係であるという原則は犯されてはならない。この前提から出発すれば，いかなる場合であっても，行政作用の発動によって，国民の利益や権利が奪われたり傷つけられたりした場合には，速やかに救済されるべきであること，またかかる救済を要求する権利が国民の側にあることは当然である。

　憲法第25条は，「健康で文化的な最低限度の生活を営む権利」を保障し，社会福祉，社会保障及び公衆衛生の向上及び増進についての国の努力義務を規定している。行政作用が円滑に遂行されるかどうかの基本的要因は，行政庁が国民の側に立ち国民の利益を守っているか，それとも大多数の国民と対立的敵対関係に立っているか，という現実そのものの中にあるのであり，訴えの利益を認めるかどうか等という制度的ないし理論的問題の中にあるのではない。裁判所に求められるのは差押えの違法・違憲性の判断である。

　地方自治法は地方公共団体の組織・運営に関する基本法である。同法第1条の2第1項は，「地方公共団体は，住民の福祉の増進を図ることを基本として，地域における行政を自主的かつ総合的に実施する役割を広く担うものとする。」と住民の積極的な権利を保障している。被告は，訴訟制度の目的を「権利保護」においてとらえず，ただひたすらに「法秩序の実効性の保障」においてとらえているのである。被告の行為は，憲法の生存権規定に反し，また，地方自治法第1条の2第1項が規定する住民の福祉の増進を阻害するもので，地方自治法にも反する。

　憲法第76条第2項は，「行政機関は，終審として裁判を行ふことができな

い」と規定している。本件被告の行った違法・違憲な行政手続や行政処分に対する原告の不服について被告が「訴えの利益」がないとして原告の主張を退けることは，行政権者である被告の司法権への介入にほかならない。

　以上述べたように，本件差押処分の取消訴訟において訴えの利益がないとする被告の主張は採用すべきでない。

注
1) 国税徴収法は，①衣服，寝具，家具，台所用品，畳や建具，②3月分の食糧や燃料 ③農業・漁業に必要なもの，④給与・退職金の一定額，⑤社会保険制度に基づく年金等を，差押禁止財産としている。
　　差押禁止財産について規定する他の法律は多種ある。例えば，介護保険法，健康保険法，雇用保険法，児童手当法などである。
2) 渡辺洋三教授は行政法の解釈について次のように述べている。「徴税の確保とか，犯罪捜索とか，国家目的を容易に実現するという観点から見たら基本的人権の尊重は邪魔になるのである。その観点からいえば法律などいらないかもしれない。法律の目的と行政の目的はちがうだけでなく相反的である。法律による行政はむしろ行政をやりにくくするところに主眼があるのである。したがって行政法の解釈も，行政をやりにくくするような方向で解釈されねばならない。それが，行政を法律でしばる，行政を法に従属させるということの本当の意味であり，行政法解釈の根本原則であろう。」(『法社会学研究1・現代国家と行政権』，東京大学出版会，1972年，63ページ)。
3) 渡辺洋三教授は判決と判例の区別について次のように述べている。「世の中では，しばしば，この二つのことばが混同して使われている。しかし，判決と判例は次元を異にする概念である。判決とは，個々の具体的紛争に対する裁判官の一回限りの決定のことである。これに対し，判例とは，将来の裁判を拘束するところの『先例』のことである。個々の判決が判例になるか，ならないかは，その判決を出した裁判官の主観的意図によってきまるわけでないし，またその判決が出された時点できまるものでもない。後になって，他の裁判官が，前に出された判決に先例的価値を見出し，これを先例として引用するとき，初めてその判決は，『判例』となる。『判例』という言葉を厳格に使うとすれば，それは最高裁判所の判例だけに限定されることになろう。『判例』にならない判決は，『判決例』あるいは『裁判例』と呼ばれる。」(『法を学ぶ』，岩波新書，1986年，165ページ以下)。
4) 大蔵省主税局において国税徴収法の立法作業に従事した経験をもつ北野弘久日本大学名誉教授は次のように述べる。「151条1項各号の要件および153条1項各号の要件はいずれも厳格に客観的に捉えられねばならないのである。そしてそれら各号の要件を充足する事実がある場合には税務署長は必ず換価の猶予および滞納処分の停止をしなければならないのである。両条1項本文において「……することができる」とあるのは，するかどうかいわゆる裁量にゆだねるという意味ではない。両条の各号の要件を充足する事実

があると認められる場合には，必ず換価の猶予および滞納処分の停止をしなければならないという意味である。」(『税法解釈の個別的研究Ⅰ』学陽書房，1979年，34ページ)。

日本租税理論学会規約

(1989年12月9日　制定)
(2002年11月16日　改正)
(2011年11月12日　改正)

第1章　総　則

第1条　本会は、日本租税理論学会（Japan Association of Science of Taxation）と称する。

第2条　本会の事務所は、東京都に置く。

第2章　目的及び事業

第3条　本会は、租税民主主義の理念に立脚し、租税問題を関連諸科学の協力を得て総合的・科学的に研究することを目的とする。

第4条　本会は、前条の目的を達成するために、左の事業を行う。
　1　研究者の連絡及び協力促進
　2　研究会、講演会及び講習会の開催
　3　機関誌その他図書の刊行
　4　外国の学会との連絡及び協力
　5　その他理事会において適当と認めた事業

第3章　会員及び総会

第5条　本会は、租税問題の研究にたずさわる者によって組織される。

第6条　会員になろうとする者は、会員2人の推薦を得て理事会の承認を受けなければならない。

第7条　会員は、総会の定めるところにより、会費を納めなければならない。3年の期間を超えて会費を納めない場合は、当該会員は退会したものとみなす。

第8条　本会は、会員によって構成され、少なくとも毎年1回総会を開催する。

第4章　理事会等

第9条　本会の運営及び会務の執行のために、理事会を置く。
　理事会は、理事長及び若干人の理事をもって構成する。

第10条　理事長は、理事会において互選する。

理事は、総会において互選する。
第11条　理事長及び理事の任期は、3年とする。但し、再任を妨げない。
第12条　理事長は、会務を総理し、本会を代表する。
第12条の2
理事会内に若干人の常任理事で構成する常任理事会を置く。任期は3年とする。但し、再任を妨げない。
第13条　本会に、事務局長を置く。事務局長は、理事長が委嘱する。
第14条　本会に、会計及び会務執行の状況を監査するために、若干人の監事を置く。監事は、総会において互選し、任期は3年とする。但し、再任を妨げない。
第14条の2　理事会は、本会のために顕著な業績のあった者を顧問、名誉会員とすることができる。

第5章　会　計

第15条　本会の会計年度は、毎年1月1日に始まり、その年の12月31日に終わるものとする。
第16条　理事長は、毎会計年度の終了後遅滞なく決算報告書を作り、監事の監査を経て総会に提出して、その承認を得なければならない。

第6章　改　正

第17条　本規約を改正するには、総会出席者の3分の2以上の同意を得なければならない。

附　則

第1条　本規約は、1989年12月9日から施行する。

日本租税理論学会役員名簿

[* は常任理事会構成理事]
[○ は名誉教授]

（2014年11月現在）

理事長	鶴田 廣巳（関　西　大）
事務局長	髙沢 修一（大東文化大）

理　　事

〔財政学〕
- 安藤　実（静　岡　大）　岩波　一寛（中　央　大）
- ○植田　和弘（京都大学）　内山　昭（京都・成美大）
- *梅原　英治（大阪経済大）　坂野　光俊（立命館大）
- 篠原　正博（中　央　大）　関野　満夫（中　央　大）
- 鶴田　廣巳（関　西　大）　宮入　興一（愛　知　大）
- ○宮本　憲一（大阪市立大）

〔税法学〕
- *阿部　徳幸（日　本　大）　新井　隆一（早稲田大）
- *石村　耕治（白　鷗　大）　伊藤　悟（日　本　大）
- 浦野　広明（立　正　大）　小川　正雄（愛知学院大）
- *黒川　功（日　本　大）　小池　幸造（税　理　士）
- 湖東　京至（税　理　士）　田中　治（同志社大）
- 千葉　寛樹（札幌学院大）　*中村　芳昭（青山学院大）
- *浪花　健三（立命館大）　水野　武夫（立命館大）
- *望月　爾（立命館大）

〔税務会計学〕
- 朝倉　洋子（税　理　士）　浦野　晴夫（元立命館大）
- 大江　晋也（名古屋経済大）　粕谷　幸男（税　理　士）
- 菊谷　正人（法　政　大）　髙沢　修一（大東文化大）
- ○富岡　幸雄（中　央　大）　*長島　弘（立　正　大）
- 山本　守之（千葉商科大）

監事	小山　登（LEC会計大学院）　小山　廣和（明　治　大）

事務所所在地　〒175-8571　東京都板橋区高島平1-9-1
　　　　　　　大東文化大学経営学部髙沢研究室内
　　　　　　　日本租税理論学会
　　　　（郵便振替　00110-9-543581　日本租税理論学会）

租税理論研究叢書 25

平成27年10月27日　初版第1刷発行

国 際 課 税 の 新 展 開

編　者　日　本　租　税　理　論　学　会
発行者　日　本　租　税　理　論　学　会

〒175-8571　東京都板橋区高島平1-9-1
　　　　　　大東文化大学経営学部髙沢研究室内

発売所　株式会社　財経詳報社

〒103-0013　東京都中央区日本橋人形町1-7-10
電　話　03（3661）5266（代）
ＦＡＸ　03（3661）5268
http://www.zaik.jp
振替口座　00170-8-26500

落丁・乱丁はお取り替えいたします。　　　　印刷・製本　創栄図書印刷
©2015　　　　　　　　　　　　　　　　　　　Printed in Japan 2015
ISBN　978-4-88177-421-2

租税理論研究叢書

日本租税理論学会編　　　　　各A5判・150〜250頁

19　税制の新しい潮流と法人税　　●4200円

戦後最大の世界同時不況のもと，国民生活を守るべく，経済危機対策を見据えた税制措置が求められている。各国の税制，国際協調の動きを視野に入れながら，公平かつわが国に適した法人税制の進むべき道を探求する。

20　社会保障と税制　　●3600円

消費税引き上げ論議や最小不幸社会論が喧伝されるなか，これからの日本の社会像にとって不可欠のテーマである社会保障と税制のあり方を検討。年金財源論からベーシック・インカム論まで，総合的に考察する。

21　市民公益税制の検討　　●3700円

税制の改正および公益法人制度改革関連3法による新制度移行にともない，財政学・税法学・税務会計学の3分野から総合的にアプローチする。「税制調査会納税環境整備PT報告書に対する意見書」も採録。

22　大震災と税制　　●4200円

税財政による災害復興制度は，震災被害からの復旧・復興をどのように支え，またどのような課題を抱えているのか。その現状と課題を示し，今後の展望を理論的・実証的に検討する。

23　税制改革と消費税　　●4200円

社会保障の安定財源を確保する観点から，消費税率の引上げを柱とする税制改革が進められようとしている。財政学，税務会計学，税法学の研究者と実務家らが，消費税の宿罪ともいえる様々な難点を徹底的に討議する。

24　格差是正と税制　　●4500円

世界各国における所得格差の拡大と貧困の累積についての実態が明らかにされるなか，その是正に果たす税制の役割について検討。諸氏の問題提起論文と討論を収録。

表示価格は本体（税別）価格です　　　10号〜17号のバックナンバーもございます